KB197086

안쓰고는 못배기는

All New SMART 영어말하기 대표공식 231

CHRIS SUH

MENTORS

안쓰고는 못배기는 All New SMART
영어말하기 대표공식 231

2025년 01월 13일 인쇄
2025년 01월 20일 개정판 포함 36쇄 발행

지 은 이 Chris Suh
발 행 인 Chris Suh
발 행 처 **MENTORS**
경기도 성남시 분당구 황새울로 335번길 10 598
TEL 031-604-0025 FAX 031-696-5221
mentors.co.kr
blog.naver.com/mentorsbook
* Play 스토어 및 App 스토어에서 '멘토스북' 검색해 어플다운받기!
등록일자 2005년 7월 27일
등록번호 제 2009-000027호
I S B N 979-11-94467-31-1
가 격 22,000원(MP3 무료다운로드)

Preface 머리말

영어회화패턴의 오리지널 원조

국내 최초로 영어회화를 공식화하여 수많은 영어학습자들로부터 인기와 사랑을 받았고 그 이후 많은 유사 작품들이 나왔음에도 불구하고 계속 인기를 누리고 있는 영어회화의 바이블, 〈안쓰고는 못배기는 영어회화공식 231〉을 개정한 완전 신판이다. 그동안 많은 유학생 및 유학지망생 그리고 외국인 회사 등에서 영어를 필수적으로 사용해야 하는 사람들에게 특히 인기를 끌었었다. 그 이유는 네이티브들과 실제 대화를 이어서 하려면 한두마디 인사 정도의 단발성 표현들만 알고서는 왕따 당하기 십상이기 때문이다. 국제화는 이미 오래전 일이고, 이제는 유학파, 미드족 등 영어를 유창하게 잘하는 사람들이 많이 늘어난 현실에서 더 이상 영어 꿀벙어리는 용납되지 않는다.

이런 사회현상의 변화 속에서 〈영어회화공식 231〉도 네이티브들과 대화시 좀 더 필요한 표현들이 있다고 판단하여 많은 표현들을 새롭게 교체하여 수록하였으면 새롭게 Section 3를 추가하여 Section 2에서 탈락한 표현들과 또한 새롭게 추가한 표현들을 모아 전체적으로 303개 공식의 스피킹용 표현들로 더욱 다양해지고 더욱 풍부해졌다.

영어회화공식은 총, 단어와 숙어는 총알~

네이티브들은 엄마 뱃속에서부터 영어히어링을 했다고 생각하면 그들이 직접 영어로 말하기까지 영어에 노출된 시간은 엄청나다고 봐야 한다. 그런데 외국어로 영어를 배우는 우리가 영어교재 한두권, 일주일에 몇시간 공부하고 나서 영어가 어렵다, 영어가 해도해도 안된다고 하면 그야말로 욕심쟁이 우후훗!이다. 영어가 필요하다면 그래서 영어를 유창하게까지는 아니지만 적어도 영어로 대화를 꾸역꾸역 이끌어가려면 가장 먼저 필요한 부분은 단어도 아니고 숙어도 아니다. 우리는 후천적으로 영어를 말해야 하기 때문에 미드나 영화를 보면서 영어히어링과 영어에 대한 감각을 익힐 뿐만 아니라 네이티브들이 가장 많이 쓰는 패턴, 즉 공식들을 많이 외워두어야 한다. 네이티브와 대화하면서 어순에 맞게 머리 디스크에서 단어들을 꺼내 조립하여 문장을 만드는 것은 정말이지 쉬운 일이 아니다. 하지만 고정된 빈출 공식들을 알고 있으면 머릿속에 저장된 이 표현들을 바로바로 꺼낸 후, 단어 및 숙어를 대입하면서 자기가 하고 싶은 이야기들을 말하면 되는 것이다. 즉, 공식을 알고 있으면 이를 토대로 단어들을 바꿔가면서 다양한 문장을 만들 수 있다는 말이다. 그런 의미에서 공식이 총이라면 단어나 숙어들은 총알이라고 생각하면 된다. 총알이 아무리 많아도 총이 없으면 총을 쏠 수 없듯이 이 회화공식을 외우는 것은 자기 머리에 최신 총을 갖추는 것으로 생각하면 된다.

물론 〈New 영어회화공식 303〉에 모든 것이 들어있다고는 할 수 없을 것이다. 우리가 스피킹할 때 가장 필요한 표현들 우선적으로 정리한 것이기 때문이다. 본 책은 따라서 우리나라 사람들이 네이티브와 얘기할 때 꼭 써야 되는 공식들 위주로 구성되었다고 할 수 있다. 네이티브들처럼 얘기할 정도가 되려면 그건 미드영어를 따로 공부해야 한다. 하지만 영어로 기본적인 것도 대화가 안되면서 갑자기 미드영어수준의 표현들을 쓰면 듣는 네이티브들이 헷갈릴게 뻔한 노릇이다. 눈사람 만들 때 먼저 조그만 눈덩이를 단단히 만들고 이를 토대로 눈위를 굴리듯 먼저 스피킹용으로 많은 패턴, 즉 공식을 달달 외우고 전철이나 거리를 걸을 때 이를 토대로 단어나 숙어를 바꿔가면서 자기가 말하고자 하는 문장들을 끊임없이 만들어보고 중얼거려봐야 한다. 그래야 영어문장만들기에 자신감이 붙고 앞으로의 인생살이가 편해질 수 있다.

무식하게 우직하게 한발한발 나아가야~

이렇게 회화공식을 외우고 나서 여기에 쓸 총알들을 필자는 이미 정리하여 발행한 적이 있다. 선전같아 좀 민망하지만 이 책이 총이라면, 그리고 많은 숙어들을 정리한 〈Smart 영어회화표현사전 5000〉은 이 책을 보완하기 위해 수많은 숙어들, 즉 총알들을 듬뿍 담아 발행한 것이다. 이 두권만 달달 외워도 해도해도 안되는 네이티브와 영어회화를 할 수 있게 될 것이다. 그 다음에 더 욕심이 많은 사람들은 네이티브가 자주 쓰는 문장형 표현들을 외워두어야 한다. 이것은 패턴이 아니다. 그냥 문장자체를 외워두어야 한다. 이렇게까지 한다면 치통, 치질, 요통처럼 짜증나고 힘든 영어가 갑자기 쉬워질 것이다. 뭐든지 어렵다 생각하면 결과가 나오지 않을 것이다. "할 수 있다"라는 자신감으로, 하지만 너무 욕심내지 말고 하나하나 무식하게 우직하게 나아간다면 자신도 모르는 사이에 그렇지 않은 사람과 큰 간격이 벌어져 있을 것이다. 발전은 그렇게 이루어지는 것이다. 하루아침에 뚝딱하고 이루어지는 것은 없다. 이 점을 명심해주길 바란다.

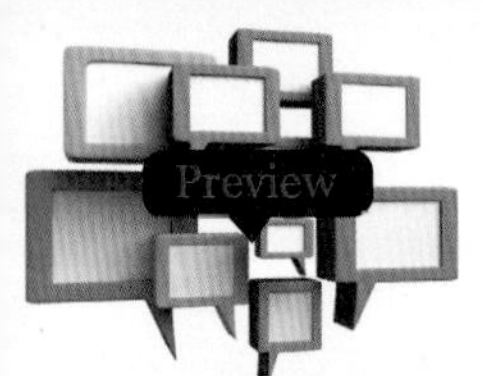

이 책의 특성 및 구성

특징

“영어회화 실전에서 가장 빈출도가 높은 회화공식을 단계별로 일목요연하게 정리하여
영어회화의 기본 뼈대를 만든다”

1. Section 1의 핵심어휘 52개에서 파생된 Key Word Expressions 52로 영어회화의 기본을 다진다.
2. 자기 의사를 자유자재로 표현할 수 있는 일석십조의 회화공식 Section 2의 Useful Expressions 231로 중무장한다.
3. Section 3의 More Expressions 72로 추가 필수공식을 욕심낸다.
4. 총 303개의 회화공식을 학습하면서 먼저 단문 문장을 우리말에서 영어로 옮겨보는 훈련으로 그 활용법을 익히고
5. 끝으로 ABA dialogue에서 우리말을 영작해 보며 실전같은 현장감 넘치는 시뮬레이션 연습을 한다.

구성

핵심어구를 중심으로 한 기초 회화표현을 간결하게 정리한 Section 1과 무궁무진한 활용가능성을 특징으로 하는 영어회화공식을 본격적으로 모은 Section 2, 그리고 추가필수공식 72개를 간략히 정리한 Section 3 등 총 3개의 Section으로 구성되어 있다. 끝으로 이 모든 표현을 알파벳 순으로 찾아볼 수 있도록 정리한 Index를 수록하여 학습하는데 편리함을 주었다.

Section 1 영어회화공식 Key Word Expressions 52

본격적인 영어회화공식으로 들어가기에 앞서 워밍업 시간으로 기본어휘 52개를 토대로 영어회화에 활용되는 회화표현 및 예문들을 정리한 것. 낯뜨거울 정도로 쉽고 평이한 표현들도 있지만 알아두면 피가 되고 살이 되는 것들로, 영어회화의 기본기가 부족하다고 생각되는 사람들은 반드시 학습하고 넘어가야 하는 부분이다.

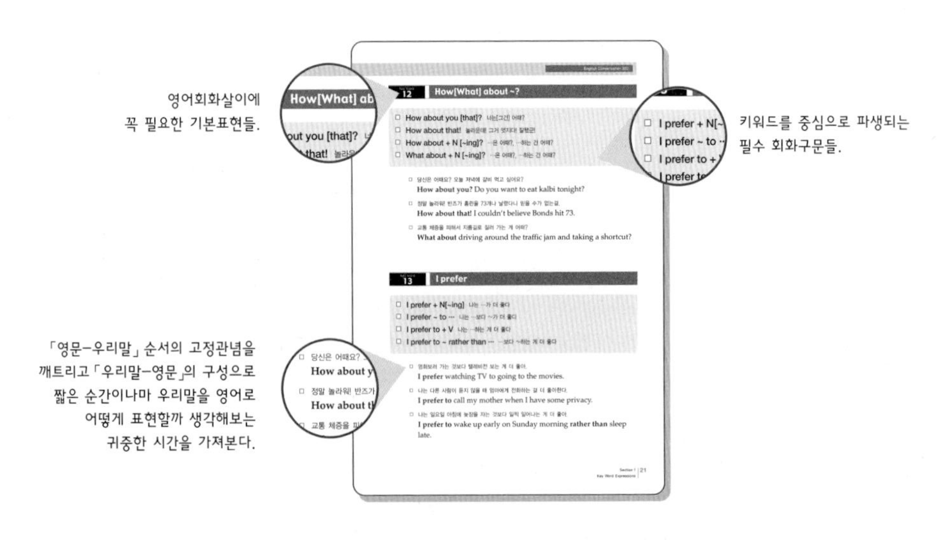

Section 2 영어회화공식 Useful Expressions 231

영어회화공식 231개를 난이도와 친숙도에 따라 Level 1에서 Level 5까지 5단계로 구분 · 정리하여 회화에 자신이 없는 학습자도 큰 부담없이 차근차근 영어회화능력을 강화시켜 나갈 수 있다.

- 먼저 Level 1 안쓰고는 살 수 없는 표현들에서는 가장 기본적인, 몰라서는 영어살이를 할 수 없을 정도의 생기초 회화 구문들을 정리해 보고,
- Level 2 살면서 쓰면 편한 표현들에서는 Level 1보다는 난이도가 좀 높은 그러나 영어회화에서 빼놓을 수 없는 표현들, 특히 회화구문이라기 보다는 단순한 빈출 숙어에 가까운 표현들을 학습해 본다.
- 다음 Level 3 한번 쓰고 두번 쓰고 자꾸만 써야 되는 표현들은 제목이 암시하는 것에서 알 수 있듯 가장 전형적인 회화구문들로 빈출도가 아주 높은, 꼭 알아두어야 할 표현들을 모아놓은 자리이다. 이 정도의 표현만 알고 있어도 영어회화실력은 남달라질 것이다.
- Level 4 나만이 쓸 수 있는 표현들은 상당한 난이도의 표현으로 안쓰고도 사는 데 별 지장은 없지만 표현영역을 넓히고자 하는 마음이 간절한 학습자에겐 아주 요긴하고 확장성이 뛰어난 표현들이다.
- 끝으로 Level 5 쓰면 존경받는 표현들에서는 시각적으로도 매우 화려한(?) 공식으로 눈으로 봐서는 어찌어찌 알 수 있으나 긴박한 실전에서는 사용하기 요원한 구문들. 하지만 윤택한 영어회화를 위해 알아두어서 결코 나쁠 것이 없는 표현들이다.

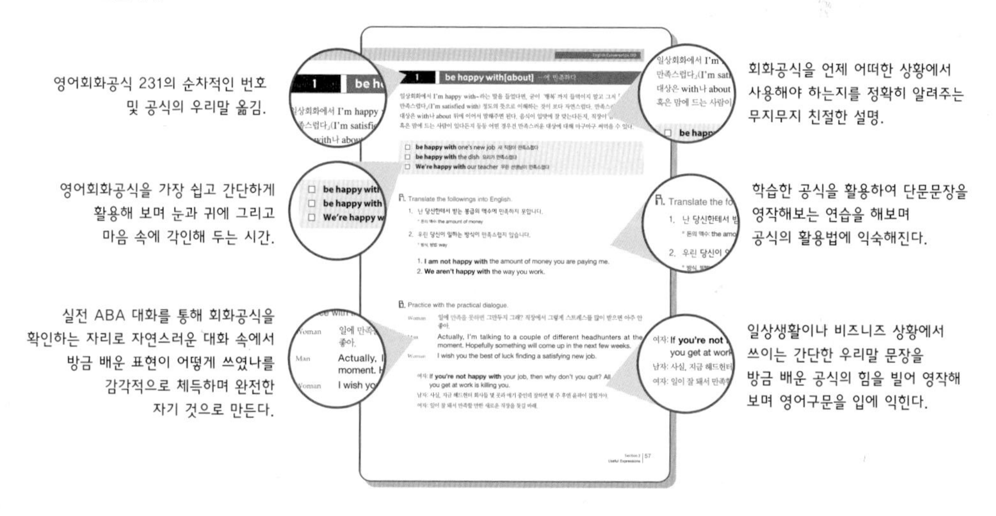

Section 3 영어회화공식 More Expressions 72

231 공식에서 아쉽게 탈락하였거나 혹은 새롭게 많이 쓰이는 회화공식들을 간결하게 정리한 부분으로 역시 우리말이 먼저 나오고 이를 영작해보는 연습을 통해 영어회화실력을 한층 더 업그레이드 할 수 있다.

INDEX

Section 1, 2, 3에 수록된 모든 표현들을 ABC순으로 정리한 Index. 우리말 번역을 함께 수록함으로써 단순한 Index의 차원을 넘어 별도의 학습장으로도 활용할 수 있도록 꾸며져 있다.

목차

Level 2
살면서 쓰면 편한 표현들
• 100p

37 Are you ready to + V? …할 준비가 됐나요?
38 I fail to + V 난 …못했어
39 I thought you~ 난 …하는 줄 알았어
40 Are you interested in ~?
…에 관심있니?, …할 생각있니?
41 Did you forget to + V? …하는 것을 잊었니?
42 be available to + V …할 시간이 있다
43 I never expected that~ …하다니 전혀 뜻밖이네요
44 Is it possible to + V? …해도 될까요?
45 Let me tell you (something) about~
…에 대해 말씀드리겠습니다
46 be hard on sb …에게 모질게 대하다
47 Feel free to + V 마음놓고[어려워 말고] …해(요)
48 be worth + N[~ing] …만큼의[할 만한] 가치가 있다
49 have something to + V …할 것이 좀 있다
50 have nothing to do with …와 아무 관련이 없다
51 ask for trouble 사서 고생하다
52 Let's go get~ …하러 가자
53 If you don't mind 괜찮으시다면
54 You're welcome to + V
…해도 좋다, …하고 싶으면 해라
55 I'd like you to + V …좀 해주시겠어요?
56 I promise to + V 꼭 …할게요
57 I have a feeling that~ …인 것 같아요
58 Have you tried + N[~ing]? …해 봤니?
59 You said~ 넌 …라고 했어
60 I don't know why S + V
…하는 이유를 모르겠다, 왜 …인지 모르겠다
61 I've been working in ~ …에서 일하고 있어요
62 I think I will~ …할 생각이야
63 It's too bad that~ …라니 참 안됐구나
64 work[be] on …일을 하다
65 work out 잘되다
66 must have + p.p 틀림없이 …했다, …였던 것이 분명하다
67 On second thought 다시 생각해 보니
68 It was so + 형용사 + that S + had to
너무나 …해서 ~해야 했다
69 be not + 형용사 + enough to + V
…할 만큼 ~하지는 않다
70 How about~ ? …은 어때?
71 keep sb[sth] from + ~ing …가 ~하지 못하게 하다
72 owe A to B B에게 A를 빚지다
73 What should I do with ~?
…를 어떻게 (처리)해야 하나요?
74 What[When] are you going to~?
너 [언제] …할거야?
75 make it to + 장소 (시간에 맞춰) …에 가다
76 I told you to~ …라고 했잖아
77 You have no idea~ …한다는 것이 어떤 건지 모르다
78 I want to say~ 단지 …라고 말하고 싶어
79 You never know~ …는 모르는 일이야
80 I swear~ 정말이야, 맹세해
81 I'm just saying that~ 내 말은 단지…

Level 3
한번 쓰고 두번 쓰고 자꾸만 써야 되는 표현들
• 152p

82 give sb a hand + ~ing …가 ~하는 것을 도와주다
83 have a lot of work left 할 일이 많이 남아 있다
84 What if ~? 만일 …하면 어떻게 될까?
85 I'm not sure that[what]~ …를 확실히 모르겠어
86 It takes + 시간 + to + V
…하는 데 시간이 ~만큼 걸린다
87 S + will be in trouble if~
만일 …하면 ~가 곤란해질 거예요
88 I can't believe~
…한 것이 믿어지지 않는다, …가 놀랍다
89 Why don't you ~? …하는 게 어때?
90 You deserve to + V 당신은 …할 만해요
91 when it's time to~ …할 때가 되면
92 I'm here to + V …하러 왔습니다
93 I'm done with~ …을 끝냈어
94 ruin one's life …의 인생을 망치다
95 I have never been to~ 한번도 …에 가본 적이 없다
96 I'll check if ~ …인지 알아볼게요
97 You'll be sorry if~ …하면 후회하게 될거야
98 I won't let it happen~ 다시는 그러지 않을게
99 be supposed to + V …하기로 되어 있다
100 Are you saying that~? …라는 말인가요?
101 Do you mean~? …라는 말인가요?
102 Do you want me to + V? 제가 …할까요?
103 Don't you think (that) ~? …라고 생각하지 않니?
104 have a hard time (in) + ~ing …하느라 힘들다
105 How come S + V? 어째서 …하는가?
106 I can't wait to + V 빨리 …하고 싶다
107 I agree that ~, but~ …에는 동의해요. 하지만…
108 I was told that~ …라고 들었어요
109 I'm looking forward to + ~ing …하길 기대할게
110 Is it all right if ~? …해도 괜찮을까요?
111 It is + 형용사 + for sb to + V
…가 ~하는 것은 …하다
112 make time for~[to+ V] …할 시간을 내다
113 let sb down …을 실망시키다
114 That's why S + V 바로 그 때문에 …하다
115 There's no way that~
…할 방법이 없다, …일 수는 없다
116 What do you mean by + ~ing?
…는 무슨 뜻이죠[의도죠]?
117 be the one who~ …하는 사람
118 While you're at it, ~ 그거 하는 김에…
119 I don't see why[how~] 왜[어떻게] …인지 모르겠어
120 What makes you think ~?
왜 …라고 생각하시는 거죠?
121 It's like~ …하는 것 같아
122 Speaking of~ …에 대해 말하자면
123 Please make sure (that)~
반드시 …하도록 해라, …를 꼭 확인해라

Level 5
쓰면 존경받는 표현들

Section 3 MORE Expressions 72 • 335p

Contents

생기초단어 52개에서 파생된 기본표현들과 새롭게 추가된 영어회화공식 231개, 그리고 버리기 아까운 그리고 섹션 3에 더 알려주고 싶은 표현들 72개 등 섹션 2, 3를 합해 총 303개의 표현들을 ABC순으로 정리한 Index. 우리말 의미를 함께 수록함으로써 단순한 Index의 차원을 넘어 별도의 학습노트로도 활용할 수 있도록 꾸며져 있다.

303

영어회화공식

Section 1

Key Word Expressions 52

Key Word 1 have to

- ☐ **I have to** 나는 …해야만 한다
- ☐ **You don't have to** …할 필요없어, …하지 않아도 돼
- ☐ **Do I have to ~?** 내가 …해야 하나요?
- ☐ **What do I have to ~?** 내가 무엇을 …해야 하나요?
- ☐ **I have to admit that ~** …라는 사실을 인정할 수밖에 없다
- ☐ **The first thing we have to do is + V** 우리가 우선적으로 해야 할 일은 …이다
- ☐ **I would have to say that ~** …라고 말할 수밖에 없겠군요

☐ 네가 좀 이상하다고 말하지 않을 수가 없구나.
I have to tell you that I think you are strange.

☐ 바쁘시면 안 오셔도 돼요.
You don't have to come if you are busy.

☐ 내가 너랑 그 모임에 가야 하는 거니?
Do I have to go with you to the meeting?

☐ 네가 날 믿게 하려면 뭐라고 말해야 하니?
What do I have to say to make you believe me?

☐ 겁이 좀 난다는 걸 인정할 수밖에 없군.
I have to admit that I am a little afraid.

☐ 우리가 제일 먼저 해야 할 일은 호텔에 전화하는거야.
The first thing we have to do is call the hotel.

☐ 그건 불가능할 것 같다고 말할 수밖에 없네요.
I would have to say that I think it's impossible.

Key Word 2 sure

- ☐ **I am not sure that ~** …을 확실히 모르겠어
- ☐ **I am not sure if ~** …인지 아닌지 확신이 안 선다
- ☐ **Be sure to + V** 반드시 …해라
- ☐ **Please make sure that ~** 반드시 …하도록 하세요

☐ 짐이 책상에서 펜을 가져갔는지 아닌지 잘 모르겠어.
I am not sure if Jim took the pen from the desk.

☐ 내가 그걸 얼마나 좋아하는지 리차드한테 꼭 말해줘.
Be sure to tell Richard how much I like it.

☐ 여기서 무슨 일이 있었는지 그 사람들에게 꼭 알려주세요.
Please make sure that they know what happened here.

Key Word 3 worry

- ☐ **I am worried about** 나는 …이 걱정된다
- ☐ **I am worried that ~** 나는 …라는 사실이 걱정된다
- ☐ **Don't worry about** …은 걱정하지마
- ☐ **Don't worry about it** 염려마

☐ 그렇게 넘어진 후로 그 사람 건강이 어떤지 걱정돼.
I am worried about his health since he had that fall.

☐ 우리가 그 사람 과거에 대해 잘 모른다는 게 걸려.
I am worried that we don't know enough about his past.

☐ 시험 걱정은 하지마, 넌 잘할 거니까.
Don't worry about the test, for you will do fine.

Key Word 4 want

- ☐ **I want to + V** 나는 …하고 싶어
- ☐ **I want you to + V** 당신이 …해줬으면 합니다
- ☐ **Do you want to + V?** …하고 싶어? …할래?
- ☐ **Do you want me to + V?** 내가 …할까?
- ☐ **What do you want me to + V?** 내가 뭘 …했으면 좋겠니?
- ☐ **You don't want to + V** …해선 안 될 것 같은데
- ☐ **The last thing I want to do is + V** 내가 제일 하기 싫은 일은 …하는거야

☐ 그 필름에 무슨 문제가 생겼는지 알아내고 싶어.
I want to find out what happened to the film.

☐ 올해엔 당신이 이 회사를 맡아줬으면 합니다.
I want you to be in charge of the firm this year.

☐ 오늘밤 우리 집에 올래?
Do you want to come over to my house tonight?

☐ 그 쇼의 대가를 더 많이 받고 싶어요?
Do you want me to give you more money for the show?

☐ 내가 여분으로 남은 저 신발을 어떻게 했으면 좋겠니?
What do you want me to do with those extra shoes?

☐ 아이스크림 콘을 하나 더 먹지 말아라.
You don't want to get another ice cream cone.

☐ 난 화장을 망치는 게 제일 싫어.
The last thing I want to do is ruin my make-up.

Key Word 5 thank

☐ **Thank you for (your) ~** …에 대해 감사해요
☐ **Thank you very much for ~** …에 대해 정말 감사드려요
☐ **Thanks a lot (for)** (…해 주셔서) 정말 고마워요
☐ **Thanks to + N** …덕분에

☐ 제 연구를 도와 주셔서 정말 감사합니다.
Thank you very much for helping me with the project.

☐ 가져오신 멋진 선물 너무 감사드려요.
Thanks a lot for the wonderful gift you brought.

☐ 네 덕분에 우리가 제주도에 갈 시간이 생겼어.
Thanks to you, we have time to go to Cheju-do.

Key Word 6 like

☐ **I like + N** 나는 …이 좋다
☐ **I like + ~ing** 나는 …하는 게 좋다
☐ **I (don't) like to + V** …하는 것을 좋아한다[좋아하지 않는다]
☐ **How do you like + ~ing?** …하는 건 어떠세요?

☐ 난 주말에 돈을 쓰면서 쇼핑하는 게 좋아.
I like spending money and shopping on the weekends.

☐ 내 미래에 대해 너무 많이 생각하는 걸 좋아하지 않아.
I don't like to think about my future too much.

☐ 여름에 방콕에 가는 건 어때?
How do you like going to Bangkok in the summer?

Key Word 7 I would like

- ☐ **I would like + N** 저는 …로 할게요, 난 …가 좋아요
- ☐ **I would like to + V** 저는 …하고 싶어요
- ☐ **I would like you to + V** 당신이 …해줬으면 좋겠어요
- ☐ **Would you like to + V?** …하시겠어요?
- ☐ **How would you like + N ?** …은 어떻게 해드릴까요?
- ☐ **What I would like to know is ~** 제가 알고 싶은 것은 …예요
- ☐ **I'd like to complain about** …에 대해 항의 좀 해야겠어요

☐ 저는 지금 아주 목이 말라서 맥주를 한 잔 더 마시고 싶어요.
I would like another glass of beer because I'm very thirsty now.

☐ 저는 제 분야에서 좀 더 인정을 받고 싶습니다.
I would like to receive more recognition in my field.

☐ 문을 아주 천천히 열어주시겠어요?
I would like you to open the door very slowly.

☐ 그 사고에 대해 말씀해 주시겠어요?
Would you like to tell me about the accident?

☐ 엄마가 너를 학교까지 어떻게 데려다줬으면 좋겠니?
How would you like your mother to take you to school?

☐ 제가 알고 싶은 건 인생의 의미입니다.
What I would like to know is the meaning of life.

☐ 이 사무실에서 발생하는 온갖 말썽에 대해 불만을 토로하고 싶어요.
I'd like to complain about all the troubles in this office.

Key Word 8 sorry

- ☐ **I am sorry for** …에 대해 유감이다
- ☐ **I am sorry to hear that ~** …라니 유감이다
- ☐ **I am sorry to say that ~** …를 말씀드리게 되어 죄송합니다
- ☐ **I am sorry to trouble you, but ~** 폐를 끼쳐서 미안합니다만…
- ☐ **I am sorry I can't ~** 미안하지만 나는 …할 수가 없어
- ☐ **You will be sorry if you don't ~** …하지 않으면 후회하게 될거야
- ☐ **(I'm) Sorry?** (말을 못 알아들었을 때) 뭐라고 하셨죠?

□ 어제 너를 그런 식으로 대해서 미안해.
I'm sorry for the way that I treated you yesterday.

□ 지난 달에 마사가 직장을 잃었다니 안됐구나.
I am sorry to hear that Martha lost her job last month.

□ 이번 판매조건에 저희가 동의할 수 없단 얘기를 하게 돼 유감입니다.
I am sorry to say that we can't agree on the terms for this sale.

□ 폐를 끼쳐서 미안하지만 우유가 하나도 없어서요.
I am sorry to trouble you, but I don't have any milk.

□ 미안하지만 당장은 더 이상 도와줄 수가 없어요.
I'm sorry I can't be of more help to you right now.

□ 그 여자와 더 많은 시간을 보내지 않는다면 넌 후회하게 될거야.
You will be sorry if you don't spend more time with her.

□ 뭐라구요? 방금 하신 말씀을 못 들었어요.
Sorry? I didn't catch what you just said.

Key Word 9

need

- ☐ **I need + N** 나는 …이 필요해
- ☐ **I need to + V** 나는 …해야 해, …할 필요가 있어
- ☐ **I need you to + V** 네가 …해 줬으면 해
- ☐ **You need to + V** 너는 …해야 한다
- ☐ **All I need is + N** 내가 필요한 건 …뿐이야, 그저 …이 필요해
- ☐ **All I need is to + V** 내가 필요한 건 …하는 것 뿐이야
- ☐ **The first thing you need to know is ~**
  네가 제일 먼저 알아 둬야 할 건 …이다

☐ 좀 더 명확하게 생각하려면 잠을 좀 자야겠어요.
I need sleep to help me think clearer.

☐ 자정까지는 집에 들어가서 아내와 얘기를 해야 해요.
I need to get home by midnight to talk with my wife.

☐ 네가 괴로울 땐 나한테 알려줬으면 좋겠어.
I need you to let me know when you are in pain.

☐ 너무 늦기 전에 은퇴에 대한 계획을 세워야 해요.
You need to plan your retirement before it is too late.

☐ 이런 기분이 들 때 나한테 필요한 건 우정뿐이야.
All I need is friendship when I'm feeling this way.

☐ 내가 필요한 것은 오로지 이번에 승진을 해서 임금이 인상되는 것 뿐이야.
All I need is to get this promotion and receive a raise.

☐ 제일 먼저 알아둬야 할 건 경보기를 작동시키는 방법이지.
The first thing you need to know is how to set the alarm.

Key Word 10 I wish

- ☐ **I wish + O1 + O2** …가 ~하길 바래, …에게 ~를 기원하다
- ☐ **I wish to + V** 나는 …하기를 바란다
- ☐ **I wish I could, but ~** 그러고 싶긴 하지만…
- ☐ **I wish I had a chance to + V** 내가 …할 수 있는 기회가 있다면 좋을텐데
- ☐ **I wish I could ~** …할 수 있으면 좋을텐데

☐ 안전하고 순조로운 여행이 되시길 바랍니다.
I wish you a safe and prosperous trip.

☐ 금요일에만 우편물을 받고 싶은데요.
I wish to receive my mail only on Fridays please.

☐ 시간을 알려주고는 싶은데 나도 정말 시간을 몰라서 말야.
I wish I could, but I really don't have the time.

☐ 너와 함께 있을 기회가 더 많았으면 좋겠어.
I wish I had more chances to get together with you.

☐ 네가 언제 진담을 하고 있는 건지를 알면 좋겠는데.
I wish I could tell when you are being serious.

Key Word 11 I think

- ☐ **I think (that) ~** …라고 생각하다
- ☐ **Do [Don't] you think ~?** …라고 생각하니[생각하지 않니]?
- ☐ **What makes you think ~? [Why do you think ~?]** 왜 …라고 생각하는 거죠?
- ☐ **I am thinking of** …하는 것을 고려중이야
- ☐ **I think the problem is (that) ~** 내 생각에 문제는 …이다
- ☐ **I don't think A rather B** 난 A라기보다는 B라고 생각한다
- ☐ **How can you think about ~?** 어떻게 …할 생각을 할 수 있죠?

☐ 그 사람이 몇분 늦는다고 말했던 것 같아요.
I think he said he was running a few minutes late.

☐ 이 안이 점점 추워지고 있는 것 같지 않니?
Don't you think it is getting cold in here?

☐ 왜 우리가 지금 당장 로비에서 떠나야 한다고 생각하는 거지?
What makes you think we should leave the lobby right now?

☐ 그 문제에 대해서 교수와 얘기해볼 생각이야.
I am thinking of talking to my professor about the issue.

☐ 내 생각에 문제는 그 친구가 요즘 너무 잘 나간다는거야.
I think the problem is that he is on a roll these days.

☐ 그게 뭔가 잘못된 거라기보다는 오해한 거라고 생각해.
I don't think that there is anything wrong with it, **rather** that it's misunderstood.

☐ 당신이 아주 절실히 필요한 때에 어떻게 은퇴할 생각을 할 수 있죠?
How can you think about retiring when we need you so bad?

Key Word 12 How[What] about ~?

- ☐ **How about you [that]?** 너는[그건] 어때?
- ☐ **How about that!** 놀라운데! 그거 멋지다! 잘됐군!
- ☐ **How about + N [~ing]?** …은 어때?, …하는 건 어때?
- ☐ **What about + N [~ing]?** …은 어때?, …하는 건 어때?

☐ 당신은 어때요? 오늘 저녁에 갈비 먹고 싶어요?
How about you? Do you want to eat kalbi tonight?

☐ 정말 놀라워! 본즈가 홈런을 73개나 날렸다니 믿을 수가 없는걸.
How about that! I couldn't believe Bonds hit 73.

☐ 교통 체증을 피해서 지름길로 질러 가는 게 어때?
What about driving around the traffic jam and taking a shortcut?

Key Word 13 I prefer

- ☐ **I prefer + N[~ing]** 나는 …가 더 좋다
- ☐ **I prefer ~ to …** 나는 …보다 ~가 더 좋다
- ☐ **I prefer to + V** 나는 …하는 게 더 좋다
- ☐ **I prefer to ~ rather than …** …보다 ~하는 게 더 좋다

☐ 영화보러 가는 것보다 텔레비전 보는 게 더 좋아.
I prefer watching TV to going to the movies.

☐ 나는 다른 사람이 듣지 않을 때 엄마에게 전화하는 걸 더 좋아한다.
I prefer to call my mother when I have some privacy.

☐ 나는 일요일 아침에 늦잠을 자는 것보다 일찍 일어나는 게 더 좋아.
I prefer to wake up early on Sunday morning **rather than** sleep late.

Key Word 14 seem

- ☐ **seem + 형용사** …해 보인다, …인 것 같다
- ☐ **seem to + V** …하는 것 같다
- ☐ **Nobody seems to + V** 아무도 …하는 것 같지 않다
- ☐ **It seems like ~** …가 ~하는 것처럼 보인다
- ☐ **It seems that ~** …한 것 같이 생각되다
- ☐ **There seems to be + N** …이 있는 것 같다
- ☐ **It seems reasonable, but ~** 일리가 있어 보여요, 하지만…

☐ 스미스 교수가 오늘 기분이 안좋은가봐.
Professor Smith **seems to** be in a foul mood today.

☐ 주위에서 누구도 내 말을 진지하게 받아들이지 않는 것 같아.
Nobody seems to take me seriously around here.

☐ 모두들 휴가가 더 길었으면 하고 바라는 것 같아.
It seems like everyone wants to have more vacation time.

☐ 빌이 사만다와 사랑에 푹 빠진 것 같더라.
It seems like Bill is falling in love with Samantha.

☐ 너 오늘 치과에 가지 않기로 한 것 같구나.
It seems that you decided against going to the dentist today.

☐ 복도로 나가는 출구를 막고 있는 사람들이 너무 많은 것 같아.
There seem to be too many people blocking the hallway exit.

☐ 일리는 있어보이지만 당신의 요구 사항은 고객 서비스쪽으로 돌려야 할 것 같군요.
It seems reasonable, but I'll have to refer your request to Customer Service.

Key Word 15 know

- ☐ **I (don't) know that ~** 나는 …라는 걸 안다[모른다]
- ☐ **I don't know how[why/what] ~** 어떻게[왜/뭐가] …하는지 모르겠어
- ☐ **know better than to ~** …할 정도로 어리석지는 않다
- ☐ **Do you know how to + V?** …하는 방법을 아니?
- ☐ **Do you know anything about ~?** …에 관해 뭐 알고 있는 거 있니?
- ☐ **Not that I know of** 내가 알기로는 그렇지 않다

☐ 내가 새로 제안한 내용에 그 사람이 동의하는 건지 잘 모르겠어.
I don't know that he agrees with my new proposal.

☐ 조는 어떻게 매일 밤 그렇게 늦게까지 회사에서 버티는지 모르겠어.
I don't know how Joe manages to stay at work so late every night.

☐ 내일 질에게 생일 선물로 뭘 줘야 할지 모르겠어.
I don't know what to get Jill for her birthday tomorrow.

☐ 그 여자는 그렇게 사소한 문제로 브래드와 다툴만큼 어리석진 않다.
She knows better than to argue with Brad about such a small problem.

☐ 한국에서 프랑스로 국제전화를 거는 방법을 아세요?
Do you know how to make an international call from Korea to France?

☐ 아르헨티나의 경제상황에 관해 뭐 아는 거 있니?
Do you know anything about the economic situation of Argentina?

☐ 그 여자 결혼했니? – 내가 알기론 안했을걸.
Is she married? – **Not that I know of.**

Key Word 16 mean

- ☐ **mean to** …할 작정이다
- ☐ **mean that ~** …라는 의미이다, …할 의도이다
- ☐ **Do you mean ~?** …라는 말인가요?, 네 말은 …라는 거니?
- ☐ **What do you mean by + ~ing?** …하는 건 무슨 의미죠?
- ☐ **I didn't mean to + V** …하려던 게 아니었어
- ☐ **I guess that means ~** 그게 의미하는 건 …인 것 같다
- ☐ **It doesn't mean that ~** …라는 의미가 아니다

☐ 네 전화기를 탁자 위에 놔둘 작정이었니?
Did you **mean to** leave your phone on the table?

☐ 제 얘기는 허가없이 들어와서는 안된다는 겁니다.
I mean that you shouldn't come in without permission.

☐ 제가 토요일에 필요하다는 말씀이세요?
Do you mean that I need to come in on Saturday?

☐ 내가 잘생기지 않았다니 그게 무슨 뜻이야?
What do you mean by telling me I am not handsome?

☐ 우리를 부부사이로 보이게 하려는 의도는 없었어.
I didn't mean to make you believe we were a couple.

☐ 그건 우리가 다른 세입자를 구해봐야 한다는 뜻인 것 같구나.
I guess that means we need to find another tenant.

☐ 내가 다른 분야에서는 성공할 수 없다는 말이 아니라구.
It doesn't mean that I can't succeed at other things.

Key Word 17 조동사 + have + p.p.

- ☐ **should (not) have + p.p.** …했어야[하지 말았어야] 했는데
- ☐ **must have + p.p.** …했음에 틀림없다
- ☐ **cannot have + p.p.** …했을 리가 없다
- ☐ **might have + p.p.** …였을지도 모른다

☐ 그때 너한테 소리치지 말았어야 했는데. 미안해.
I **shouldn't have yelled** at you just then. I'm sorry.

☐ 보니가 알렉스에게 파티에 함께 가자고 했던 게 틀림없어.
Bonnie **must have asked** Alex to go to the party with her.

☐ 어제 네가 직장을 그만둔다고 했던 말이 진심이었을 리가 없어.
You can't have meant what you said yesterday about quitting your job.

Key Word 18 mind

- ☐ **Do you mind + ~ing?** …좀 해주시겠어요?
- ☐ **Do you mind if ~?** …해도 될까요?
- ☐ **if you don't mind** 괜찮으시다면

☐ 음식이 나오길 기다리는 동안에 담배 좀 피워도 되겠습니까?
Do you mind if I smoke while we're waiting for our food?

☐ 괜찮으시다면, 올해 열리는 회의에 당신을 초대하고 싶은데요.
If you don't mind, I'd like to invite you to attend this year's conference.

Key Word 19 get

- ☐ **be getting + 형용사** 점점 …해지다
- ☐ **get sb sth [get sth for sb]** …에게 ~을 사주다
- ☐ **get + O + to + V** …에게 ~하도록 시키다
- ☐ **get + O + p.p.** …가 ~되도록 만들다
- ☐ **Don't get me wrong** 오해하지 말아요
- ☐ **Can you tell me how to get to + 장소** …로 가는 방법을 알려주시겠어요?

☐ 이 지루하고 무의미한 업무에 짜증이 나요.
I'm getting tired of these long, pointless assignments.

☐ 나갈 때 샌드위치 좀 사다줄래?
Would you **get me a sandwich** when you go out?

☐ 편의점에서 잭에게 줄 청량음료 좀 사올래?
Will you **get a soda for Jack** from the convenience store?

☐ 지금 당장 젠을 오게 하겠어.
I'll **get Jen to come over** right away.

☐ 8시쯤이면 숙제를 다 끝낼 거니?
Will you **get that homework done** by eight o'clock?

☐ 오해하지 마, 난 정말 네가 좋다구.
Don't get me wrong, I really like you a lot.

☐ 실례합니다만, 안암 역에 어떻게 가는지 알려주시겠어요?
Excuse me, **can you tell me how to get to** Anam station?

Key Word 20 have

- ☐ **have + O + p.p.** …가 ~되도록 하다
- ☐ **have sb do** …에게 ~하도록 시키다
- ☐ **have to do with** …와 관련이 있다
- ☐ **have something[nothing] to do with**
  …과 (조금) 관련이 있다[아무 관련이 없다]
- ☐ **I have something[nothing] to + V** …할 것이 있다[아무것도 없다]
- ☐ **have every right to + V** …할 만하다, …하는 게 당연하다

☐ 그 남자가 나더러 이 일을 10시까지 끝마치라고 했어.
He told me to **have this done** by ten o'clock.

☐ 그 여자는 상사에게서 추천서를 받아낼 것이다.
She'll **have her boss write** her a letter of recommendation.

☐ 사랑이 결혼과 어떤 관련이 있나요?
What does love **have to do with** marriage?

☐ 회사에서 있었던 큰 논쟁에 당신도 관련이 있었던 건가요?
Did you **have something to do with** that big argument at work?

☐ 이렇게 도움을 많이 주신 데 대한 감사의 표시로 드릴 게 있어요.
I have something to give you to thank you for all your help.

☐ 나이트 클럽에 입고 갈 게 하나도 없어.
I have nothing to wear to the nightclub.

☐ 네가 일을 저지른 후로 그 남자가 너를 불신하는 건 너무 당연해.
He has every right to feel distrustful after what you did.

Key Word 21 let

- ☐ **(Please) let me + V** 제가 …할게요
- ☐ **Let me see if I can ~** …인지 아닌지 한번 볼게요
- ☐ **Let me tell you about** 너에게 …에 대해 말해줄게
- ☐ **Don't let sb[sth] + V** …가 ~하지 못하게 해라
- ☐ **I'm not gonna let + O + V** …가 ~하도록 하지 않겠어
- ☐ **Let's ~** …하자
- ☐ **Let's say that ~** …라고 치자

☐ 그 보고서 다 작성하면 저한테 보여주세요.
Please let me see that report when you've finished.

☐ 내가 도와줄 수 있을지 한번 볼게, 잠깐 기다려봐.
Let me see if I can help you, just a minute.

☐ 당신이 놀라지 않도록 제닝스 씨에 관해 말해줄게요.
Let me tell you about Ms. Jennings so that you won't be surprised.

☐ 피터슨 교수가 너를 제멋대로 부리도록 내버려두면 안돼.
Don't let Professor Peterson **push** you around.

☐ 이 나쁜 소식에 영향을 받진 않겠어.
I'm not gonna let this bad news **affect** me.

☐ 모두 함께 힘찬 박수로 매기에게 감사를 표합시다.
Let's all join in a round of applause to thank Maggie.

☐ 자, 그 남자가 어느날 너에게 청혼한다고 치자, 넌 뭐라고 대답할거야?
Well, **let's say that** one day he proposes to you, what will you say?

Key Word 22 Why don't you ~?

☐ **Why don't you [we] + V?** …하는 게 어때?

☐ **Why not + V?** …하는 게 어때?

☐ **Why not?** (제안에 대한 대답으로) 좋아, 안될 이유가 뭐 있겠어?

□ 나가서 신선한 공기를 마시며 휴식을 취하는 게 어떻겠니?
Why don't you take a break and go outside to get some fresh air?

□ 남자친구에게 생일날 뭘 하고 싶은지 물어보는 게 어때?
Why not ask your boyfriend what he wants to do for his birthday?

Key Word 23 used to

☐ **used to + V** 예전엔 …(하곤) 했었다

☐ **There used to be + N** 전에 …이 있었는데

☐ **get [be] used to + N** …에 익숙해지다

□ 난 예전에는 딸기 아이스크림을 좋아했어.
I **used to** like strawberry ice cream.

□ 어디 보자, 전에 여기에 출구가 하나 있었는데 지금은 못 찾겠네.
There used to be an exit over here, but now I can't find it.

□ 이 업무에 모두 익숙해지는 게 좋아. 왜냐하면 일은 시간이 갈수록 늘어나기만 하거든.
You'd better **get used to** all this work, because it only increases with time.

Key Word 24

afraid

- ☐ **I am afraid of** …이 두렵다[겁난다]
- ☐ **I am afraid to** …하기가 두렵다
- ☐ **I am afraid that ~** …이 걱정된다, …라서 유감이다
- ☐ **Don't be afraid of** …를 겁내지 말아라
- ☐ **Don't be afraid to** 주저하지 말고 …해라
- ☐ **I am afraid so** (좋지 않은 상황에 대해) 그럴 것 같다

☐ 수업시간에 질문하는 건 겁이 나.
I am afraid of asking questions in class.

☐ 이 비디오 게임을 해보기가 망설여져, 중독되긴 싫거든.
I am afraid to try this video game, because I don't want to get addicted.

☐ 안됐지만 나중에 다시 전화하셔야 할 것 같은데요.
I'm afraid that you'll have to call back later.

☐ 제이콥슨 양을 겁낼 필요는 없어요, 당신을 시험해보는 것 뿐이니까.
Don't be afraid of Ms. Jacobson, she's just testing you out.

☐ 필요한 게 있으면 망설이지 말고 부탁하세요.
If you need anything, **don't be afraid to ask.**

☐ 연체료를 물어야 하나요? – 죄송하지만 그렇게 하셔야겠는데요.
Will I have to pay the overdue penalty? – **I'm afraid so.**

Key Word 25 I hope

- ☐ **I hope to + V** …하면 좋겠다
- ☐ **I hope that ~** …라면 좋겠다
- ☐ **I hope so [not]** 그랬으면 [그러지 말았으면]

☐ 이번 주말에 있을 테니스 시합에서 이겼으면 좋겠어.
I hope to win my tennis match this weekend.

☐ 다음에 여기 오실 때 저희를 기억해 주시면 좋겠어요.
I hope that you'll think of us the next time you're in town.

Key Word 26 help

- ☐ **help + O + (to) + V** …가 ~하는 것을 돕다
- ☐ **help + O + with + N** …가 ~하는 것을 돕다
- ☐ **can't help + ~ing** …하지 않을 수가 없다
- ☐ **Help yourself** 맘껏 갖다 먹어라[사용해라]

☐ 샘이 저쪽 편으로 책상을 옮기는 걸 도와주실래요?
Would you **help Sam move** his desk to that area over there?

☐ 이 선생이 제안서를 작성하는 것을 내가 도와주겠다고 했다.
I offered to **help Mr. Lee with** his proposal.

☐ 당신이 왜 계속 같은 질문을 하는지 궁금해하지 않을 수가 없군요.
I can't help wondering why you keep asking the same question.

Key Word 27 here

☐ **Here you go [Here it is]** (물건 등을 건네며) 여기 있습니다
☐ **Here's ~** 여기 …이 있습니다
☐ **I'm here to + V** …하러 왔습니다

☐ 자요, 머리가 아프면 아스피린을 먹어봐요.
Here you go, take an aspirin for your headache.

☐ 여기 주문하신 맥주와 과자가 있습니다.
Here's the beer and snacks you ordered.

☐ 유감스러운 소식을 전하러 여기 왔습니다.
I'm here to deliver some unfortunate bad news.

Key Word 28 can afford

☐ **can [can't] afford + N** …을 (돈주고) 살 여유가 있다[없다]
☐ **can [can't] afford to + V** …할 (물질적 · 정신적) 여유가 있다[없다]

☐ 은행에서 대출을 받으면 이 차를 살 수 있어요.
We **can afford** this car if we take out a loan from the bank.

☐ 우리는 올해 타히티로 휴가를 떠날 수가 없어요.
We **can't afford** a vacation to Tahiti this year.

☐ 그 사람은 더이상 너한테 이걸 설명하느라 시간낭비할 여유가 없어.
He **can't afford to** waste anymore time explaining this to you.

Key Word 29 Be + 형용사 [명사]

- ☐ **Be a good boy** 착하게 굴어라
- ☐ **Be all you can be** 능력을 최대한 발휘해라
- ☐ **Be ambitious** 야망을 가져라
- ☐ **Be cool** 침착해라
- ☐ **Be patient** 조바심내지 말아라
- ☐ **Don't be shy** 부끄러워 하지마
- ☐ **Don't be so serious** 그렇게 심각해할 거 없다

☐ 이제 착하게 굴어야지, 엄마에게 장난감을 드려라.
Be a good boy now and give your toys to Mommy.

☐ 육군에 입대해서 자신의 가능성을 최대한 발휘하세요.
Be all you can be, and join the Army.

☐ 오늘 제가 화가 났을 때 제 아들이 "진정하세요, 엄마"라고 말했다면 믿으시겠어요?
Can you believe what my son told me today when I got mad? "**Be cool,** Mom."

☐ 조바심내지 말고 잠시 기다려 봐.
Please **be patient** and wait for a while.

☐ 부끄러워 말고, 의견이 있으면 말해라.
Please **don't be shy!** If you have something to say, speak up.

☐ 나참, 블레이크, 항상 그렇게 심각할 필요는 없잖아.
Gosh, Blake, **don't be so serious** all the time.

Key Word 30 Don't + V

- ☐ **Don't forget to + V** …하는 거 잊지마
- ☐ **Don't go** 가지 마
- ☐ **Don't hesitate to + V** 주저하지 말고 …하도록 해
- ☐ **Don't hurry** 서두르지 마
- ☐ **Don't move** 꼼짝 마, 움직이지 마
- ☐ **Don't tell me that ~** …라고 말하지마, 설마 …라는 얘기는 아니겠지?

☐ 나가는 길에 문단속하는 거 잊지마.
Don't forget to lock the door on your way out.

☐ 당분간 지하철 타러 가지마. 공사중이라 폐쇄되어 있다고 들었거든.
Don't go to the subway until later! I heard it's closed for construction.

☐ 뭐든 질문할 게 있으면 망설이지 말고 전화하세요.
Don't hesitate to call if you have any questions.

☐ 그 프로젝트를 추진하는 걸 너무 서둘지 말라구, 다음 주까지는 시간이 있잖아.
Don't hurry on that project because we have until next week.

☐ 제이크, 머리에 벌이 있으니까 꼼짝하지 마.
Jake, **don't move** an inch, because there's a bee on your hair!

☐ 설마 그 사람들한테 또 대출을 거절당한 건 아니겠지?
Don't tell me that they denied your loan again.

Key Word 31 be + 형용사 + 전치사

- ☐ **be angry with** …에게 화나다
- ☐ **be familiar with** …에 익숙해지다
- ☐ **be good at** …를 잘하다, …에 소질이 있다
- ☐ **be happy with** …에 만족하다[기쁘다]
- ☐ **be hard on** …를 함부로 대하다
- ☐ **be interested in** …에 관심이 있다
- ☐ **be worried about** …을 걱정하다

☐ 간단한 질문 하나 했다고 그렇게 화를 낼 수 있는 거예요?
How can you **be angry with** me for asking a simple question?

☐ 중요한 건 직원 모두가 새로운 의료보험에 익숙해져야 한다는거야.
It's important that all employees **be familiar with** the new healthcare policy.

☐ 그 사람은 외국어를 익히는 데 소질이 있죠, 수줍음을 안 타거든요.
He'**s good at** learning languages because he's not shy.

☐ 평생동안 당신이 성공하신 여러가지 일들 때문에 기쁘시겠어요.
You should **be happy with** the successes you've had in your life.

☐ 남자 친구가 그렇게 항상 날 막 대하지 않았으면 좋겠어요.
I wish my boyfriend **wasn't so hard on** me all the time.

☐ 이 운동의 역사에 관해 좀 더 알고 싶어.
I'**m interested in** learning more about the history of this sport.

☐ 우리 부모님은 우리가 당신들과 너무 멀리 떨어져 산다고 걱정하셔.
My parents **are worried about** us living so far away from them.

Key Word 32 be + p.p. + 전치사

☐ **be accused of** …로 고발[고소]당하다
☐ **be caught in** …에 잡히다
☐ **be committed to** …에 집중하다[헌신하다]
☐ **be compared with [to]** …와 비교되다
☐ **be composed of** …으로 구성되다
☐ **be concerned about** …에 대해 관심을 갖다
☐ **be covered with** …로 뒤덮이다
☐ **be deprived of** …을 빼앗기다
☐ **be disappointed at [about]** …에 실망하다
☐ **be informed of** …을 통지받다, …을 알게 되다
☐ **be located in** …에 위치해 있다
☐ **be made of** …으로 만들어지다
☐ **be qualified for** …할 자격이 있다
☐ **be related to** …와 관련이 있다[친척이다]
☐ **be satisfied with** …에 만족하다

☐ 그 의뢰인은 잘 알려진 범죄자를 도와준 죄로 고소당했어요.
The client **is accused of** aiding a known criminal.

☐ 그 사람은 손이 환풍기에 걸려서 병원에 가봐야 했어요.
His hand **was caught in** the fan, and he had to go to the hospital.

☐ 난 네가 잘 살 수 있는 기회를 주려고 온 힘을 다 쏟고 있어.
I'**m committed to** giving you the opportunity to thrive.

☐ 어떤 독자들은 그의 작품들을 시드니 셀던의 것과 비교하기도 한다.
His works **are compared with** those of Sydney Sheldon by some readers.

☐ 위원회는 마을의 지도자 10명으로 구성되어 있다.
The council **is composed of** 10 leaders of the town.

☐ 우리는 학교 폭력이 증가하고 있는 것에 대해 관심을 가져야 해요.
We should **be concerned about** the rise in violence in schools.

□ 그 팀은 그 남자에게 무슨 일이 일어나도 관심이 없을거야.
The team shouldn't **be concerned about** what happens to him.

□ 시합이 끝나자 우리는 완전 진흙과 먼지 투성이였다.
After the game, we'**re covered with** mud and dirt.

□ 이 법때문에 그 사람들은 기본적인 권리들을 빼앗겼다.
They **have been deprived of** their basic rights because of this law.

□ 그 경기에 져서 그 사람은 매우 실망이 크다.
He **is very disappointed at** losing the game.

□ 이메일로 결과를 알려드릴게요.
You will **be informed of** the outcome by e-mail.

□ 우리 회사는 IBM 社 건물에 있습니다.
Our company **is located in** the IBM building.

□ 그 요리는 홍합, 새우, 게 같은 여러가지 해산물로 만든다.
The dish **is made out of** a variety of seafood, such as mussels, shrimp, and crab.

□ 졸업하고 나면 어떤 직종에서도 일할 수 있는 자질이 될 것입니다.
Graduates will **be qualified for** any type of employment.

□ 그 여자는 나랑 친척이야. 내 남편의 숙모거든.
I'**m related to** her because she's my husband's aunt.

□ 내 여동생은 내 도움에 만족해 하고 있어.
My sister **is satisfied with** me for helping her.

Key Word 33

V + O1 + O2

- ☐ **ask sb sth** …에게 ~를 묻다
- ☐ **buy sb sth** …에게 ~를 사주다
- ☐ **cost sb + (amount of money or sth)** …에게 ~만큼의 비용이 들다
- ☐ **envy sb sth** …의 ~을 부러워하다
- ☐ **give sb sth** …에게 ~를 주다
- ☐ **offer sb sth** …에게 ~를 제공하다
- ☐ **owe sb + (amount of money or sth)** …에게 ~만큼의 빚을 지다

☐ 선생님이 나에게 답을 물었지만, 난 몰랐다.
The teacher **asked** me the answer, but I didn't know.

☐ 그 사람들은 서로 크리스마스 선물로 다이아몬드 반지를 사줬다.
They **bought** each other diamonds for Christmas.

☐ 내가 휴가때 고향에 가려면 백만원은 족히 들 거다.
It might **cost** me a million won to return home for vacation.

☐ 그 사람의 힘이 부러워서 나도 그렇게 되고 싶어.
I **envy** him his strength, and want to be like him.

☐ 그분을 만나면 제 이력서를 전해주시겠어요?
Can you **give** him my resume when you see him?

☐ 그분이 배고파 하시거든 네가 음식을 좀 드려야 한다.
You should **offer** him some food if he's hungry.

☐ 난 그 여자한테 빚진 돈이 많다고 생각해.
I think I **owe** her a lot of money.

Key Word 34 That is ~

- ☐ **That is (not) + N [형용사]** 그것은 …이(이 아니)다, 그건 …하다
- ☐ **That is because ~** 그건 바로 …이기 때문이다
- ☐ **That is why [when] ~** 그게 바로 …한 이유이다[때다]
- ☐ **That's not how ~** 그렇게 …하는 것이 아니다

☐ 내가 너한테 거짓말을 했다고 생각한다면 그건 말도 안돼.
If you think I lied to you, **that's** ridiculous.

☐ 그리고 그게 바로 내가 애당초 여기서 일하기 시작한 이유라구.
And **that's why** I started working here in the first place.

☐ 글쎄, 그 여자가 일자리를 얻었다는 소식을 내가 그런 식으로 들은 건 아닌데.
Well, **that's not how** I heard she got the job.

Key Word 35 Can you[Could you]~ ?

- ☐ **Can you [Could you] tell me ~?** …좀 말씀해 주실래요?
- ☐ **Can you [Could you] show me how to + V?**
  …하는 방법 좀 알려주시겠어요?
- ☐ **I was wondering if you could ~**
  …해주실 수 있는지 궁금하군요, …좀 해주시겠어요?

☐ 이 디스크를 다시 포맷시키는 방법 좀 알려주실래요?
Can you show me how to re-format this disk?

☐ 이 봉투를 어떻게 여는 건지 알려주시겠어요?
Could you show me how to open this jacket?

☐ 등 좀 긁어주시겠어요?
I was wondering if you could scratch my back.

Key Word 36 make

- ☐ **make + O + V** …가 ~하게 하다, …가 ~하도록 만들다
- ☐ **make it** 해내다, 성공하다
- ☐ **make it to + 장소** 시간에 늦지 않게 …에 도착하다
- ☐ **make sense** 이해되다, 이치에 맞다
- ☐ **make oneself clear** 자신의 말을 명확하게 전달하다
- ☐ **make oneself understood** 자신의 말을 이해시키다
- ☐ **It makes no difference to me** (어떻게 하든) 난 상관없다

☐ 그 사람때문에 난 살아있다는 게 너무 행복해요.
He **makes me feel** so happy to be alive.

☐ 넌 영리하고 용감해. 해낼 수 있다구.
You are smart and brave. You can **make it**.

☐ 그 사람들은 집에 제 시간에 도착하려고 해봤지만 그럴 수 없었다.
They tried to **make it to** the house, but couldn't.

☐ 이렇게 청소하는 게 말이 된다고 생각하니?
Do you think it **makes sense to** clean like this?

☐ 그 사람이 싫다고 말했을 때 그 사람은 자기 생각을 확실하게 표현한 거라고 생각했어요.
I thought he **made himself clear** when he said No.

☐ 이따금 제 얘기를 다른 사람에게 이해시키기가 힘들어요.
It's hard sometimes to **make myself understood**.

☐ 네가 여기 머물든지 떠나든지 난 상관없어.
It **makes no difference to me** if you stay here or leave.

Key Word 37 can't / couldn't

- ☐ **cannot stop + ~ing** …를 그만 둘 수가 없다
- ☐ **cannot ~ without…** …이 있어야 ~할 수 있다, ~할 때마다 …하다
- ☐ **I can't agree more (with + N)** (…에) 전적으로 동감이야
- ☐ **I can't believe that ~** (놀라움) …을 믿을 수 없다
- ☐ **I can't wait to + V** 난 …하고 싶어 못 견디겠다
- ☐ **I couldn't care less if ~** …이든 아니든 난 상관없어
- ☐ **(It) Couldn't be better** 더이상 좋을 순 없어, 최고로 좋아

☐ 파리로 가는 우리 여행 준비를 그만둘 수가 없어.
I cannot stop preparing for our trip to Paris.

☐ 밀가루가 있어야 빵을 굽죠.
We cannot bake a cake without flour.

☐ 이 일을 처리하는 당신의 방식에 전적으로 찬성합니다.
I can't agree more with the way you're handling this.

☐ 거기 가는 데 그렇게 시간이 오래 걸리다니 믿을 수 없군요.
I can't believe that it is taking so long to get there.

☐ 그 희소식을 모두 빨리 그 사람들에게 전하고 싶어 죽겠어요.
I can't wait to share all the good news with them.

☐ 양키즈가 이기든 말든 나와는 상관없다구요.
I couldn't care less if the Yankees win.

☐ 이보다 더 좋을 수는 없다구, 안 그래?
It couldn't be better than this, could it?

Key Word 38 take

- ☐ **take A to B** A를 B로 옮기다[데려가다]
- ☐ **How long does it take to ~?** …하는 데 시간이 얼마나 걸리나요?
- ☐ **It takes sb + 시간 + to + V** …가 ~하는 데 …가 걸린다
- ☐ **Don't take it personally, but ~** 오해는 마세요, 하지만…
- ☐ **Take it easy** 진정하세요, 편히 쉬세요
- ☐ **take A for B** B를 위해 A를 먹다[취하다]
- ☐ **take care of** …을 처리하다[돌보다]

☐ 녹색 선을 자주색 자리로 옮깁시다.
Let's **take** the green line **to** the purple line.

☐ 우리 어머니 좀 공항에 데려다 주시겠어요?
Would you please **take** my mother **to** the airport?

☐ 전문가가 되려면 얼마나 오래 걸리나요?
How long does it take to become an expert?

☐ 샐리는 이를 닦는 데 5분 걸린다.
It takes Sally five minutes **to** brush her teeth.

☐ 오해하진 마세요, 하지만 당신 머리 스타일이 맘에 안드는군요.
Don't take it personally, but I don't like your hair.

☐ 편히 생각하세요, 안그러면 스트레스를 엄청 받을 거예요.
Take it easy, or you may get too stressed out.

☐ 실험을 위해 우리 모두 이 알약들을 먹어야 해요.
We should all **take** these pills **for** the test.

☐ 집에 돌아오면 당신 몸을 돌보는데 힘쓰세요.
Try to **take care of yourself** when you return home.

Key Word 39 be in + N

- ☐ **be in a good[bad] mood** 기분이 좋다[나쁘다]
- ☐ **be in bed (with)** (…로) 앓아 눕다
- ☐ **be in charge of** …을 책임지고 있다
- ☐ **be in good[bad] condition** 상태가 좋다[나쁘다]
- ☐ **be in need of** …를 필요로 하다
- ☐ **be in trouble** 곤경에 처하다, 혼나다

☐ 그 사람은 항상 그렇게 기분이 안좋더라구.
He **is always in such a bad mood**.

☐ 나 오늘 기분이 안좋으니까 조심하라구.
I **am not in a good mood** today, so be careful.

☐ 난 홍역으로 일주일을 앓아 누웠다.
I **have been in bed with** the measles for a week.

☐ 우리는 생산과 제조를 담당하고 있다.
We **are in charge of** the production and manufacturing.

☐ 그 사람의 정장은 관리를 잘 해왔기 때문에 상태가 좋다.
Because his suit has been well maintained, it **is in good condition**.

☐ 그 사람들은 쌀과 채소같은 생필품이 부족하다.
They **are in need of** essentials like rice and vegetables.

☐ 너 집에 빨리 들어오지 않으면, 혼이 날거야.
If you are not home soon, you will **be in trouble**.

Key Word 40 be + p.p. + to + V

- ☐ **be disappointed to** …해서 실망스럽다
- ☐ **be entitled to** …할 자격[권한]이 있다
- ☐ **be pleased to** …해서 기쁘다
- ☐ **be prepared to** …할 준비가 되다
- ☐ **be scheduled to** …할 예정이다
- ☐ **be supposed to** …하게 되어 있다, …할 예정이다
- ☐ **be surprised to** …하는 것을 보고 놀라다

☐ 대통령은 그 뉴스 보도를 듣고 실망했다.
The president **is disappointed to** hear the news report.

☐ 부사장들은 모두 이 장비들을 사용할 권한이 있다.
All of the vice presidents **are entitled to** use these facilities.

☐ 사장은 너의 우승을 발표하게 돼서 기뻐하고 있어.
The president **is pleased to** announce that you won.

☐ 넌 피해를 당하지 않도록 스스로를 보호할 준비가 되어있어야 해.
You need to **be prepared to** protect yourself from harm.

☐ 우리는 4시에 홍콩에 도착할 예정이다.
We **are scheduled to** arrive in Hong Kong at four o'clock.

☐ 공항에서 그 사람들을 데려오기로 한 사람이 누구지?
Who **is supposed to** pick them up at the airport?

☐ 코치가 우리에게 새 운동복을 사줄 것이다.
The coach **is supposed to** buy us new uniforms.

☐ 그 여자는 그게 공짜라는 걸 알고는 놀랐어.
She **was surprised to** find out that it was free.

Key Word 41 V1 + to + V2

- ☐ **bother to + V** 굳이 …하느라 애쓰다
- ☐ **call to + V** …하려고 전화하다
- ☐ **decide to + V** …하기로 결정하다
- ☐ **fail to + V** …하지 못하다
- ☐ **plan to + V** …할 예정이다
- ☐ **promise to + V** …하기로 약속하다
- ☐ **try to + V** …하려고 하다[애쓰다]

☐ 요리를 하고 나서 굳이 바닥을 청소하려고 하지 마세요.
Don't **bother to** clean the floor after you cook.

☐ 전화를 걸어 우리 예약을 확인해봐야겠어.
I have to **call to** confirm our reservation.

☐ 그 사람들은 단체로 술을 마시러 나가기로 했다.
The group **decided to** go out for drinks.

☐ 우리가 나타나지 않으면 우리 자리를 잃게 될 겁니다.
If we **fail to** show up, we will lose our place.

☐ 자녀들을 데려올 예정이십니까?
Do you **plan to** bring your children with you?

☐ 우리가 여행 내내 시간을 준수하고 부지런하게 행동하겠다고 약속할게요.
We **promise to** be punctual and diligent on the trip.

☐ 입을 열기 전에 먼저 좀 더 생각해보도록 해.
Try to think more before you open your mouth.

Key Word 42 Have you + p.p.?

- ☐ **Have you ever been to + 장소?** …에 가본 적 있니?
- ☐ **Have you had any problems + ~ing?** …하는 데 어떤 문제라도 있었니?
- ☐ **Have you heard that ~?** …라는 소식 들었니?
- ☐ **Have you thought about ~?** …에 대해 생각해봤니?
- ☐ **Have you tried + ~ing?** …(하려고) 해 봤니?
- ☐ **How long have you + p.p.?** …한 지 얼마나 됐나요?

☐ 전에 싸이판에 가본 적 있어?
Have you ever been to Saipan before?

☐ 사람들이 반응을 보이도록 하는 데 무슨 문제가 있던가요?
Have you had any problems getting people to respond?

☐ 제가 곧 결혼한다는 소식 들으셨어요?
Have you heard that I am getting married soon?

☐ 유리를 깨고 안에 들어갈 생각해봤어요?
Have you thought about breaking the glass to get in?

☐ 그 소식을 전하려고 어머니께 전화해봤어요?
Have you tried calling your mom to tell her the news?

☐ 이 약을 복용한 지 얼마나 됐나요?
How long have you taken this medication?

Key Word 43 if

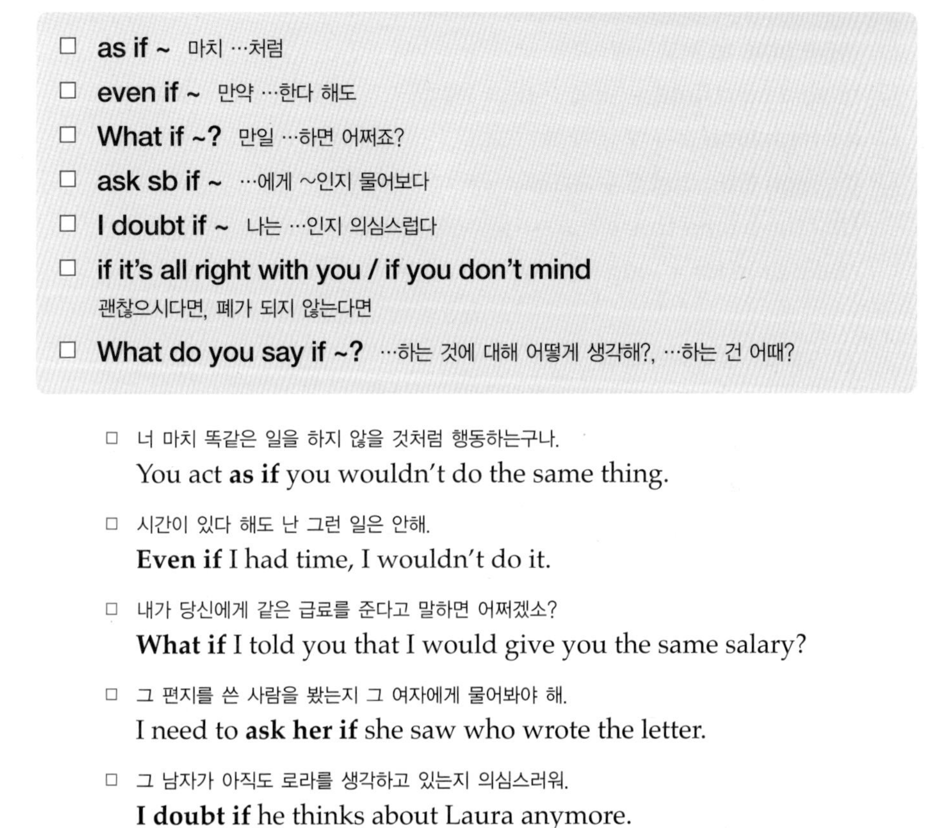

- ☐ **as if ~** 마치 …처럼
- ☐ **even if ~** 만약 …한다 해도
- ☐ **What if ~?** 만일 …하면 어쩌죠?
- ☐ **ask sb if ~** …에게 ~인지 물어보다
- ☐ **I doubt if ~** 나는 …인지 의심스럽다
- ☐ **if it's all right with you / if you don't mind** 괜찮으시다면, 폐가 되지 않는다면
- ☐ **What do you say if ~?** …하는 것에 대해 어떻게 생각해?, …하는 건 어때?

☐ 너 마치 똑같은 일을 하지 않을 것처럼 행동하는구나.
You act **as if** you wouldn't do the same thing.

☐ 시간이 있다 해도 난 그런 일은 안해.
Even if I had time, I wouldn't do it.

☐ 내가 당신에게 같은 급료를 준다고 말하면 어쩌겠소?
What if I told you that I would give you the same salary?

☐ 그 편지를 쓴 사람을 봤는지 그 여자에게 물어봐야 해.
I need to **ask her if** she saw who wrote the letter.

☐ 그 남자가 아직도 로라를 생각하고 있는지 의심스러워.
I doubt if he thinks about Laura anymore.

☐ 너만 괜찮다면 내 개를 데려오고 싶어.
If it's all right with you, I'd like to bring my dog.

☐ 어디 가서 햄버거 좀 먹는 게 어때?
What do you say if we go and get hamburgers?

Key Word 44 time

- □ **have time to + V** …할 시간이 있다
- □ **have a hard time + ~ing** …하느라 힘들다
- □ **It's high time to + V** …할 때가 되었다
- □ **It's high time that S + 과거동사** …할 때(가 되었)다
- □ **Do I have time to + V?** 제가 …할 시간이 되겠습니까?
- □ **make time for + ~ing [to + V]** …할 시간을 내다

□ 잠깐 요기 좀 할 시간 있니?
Do you **have time to** grab a bite to eat?

□ 어떤 종류를 선택할지 결정하기가 힘들어.
We **have a hard time** deciding which kind to choose.

□ 우리 컴퓨터 시스템을 완전히 바꿀 때가 됐어.
It's high time to revamp our entire computer system.

□ 네 실수들을 깨달아야 할 때다.
It's high time that you realized your mistakes.

□ 12시 이전에 지하철역에 도착할 수 있을까?
Do I have time to get to the subway before twelve o'clock?

□ 이번 주에는 너랑 만날 시간을 낼 수가 없어.
I can't **make time for** you this week.

□ 이번 주 중에 시간 내서 이것에 대해 얘기해보자.
Let's **make time to** chat about this sometime this week.

Key Word 45 see

- ☐ **I don't see how ~** 어떻게 …할지 모르겠어요
- ☐ **I haven't seen ~ like that before** 난 예전엔 저런 …를 본 적이 없어
- ☐ **You've never seen ~ like…** …같은 ~를 본 적이 없을거야
- ☐ **Did you see any problems with ~?** …에서 어떤 문제라도 발견했나요?

☐ 그 사람이 어떻게 그걸 작동시킬지 모르겠어요.
I don't see how he is going to make it work.

☐ 밀레니엄 플라자같은 건물은 처음 볼거야.
You've never seen a building **like** Millennium Plaza.

☐ 모터에서 무슨 문제라도 발견했어?
Did you see any problems with the motor?

Key Word 46 feel

- ☐ **feel like + ~ing** …하고 싶다
- ☐ **I don't feel like + ~ing** …하고 싶지 않다
- ☐ **Feel free to + V** 마음놓고[어려워말고] …하세요
- ☐ **have the feeling that ~** …인 것 같다, …라는 기분이 들다

☐ 너무 피곤해서 그 여자한테 전화하고 싶지 않아.
I don't feel like calling her, because I'm too tired.

☐ 누구든 초대하고 싶은 사람은 다 초대하렴.
Feel free to invite whomever you want.

☐ 이건 좀 더 어렵겠다는 느낌이 드는군요.
I have the feeling that this will be more difficult.

Key Word 47 How + 부사 ~?

- ☐ **How long ~?** 얼마나 오래 …하나요?
- ☐ **How often ~?** 얼마나 자주 …하나요?
- ☐ **How soon ~?** 얼마나 빨리 …하세요?
- ☐ **How much does it cost (to + V)?** (…하는 데) 비용이 얼마나 드나요?

☐ 존재의 의미에 대해 얼마나 자주 곰곰이 생각해봅니까?
How often do you contemplate the meaning of existence?

☐ 그 소포가 얼마나 빨리 도착할 거라 생각해요?
How soon do you think the package will arrive?

☐ 이걸 하와이로 보내려면 비용이 얼마나 드나요?
How much does it cost to send this to Hawaii?

Key Word 48 keep

- ☐ **keep (on) + ~ing** 계속해서 …하다
- ☐ **keep pace with** …와 보조를 맞추다, …에 뒤지지 않게 하다
- ☐ **keep sb[sth] from + ~ing** …가 ~하는 것을 막다, …가 ~하지 못하게 하다
- ☐ **keep in touch with** …와 연락하다

☐ 왜 같은 말을 반복하는 거죠?
Why do you **keep on** telling me the same thing?

☐ 변해가는 시대에 발맞춰가는 게 중요해.
It's important to **keep pace with** the changing times.

☐ 정원에 네 개가 못 들어오게 해라.
Keep your dog **from** coming into the garden.

Key Word 49 way

- ☐ **on the [one's] way to** …에 가는 길에
- ☐ **the way to + V** …하기 위한 방법
- ☐ **There's no way that ~** …할 수가 없다, …할 방법이 없다
- ☐ **Is there any way to + V?** …할 방법이 있을까요?
- ☐ **Is this the only way to ~?** 이게 …하는 유일한 방법입니까?
- ☐ **The best way to + V is ~** …하는 데 가장 좋은 방법은 ~이다
- ☐ **find another way to + V** …할 또 다른 방도를 찾아보다
- ☐ **be in the way of** …에 방해가 되다

☐ 우리가 파티에 가는 길에 그걸 봤어.
We **were on the way to** the party when we saw it.

☐ 일자리를 얻는 방법은 바로 적극적인 자세를 갖는거야.
The way to get the job is to be aggressive.

☐ 그 사람은 여기에 그렇게 일찍 돌아올 수가 없어.
There's no way that he came back here so soon.

☐ 이 금고를 안에서 여는 방법이 있나요?
Is there any way to open this safe from inside?

☐ 드라이브를 다시 포맷하는 방법은 이것밖에 없나요?
Is this the only way to re-format the drive?

☐ 토익 L/C 점수를 올리는 제일 좋은 방법은 계속 연습하는 것이다.
The best way to improve your TOEIC listening comprehension score is to keep on practicing.

☐ 우리는 매출을 늘릴 수 있는 또다른 방법을 찾아야만 한다.
We should **find another way to** increase our sales.

☐ 사적인 문제들이 생산성에 방해가 된다.
Personal problems **are in the way of** productivity.

Key Word 50 go

- ☐ **go to + 장소** …에 가다
- ☐ **go to + 장소 + on business** …로 출장가다
- ☐ **go + ~ing** …하러 가다
- ☐ **be going to** …할 예정이다
- ☐ **as far as ~ go** …에 관한 한
- ☐ **It goes against** …에 어긋나다
- ☐ **It goes without saying that ~** …라는 건 말할 것도 없다

☐ 그 사람들은 동경에 갔는데 내내 향수병에 시달렸다.
They **went to** Tokyo, but were homesick the whole time.

☐ 우리 아버지는 이번 주에 말레이시아로 출장가셨어.
My father **went to** Malaysia **on business** this week.

☐ 난 지난 주말에 할아버지와 낚시를 갔었어.
I **went** fishing with my grandfather last weekend.

☐ 우린 부품들을 사러 낙산에 갈거야.
We **are going to** go to Naksan to buy the parts.

☐ 그 남자는 의사치고는 아주 친절한 편이야.
As far as doctors go, he's pretty gentle.

☐ 그것은 우리가 신념으로 삼은 것에 모두 위배돼.
It goes against everything we have stood for.

☐ 이것이 우리에게 불편하다는 건 말할 것도 없다.
It goes without saying that this is uncomfortable for us.

Key Word 51 come

- ☐ **What comes with ~?** …에는 뭐가 함께 나오나요?
- ☐ **How come S + V?** 어째서 …하는거야?
- ☐ **come up with** …을 고안해내다[따라잡다]
- ☐ **come over** 잠시 들르다[방문하다]

☐ 베이컨 더블 치즈버거에는 뭐가 함께 딸려나오나요?
What comes with the bacon double cheeseburger?

☐ 그 사람은 왜 차를 몰고 학교에 등교하는 거지?
How come he gets to take the car to school?

☐ 너 오늘 아침에 회사에 왜 지각했니?
How come you were late for work this morning?

☐ 난 몇가지 새로운 기술들을 생각해내야 해.
I need to **come up with** some new techniques.

☐ 여기 와서 우리와 놀지 않을래?
Why don't you **come over** and hang out with us?

Key Word 52 would

- ☐ **I would appreciate it if you ~** …해 주시면 고맙겠습니다
- ☐ **I wouldn't ~ if I were you** 내가 너라면 …하지 않을거야
- ☐ **If you were ~, would you...?** 만일 네가 ~라면 …하겠니?
- ☐ **would rather ~ than...** …하느니 차라리 ~하는 게 낫겠다

☐ 공연 중에는 조용히 해주시면 감사하겠습니다.
I would appreciate it if you're quiet for the show.

☐ 내가 너라면 그렇게 하지는 않을거야.
I wouldn't do that **if I were you**.

☐ 만일 당신이라면 그 결정에 대해 이의를 제기해 보겠습니까?
If you were me, would you try and refute the decision?

☐ 가서 고생하느니 여기 그냥 있는 게 낫겠다.
I would rather stay here **than** go and suffer.

303

영어회화공식

Section 2

Useful Expressions

Level 1

안쓰고는 살 수 없는 표현들

1 be happy with[about] …에 만족하다

일상회화에서 I'm happy with~라는 말을 들었다면, 굳이 '행복'까지 들먹이지 말고 그저 「…에 대해 만족스럽다」(I'm satisfied with) 정도의 뜻으로 이해하는 것이 보다 자연스럽다. 만족스러운 상황이나 대상은 with나 about 뒤에 이어서 말해주면 된다. 음식이 입맛에 잘 맞는다든지, 직장이 맘에 든다든지, 혹은 맘에 드는 사람이 있다든지 등등 어떤 경우건 만족스러운 대상에 대해 마구마구 써먹을 수 있다.

- ☐ **be happy with** one's new job 새 직장이 만족스럽다
- ☐ **be happy with** the dish 요리가 만족스럽다
- ☐ **We're happy with** our teacher 우린 선생님이 만족스럽다

A. Translate the followings into English.

1. 난 **당신한테서 받는 봉급의 액수에** 만족하지 못합니다.

   * 돈의 액수: the amount of money

2. 우린 **당신이 일하는 방식이** 만족스럽지 않습니다.

   * 방식, 방법: way

1. **I am not happy with** the amount of money you are paying me.
2. **We aren't happy with** the way you work.

B. Practice with the practical dialogue.

Woman 일에 만족을 못하면 그만두지 그래? 직장에서 그렇게 스트레스를 많이 받으면 아주 안 좋아.

Man Actually, I'm talking to a couple of different headhunters at the moment. Hopefully something will come up in the next few weeks.

Woman I wish you the best of luck finding a satisfying new job.

여자: If **you're not happy with** your job, then why don't you quit? All that stress you get at work is killing you.

남자: 사실, 지금 헤드헌터 회사들 몇 곳과 얘기 중인데 잘하면 몇 주 후엔 윤곽이 잡힐거야.

여자: 일이 잘 돼서 만족할 만한 새로운 직장을 찾길 바래.

2 be not good at …을 잘 못하다

영어는 쉬운 말로 하는 법. be good at은 「…을 잘 하다」(be skillful at doing something)란 뜻으로 여기서 good은 「유능한」(skillful)이라는 의미. 부정형 be not good at은 당연히 「…을 잘 못하다」, 「…에 서투르다」라는 표현이다. 예를 들어 「난 숫자에 약해」라고 하려면 I am not good at numbers라 하면 된다. 비슷한 표현으로는 be bad[poor] at이 있으며 서투른 정도가 가히 상종 못할 경지에 이르렀다면 be terrible about을 이용하면 된다.

- ☐ **be not good at** English[computers] 영어[컴퓨터]를 잘 못하다
- ☐ **be not good at** telling lies 거짓말을 잘 못하다

A. Translate the followings into English.

1. 난 마감 시한은 잘 맞추지 못하지만 최선을 다한다구.
   * 마감 시한을 맞추다: meet the deadline * 최선을 다하다: do one's best
2. 그 사람들은 앞으로 고객이 될 가능성이 있는 사람들에게 제안서 내용을 잘 설명해주지 못해요.
   * 잠재적인 고객: potential client

1. **I am not good at** meeting deadlines, but I do my best.
2. **They're not good at** explaining proposals to potential clients.

B. Practice with the practical dialogue.

Woman What did your teacher tell you in school today?
Man 제가 지시사항을 잘 따르질 못한대요.
Woman Maybe you should listen to her and pay more attention.

여자: 오늘 학교에서 선생님이 뭐라고 하셨니?
남자: She said **I'm not good at** following directions.
여자: 선생님 말씀 잘 들으면서 좀 더 주의를 기울여야겠구나.

3 be getting worse 점점 더 악화되고 있다

만능동사 get의 진행형인 be getting이 비교급 형용사와 어울려 「점점 더 …해지다」 란 뜻으로 쓰인 경우. 중학교 때부터 열심히 외운, 아니 요즘에는 초등학생 때부터 접할 생기초 표현으로 getting 다음에 비교급 대신 원급이 와도 의미상 큰 차이는 없다. 한편 be getting 뒤에 오는 비교급 형용사의 자리에 뻔질나게 얼굴을 내미는 것으로는 worse와 better가 있는데 이는 각각 「점점 더 악화되고 있다」, 「점점 더 좋아지고 있다」라고 옮기면 된다.

- ☐ **be getting better** 점점 더 나아지고 있다
- ☐ **be getting worse** at English 영어실력이 점점 더 나빠지고 있다
- ☐ **be getting darker** 점점 더 어두워지고 있다

A. Translate the followings into English.

1. 고속도로를 타고 집에 가는데 날씨가 점점 더 나빠졌다.
   * 운전해서 집에 가다: drive home
2. 나이가 들면서 수학문제를 푸는 게 점점 더 서툴러진다.
   * 나이가 들다: get old * 수학문제: mathematics problem

1. The weather **was getting worse** as we drove home on the highway.
2. I **am getting worse** at doing mathematics problems as I get older.

B. Practice with the practical dialogue.

Man When was the last time you saw a doctor about your stomach pains?
Woman 지난 달에 내과에 갔더니 병이 점점 악화되고 있다고 하던데요.
Man Did they give you any medication or prescribe any specific treatment?

남자: 최근에 복통으로 진찰을 받은 게 언제였나요?
여자: I went to an internal medicine clinic last month and they told me I **was getting worse**.
남자: 약이나 어떤 구체적인 치료방법을 알려주던가요?

4 I would like to + V 난 …하고 싶어요

자신이 원하는 바를 공손하게 표현하는 구문. 직접적으로 I want to~라고 하는 것보다는 어감상 좀 더 조심스럽고 예의바른 느낌을 준다. 바램을 보다 강하게 나타내려면 like 대신에 love를 써서 I'd love to라 하면 된다. 단, 두 가지 사항에 주의하자! 먼저 would를 빼고 I like to~라 하면 이때는 '지금,' '이곳에서' 내가 뭘 원하는 것이 아니라 시공간을 초월해 내가 좋아하는 「기호」를 언급하는 표현이 된다는 것과 또하나는 I would like you to help me(Level 2. 55 참고)에서 처럼 like와 to + V 사이에 사람을 나타내는 (대)명사가 끼어들면 「…가 ~해줬으면 좋겠다」라는, 누군가에게 뭔가 부탁하는 의미로 돌변한다는 점이다.

- ☐ **I would like to** watch the movie 그 영화를 보고싶어
- ☐ **I would like to** go to Hawaii 난 하와이에 가고 싶다
- ☐ **I would like to** have some pizza 피자를 좀 먹고 싶어

A. Translate the followings into English.

1. 난 이번 여름에 파리에 가서 에펠탑을 좀 보고 싶어요.

   * …에 가다: go to + 장소

2. 그 대학에서 어떤 것을 가르치는지 알고 싶어요.

   * 알아보다: find out

1. **I would like to** go to Paris to see the Eiffel Tower this summer.
2. **I would like to** find out about the programs they offer at the university.

B. Practice with the practical dialogue.

Man 연극 표를 사고 싶은데요.

Woman I'm sorry, but they are all sold out for tonight.

Man Okay, I guess I will take a ticket for tomorrow night then.

남자: **I would like to** buy a ticket for the play.

여자: 죄송하지만 오늘 밤 입장권은 다 팔렸습니다.

남자: 좋아요, 그럼 내일 밤 표를 사야겠네요.

More Expressions

I want to do sth 난 …하고 싶어

'바램,' '희망'의 대표 표현으로 want의 목적어에 해당하는 to + V가 '주어가 원하는 행동'을 나타낸다.

A: **I want to** do more with my life than process applications.

B: Why don't you go back to school and get a new degree?

A: 입사지원서를 처리하는 일 말고 보다 보람있는 인생을 살고 싶어.

B: 학교로 다시 돌아가서 학위를 새로 하나 더 따지 그러니?

A: **I want to** do the best I can at this job.

B: That's a great attitude to have in the business world.

A: 이 일에 있어 최선을 다하고 싶습니다.

B: 비즈니스 업계에서 그런 태도를 갖는 게 좋습니다.

5 get angry[mad, upset] …화나다, 당황하다

뭔가에 화가 났을 때 주로 쓰는 형용사는 angry, mad, 그리고 upset이다. 물론 동사는 be 아니면 get이 앞서게 된다. 먼저 angry는 매우 화났다는 말로 angry at[about]+sth, angry with[at] sb의 형태로 자주 쓰이며, 반면 mad가 화났다라는 의미로 쓰일 때는 angry보다는 구어체적인 표현으로 mad at의 형태로 쓰인다. 마지막 upset은 좀 다양한 의미를 갖는 단어로 뭔가에 당황하거나 화가나거나, 걱정하다, 마음에 안들다라는 의미로 쓰이며 upset 다음에는 upset with[at] sb, upset about sth 등의 전치사가 따른다. 특히 mad의 경우에는 make sb mad의 형태로 많이 쓰이는 것을 기억해둔다. angry와 mad가 upset보다는 더 강한 단어라는 것 또한 살짝 알아두자.

☐ Don't **get angry with** me! 내게 화내지마!
☐ Dad, **are you mad at** me? 아빠, 저 때문에 화나셨어요?
☐ Look, don't **get so upset at** me. 이봐, 나한테 너무 화내지마.

A. Translate the followings into English.

1. 부모님이 네 성적보시고 화내실까?

   * 성적: school grades

2. 화내지마. 그럴려고 그런 게 아니야

   * 그럴려고 그런게 아냐: I didn't mean that.

1. Will your parents **be angry with** your school grades?
2. **Don't be upset.** I didn't mean that.

B. Practice with the practical dialogue.

Woman I told you never to call me when I'm working!
Man 화내지마. 그냥 뭐 하나 물어볼려고 그랬어.
Woman You can call me in a few hours when I have free time.

여자: 내가 일할 때 전화하지 말라고 했잖아!
남자: **Don't get angry.** I just wanted to ask you a question.
여자: 몇시간 후 나 시간날 때 전화해.

6 I'm worried about~ …가 걱정돼

걱정하면 worry. 무엇에 관해 걱정이 될 때 사용하는 표현으로 I'm worried하면 걱정돼라는 의미이고 걱정의 대상을 말하려면 I'm worried about~를 쓰고 걱정이 되는 것을 자세히 말하려면 I'm worried that S+V의 구문을 사용해도 된다. 특이하게도 be 동사를 뺀 I worry~, I worried~ 형태로 쓰여도 같은 의미가 된다.

- ☐ **I'm worried about** my career 내 경력이 걱정이 돼
- ☐ **I'm worried that** it's too late 너무 늦었을까봐 걱정돼
- ☐ He's always been the one that **I worried about** 걘 내가 늘상 걱정하는 사람이야

A. Translate the followings into English.

1. 크리스가 걱정야. 요즘 안좋아 보여.
   * 안좋아보이다: not look good
2. 아들이 컴퓨터게임을 너무 많이 해서 걱정야.
   * 컴퓨터 게임하다: play computer games

1. **I'm worried about** Chris. He doesn't look good these days.
2. **I'm worried that** my son spends too much time playing too many computer games.

B. Practice with the practical dialogue.

Woman 쉐릴이 걱정돼. 일주일 넘게 얘기를 못해봤어.
Man Is she having some sort of personal problem?
Woman I guess she has been upset with her boyfriend.

여자: **I'm worried about** Cheryl. We haven't spoken in over a week.
남자: 뭐 개인적인 문제가 있는거야?
여자: 남친한테 화가 났었던 것 같아.

7 have time to + V …할 시간이 있다

「…을 할 시간적 여유가 있다」(there is enough time to do something)는 말. time 다음에는 「to + 동사원형」이 오거나 「for + 명사」가 올 수도 있다. 이 표현의 긍정, 부정, 의문형 등을 두루두루 암기해 앞으로는 시간의 있고 없음을 말하는 데 있어 주저함이 없도록 하자. 단, 이 표현에서 time 앞에 관사가 있으면 전혀 다른 의미로 변하므로 조심할 것. 궁금하다굽쇼? 그럼 오른쪽에 있는 You Want More?로 가볼 것!!

- ☐ **have time to** grab a coffee 커피 한잔 할 여유가 있다
- ☐ **have time to** eat out 외식할 시간이 있다
- ☐ **have time to** give him a hand 그 사람을 도와줄 시간이 있다

A. Translate the followings into English.

1. 지난 주에 부탁한 보고서 4개 중에서 3개는 작성을 마무리할 시간이 있었어.

   * 부탁하다: request * 다 써서 마무리하다: write up

2. 식사 후에 설거지를 할 시간이 없었다.

   * 설거지하다: do the dishes

1. **I had time to** write up three of the four reports you requested last week.
2. **I didn't have time to** do the dishes after I ate.

B. Practice with the practical dialogue.

Man 회의하는 동안 우리 집사람한테 전화해 주실 시간이 있으세요?
Woman Sure, what would you like me to tell her?
Man Tell her I'll be late, and to eat without me.

남자: **Do you have time to** call my wife during the meeting?
여자: 그럼요, 전화해서 제가 뭐라고 말하면 되죠?
남자: 집사람한테 난 늦을 것 같으니까 신경쓰지 말고 먼저 식사하라고 전해줘요.

Woman 이 처방약을 다시 지어줄 수 있나요? 의사에게 들러서 새 처방전을 받아올 시간이 없었거든요.

Man I'm sorry, I can't do that. The prescription was for one bottle only. You'll have to go back to your doctor and get a new prescription.

Woman That's ridiculous! I always get my prescriptions filled over the phone in Chicago.

여자: Can you please renew this prescription for me? **I didn't have time to** get a new one from the doctor.

남자: 죄송하지만, 그럴 수는 없어요. 그 처방전으로는 한 병밖에 처방해 드릴 수 없어요. 의사한테 다시 가셔서 새 처방전을 받아오세요.

여자: 말도 안되는군요! 시카고에서는 항상 전화로 약을 조제받았다구요

have time or have the time?

순간의 실수가 영원한 망신을 낳을 수도 있으니 여기 정관사 the의 용법을 몰라서 생긴 불행한 사태를 보며 마음을 가다듬기로 하자. 미국에 어학연수하러 간 어느 한국인 대학생이 지나가는 미국인 부부 중 여자에게 시간을 묻겠다며 "Do you have time?"이라고 말을 건넸다. 그리고는 본토에서 영어로 communication을 하고 있다는 자부심에 고개를 빳빳이 쳐들고 있는데 갑자기 날아온 것은 멱살과 주먹 세례였다나? 이게 웬 날벼락(a bolt out of the blue sky)이란 말인가. 이런 비극이 일어난 것은 바로 정관사 the의 농간에 놀아나 have time과 have the time을 혼동했기 때문. Do you have time?은 말 그대로 「시간이 있느냐?」는 뜻으로 상황에 따라서는 여자에게 추근댈 때 사용하는 20세기식 수작으로 들릴 수도 있다. 자신의 코앞에서 부인에게 허튼 짓하는 놈팽이를 보고 얼씨구나 할 남편이 어디 있으랴? 시간을 물을 땐 반드시 have time 중간에 정관사 the를 끼워 have the time이라고 해야 한다. 시계바늘이 가리키는 시간은 정해진 것이기 때문이다. 따라서 Do you have the time?은 What time is it?과 동일한 표현이다. 정관사가 붙어도 have the time to+V의 형태가 되면 「…할 시간이 있다」라는 의미가 되는 것은 물론이다.

8 I'm glad that~ …해서 기뻐요

I'm glad~는 「…해서 기뻐요」라는 뜻으로 어떤 일에 대한 즐거움이나 만족의 기분을 나타내는 표현. glad 다음에는 that S + V절이나 to + V가 따라오며 절이 오는 경우 I'm glad you came(와줘서 기뻐)에서와 같이 that은 종종 생략된다. glad 뒤에 명사가 오면 I'm glad about the news(그 소식을 들어서 기분 좋아)처럼 명사 앞에 전치사 about을 붙인다. 비슷한 표현으로 기쁨이나 상대방의 친절에 대한 감사의 의미로 요긴하게 쓰이는 I'm pleased that~ 도 역시 함께 기억해둘 것.

- ☐ **I'm glad that** the rain stopped 비가 그쳐서 다행이다
- ☐ **I'm glad that** he's so passionate 그 남자가 열성적이라 기쁘다
- ☐ **I'm glad that** you agree with me 네가 내 의견에 동의한다니 기쁜걸

A. Translate the followings into English.

1. 여러분이 반품과 교환에 관한 저희의 규정을 이해해 주셔서 기쁩니다.

   * 반품과 교환: returns and exchanges

2. 드디어 몇 달 전에 주문한 물량을 받아서 기분좋아.

   * (주문하여) 배달된 물건: shipment

1. **I'm glad that** you understand our policy on returns and exchanges.
2. **I'm glad that** we finally received our shipment that was ordered months ago.

B. Practice with the practical dialogue.

Woman John told me I did a great job on the project.

Man 그 사람이 결국 네가 열심히 일한 것을 인정해주다니 잘됐구나.

Woman Now I might get that promotion I deserve.

여자: 내가 그 사업건을 아주 잘 해냈다고 존이 말했어.

남자: **I'm glad that** he finally noticed your hard work.

여자: 진작 승진했어야 했는데, 이번엔 되겠지.

9 get together 만나다

친구나 회사동료 등 친한 사람들끼리 놀기 위해 캐주얼하게 만나는 경우에는 구어체에서는 get together를 엄청 많이 쓴다. 물론 만나다라는 뜻으로 유명한 see, meet도 있지만 단순히 언제 어디서 보자라는 의미가 있는 반면 get together는 특히 만나서 파티 등 social gathering을 목적으로 할 때 쓰는 경우가 많다. 만나는 사람을 말하고자 할 때는 get together with sb를 쓰며, 명사형태로 get-together하면 만남, 간단한 파티 등을 의미한다.

- ☐ **Meet me** in the lobby 로비에서 보자
- ☐ How would you like to **get together**? 함께 만나는거 어때?
- ☐ I'd love to **get together with** you sometime 언제 너와 만나고 싶어

A. Translate the followings into English.

1. 걔를 만나면 프롬파티에 데려갈거니?

   * 프롬파티에 데려가다 take sb to the prom

2. 저기, 우리 언제 모두 함께 만나서 그 골프클럽에서 저녁이나 먹자고.

   * 언젠가 sometime * 때때로 sometimes * 얼마 동안 some time

1. If you **get together with** her, are you going to take her to the prom?
2. Well, perhaps we can all **get together** for dinner at the golf club sometime.

B. Practice with the practical dialogue.

Woman 학교 때 친구들과 만날 시간이 전혀 없어.
Man You work too hard. Your schedule is too busy these days.
Woman I know, but there is no way to take time off.

여자: I never have time to **get together with** my school friends.
남자: 너무 열심히 일해서 그래. 요즘 보니 네 일정이 너무 바쁘더라.
여자: 알아, 하지만 전혀 시간을 낼 수가 없어.

10 can't stop + ~ing 계속 …할 수밖에 없다

부정어 not과 멈춘다(stop)라는 부정동사가 결합하여 '뭔가 계속 할 수 밖에 없음' 을 강조하는 것으로 그럴 수 밖에 없는 자신의 상황과 심정을 우회적으로 어필하는 표현법이다. 비슷한 맥락으로 「…하지 않을 수 없다」라는 뜻의 can't help + ~ing와 cannot but + V도 함께 알아두자.

- ☐ **I can't stop** lov**ing** you 한시라도 너를 사랑하지 않을 수 없어
- ☐ **I can't stop** cry**ing**[laughing/complaining] 계속해서 울다[웃다/불평하다]
- ☐ **I can't stop** dream**ing** of you 항상 네 꿈을 꾸지 않을 수가 없어

A. Translate the followings into English.

1. 확실하진 않아. 단지 계속 기침이 나와서 그래.
   * 기침하다: cough
2. 목이 말라오지만, 이 김치가 너무 맛있어서 계속 먹게 된다.
   * 목이 마르다: get thirsty * 맛있는: delicious

1. I'm not sure. **I just can't stop** coughing.
2. **I can't stop** eating this delicious kimchi, though I am getting thirsty.

B. Practice with the practical dialogue.

Man You seem distracted and worried about something.
Woman 최근에 아버지가 병이 나셔서 그게 자꾸 마음에 걸려.
Man It's always hard when a parent gets sick.

남자: 심란해 보이는데 뭔가 걱정이 있나 보구나.
여자: **I can't stop** thinking about my father's recent illness.
남자: 부모님이 편찮으실 땐 항상 힘든 법이지.

11 I'm planning to~ …할 계획[생각]이다

plan to는 「…할 계획이다」, 「…하려고 작정하다」(intend to do something)라는 뜻으로 앞으로 하려고 생각 중인 크고 작은 계획들을 말할 때 쓰는 표현이다. to + V 대신에 「on + (동)명사」가 와도 의미는 마찬가지. 예를 들어 「오늘 오후에 일을 좀 할 계획이야」라는 말은 I'm planning to do some work this afternoon 또는 I'm planning on doing~이라고 하면 된다. 잘 알고 있는 표현 I'm going to와 대동소이하다는 것을 기억하고, 의문형 Are you planning to~?까지 이번 기회에 함께 외우도록 하자.

- ☐ **I'm planning to** quit 나 그만둘거야
- ☐ **I'm planning to** meet him 난 그 사람을 만날 예정이야
- ☐ **I'm planning to** go abroad 나는 해외로 떠날 예정이야

A. Translate the followings into English.

1. 금요일 저녁에 아내와 함께 부모님을 모시고 영화를 보러 갈 계획이다.
   * 영화를 보러 가다: go to the movies
2. 게임 방법을 나한테 가르쳐줄 생각인가요?
   * …에게 ~하는 방법을 가르쳐주다: show sb how to + V

1. **I'm planning to** go to the movies on Friday night with my parents and my wife.
2. **Are you planning to** show me how to play the game?

B. Practice with the practical dialogue.

Woman　What did the paper say the weather was going to be like today?

Man　It said that a cold front will be heading our way and that we can expect a heavy snowfall.

Woman　그건 괜찮아요. 다음 주말에 스키 타러 갈 계획이거든요. 눈이 오면 올수록 더 좋죠 뭐!

여자: 신문에서는 날씨가 오늘 어떨 거래요?

남자: 한랭전선이 이쪽으로 다가 오고 있어서 폭설이 내릴 거래요.

여자: That's okay. **I'm planning to** go skiing next weekend. The more snow the better!

12 I've heard that~ …라고 들었다

「나는 that 이하의 사실을 들었다」라는 고지식한 직역에서 벗어나 이젠 성인답게 「내가 듣기로는 …라던데요」라고 세련되게 옮겨보도록 한다. 이미 들어서 알고 있는 사실이지만 어디서 누군가에게 들었다는 사실을 굳이 언급할 필요가 없거나 기억이 나지 않을 때 쓰는 표현. 주로 대화의 서두를 풀어나가는 표현으로 활용된다. 참고로 소식원을 밝힐 때는 I've heard 다음에 from sb를 추가하면 되고, 정보출처가 TV나 인터넷일 경우엔 from sb 대신 on TV, on the Internet이라고 하면 된다.

A. Translate the followings into English.

1. 다음 달에 2주 동안 휴가를 준다고 들었어요.

   * 휴가: vacation

2. 나는 그 사람들이 내년에 후속편을 선보일 거라고 들었다.

   * 후속편: sequel

1. **I heard that** we are getting two weeks of vacation next month.
2. **I've heard that** they will be coming out with a sequel next year.

B. Practice with the practical dialogue.

Man　Where do you live now?
Woman　I live and work in Korea.
Man　와, 한국은 생활비가 아주 싸다고 들었는데.

남자: 지금 어디에 사니?
여자: 한국에서 살아. 직장도 거기 있고.
남자: Wow. **I've heard that** Korea has an extremely low cost of living.

13 Let me~ 내가 …할게

「내가 …하도록 허락해 줘」(give me your permission to do something)라는 문자적 의미에서 보듯 자신이 하려는 행동에 대한 상대방의 허가를 구하는 것이 그 기본적 의미이다. 하지만 실제 회화에서는 「내가 …할게」(I will~)라는 말하는 사람의 완곡한 의지를 나타내는 경우가 일반적. 다만 상대의 허락을 구하는 뜻이 포함되어 I will~에 비해 어감상 좀 더 부드러운 느낌을 줄 수 있다는 것이 장점이다. 아울러 let은 사역동사이므로 Let me 뒤에 동사원형이 위치하는 건 두말하면 잔소리.

- ☐ **Let me** go 나를 보내줘
- ☐ **Let me** check it 내가 그걸 확인해볼게
- ☐ **Let me** think about that 그것에 관해 생각해볼게

A. Translate the followings into English.

1. 젖은 우산을 나에게 주면 치워놓을게요.

   * 우산: umbrella * …을 치워놓다: put sth away

2. 밥을 기다리는 동안 사무실을 구경시켜 드릴게요.

   * …에게 ~를 구경시켜 주다: show sb around + 장소

1. **Let me** take that wet umbrella and put it away for you.
2. **Let me** show you around the office while you wait for Bob.

B. Practice with the practical dialogue.

Man Can you meet to go over the plan this afternoon?
Woman 시간이 될지 확인해볼게요.
Man Don't worry about it. We can do it tomorrow.

남자: 오늘 오후에 모여서 이 계획안을 검토하실 수 있겠어요?
여자: **Let me** check if I have any free time.
남자: 걱정마세요. 내일 해도 괜찮습니다.

14 get sth for sb[get sb sth] …에게 ~을 사주다

get sth for sb, get sb sth은 「…에게 ~을 사주다」라는 뜻으로 이때 get은 buy와 give의 의미를 모두 포함하는 편리한 동사. 상대방에게 뭔가 필요한 게 없는지 물어보는 Can I get you something?의 get도 바로 이런 경우이다. 이때 「맥주 하나 사다 줘」라고 대답하려면 Please get me a beer라고 하면 된다. 또한 식당같은 곳에서 「뭘 드릴까요?」라고 물을 때도 역시 get을 사용하여 What can I get you?라 하고 이에 대한 답은 Get me~, please.

- ☐ **get** the newspaper **for** your dad 신문을 아빠에게 갖다 드리다
- ☐ **get** flowers **for** my boyfriend 남자친구에게 꽃을 사주다
- ☐ **get** him a card 그 남자에게 카드를 주다

A. Translate the followings into English.

1. 가게에 가거든 콜라 하나 좀 사다줘.

   * 가게, 상점: store

2. 학교에서 집에 돌아오는 길에 어머니에게 처방전 약을 지어다 드려야 해.

   * 집에 오는 길에: on the way home

1. Please **get me** a cola when you go to the store.
2. I have to **get** a prescription **for** my mother on the way home from school.

B. Practice with the practical dialogue.

Woman 점심으로 샌드위치 같은 거 사다 줄까?

Man No thanks, I'm on a diet, so I don't want anything.

Woman I guess that means you are only going to have water.

여자: **Can I get you** a sandwich or something else for lunch?

남자: 아니 괜찮아, 다이어트를 하고 있어서 아무것도 안먹어.

여자: 그 말은 곧 물만 마시겠다는 거 같은데.

15 help sb + V …가 ~하는 것을 돕다

「…가 ~하는 것을 도와주다」란 뜻의 help + sb (to) + V 구문. help는 일명 '준사역동사'로 목적보어로 to + V형태가 오기도 하지만 동사원형만 쓰는 것이 훨씬 일반적이다. 또 '돕는 내용'에 해당하는 것이 명사가 되면 help sb with + N의 형태로 변하게 된다. 예를 들면, Can you help me do my homework?(숙제하는 것 좀 도와줄래?)는 Can you help me with my homework?의 형태로도 말할 수 있다는 말씀.

- ☐ **help you** work 네가 일하는 걸 돕다
- ☐ **help her** sleep 그 여자가 잠들도록 도와주다

A. Translate the followings into English.

1. 이 약은 아주 약효가 세서 잠드는 데 도움이 될거야.
   * (약효가) 센, 강한: strong
2. 유능한 변호사가 당신이 재판에서 이기도록 도와줄 거예요.
   * 변호사: lawyer * 재판: trial

1. The medicine is very strong and **will help you** fall asleep.
2. A good lawyer **will help you** win the trial.

B. Practice with the practical dialogue.

Man What is the best way for me to get my foot in the door with a good investment bank? I've had no luck so far.

Woman Connections are the best way, but if you don't have any, a good cover letter will **help you** get an interview.

Man 자기 소개서 쓰는 거 좀 도와주실래요?

남자: 잘 나가는 투자은행에 들어갈 가장 좋은 방법이 뭐죠? 전 지금까지 운이 따르지 않았거든요.

여자: 인맥을 이용하는 게 최고지만 연줄이 없다면 자기 소개서를 잘 쓰면 면접을 볼 수 있을 거예요.

남자: **Will you help me** write one?

16 I need you to + V 네가 …해줬으면 한다

세상에 넘쳐나는 사랑을 주제로 한 팝송에 뻔질나게 등장하는 구절인 I need you. 하지만 그뒤에 to + V를 덧붙이면 달콤한 사랑의 속삭임에서 「…해주었으면 좋겠다」라는 상대방을 향한 바램 내지는 「꼭 좀 …해달라」는 강한 요청의 의미로 돌변한다. Would you~?(…해주시겠어요?)같은 단순한 '부탁' 의 표현이라기 보다는 반드시 해야 한다는 당위성이 포함된 완곡한 '명령' 의 뉘앙스임에 유의하자.

☐ **I need you to** call before coming 오기 전에 전화해
☐ **I need you to** tell me about it 나한테 그 얘기 좀 해줘
☐ **I need you to** give me a hand 나를 좀 도와줬으면 해

A. Translate the followings into English.

1. 이 의사록을 복사해서 나눠주도록 하게.
   * 의사록: minutes

2. 네가 옆에 있는 사무실에 들러서 편지봉투를 몇장 가져왔으면 좋겠다.
   * …에 들르다: run over to + 장소

1. **I need you to** copy the minutes and distribute them.
2. **I'll need you to** run over to the office next door and get some envelopes.

B. Practice with the practical dialogue.

Woman Is it true that the publicity campaign meeting will be held at the Waldorf Astoria in New York?
Man 네, 금요일에요. 그런데, 당신이 참가자들을 강연장까지 안내해줬으면 하는데요.
Woman What time do you want me at the hotel?

여자: 홍보활동 집회가 뉴욕의 월도프 아스토리아에서 열린다는 것이 사실인가요?
남자: Yes, on Friday. By the way, **I'll need you to** direct the participants to the lecture room.
여자: 몇 시까지 호텔로 가면 될까요?

More Expressions

I need to + V 난 …해야 한다

need라는 동사가 주는 어감상 주어의 '필요'에 의해 뭔가를 해야 하는 경우에 사용한다. 예를 들어 임신한 것도 아닌데 하루가 다르게 불러오는 배를 보며 「나 살 좀 빼야겠어」라고 하려면 I need to lose some weight이라고 하면 된다. 반면 I have to는 보다 객관적인 이유에 의해 하기 싫어도 뭔가를 해야 하는 '의무'의 표현이다.

A: **I need to** come up with a better plan for this meeting.

B: I think the plan you have is already fine.

A: 이번 회의에서는 더 좋은 안을 내놔야겠어.

B: 네가 전에 내놓은 안도 좋은걸.

A: **I need to** make some changes to save my marriage.

B: And the first thing should be your problem with alcohol.

A: 결혼생활을 깨지 않으려면 내 생활태도를 좀 바꿔야겠어.

B: 그러려면 제일 먼저 술버릇부터 좀 고쳐야 돼.

17 I will take care of …은 내가 처리할게요

take care of는 「…을 돌보다」(look after)란 뜻 이외에 상황에 따라 아주 다양한 의미(You Want More? 참고)로 사용되는 회화용 빈출 숙어. 여기서는 「…(어려운 일이나 문제 따위)를 처리[해결]하다」(deal with)라는 뜻으로, 현재 처한 난감한 상황이나 어려운 문제를 책임지고 해결한다는 의미이다. take care of의 경우를 통해서 알 수 있듯이 영어는 새롭고 어려운 단어나 숙어를 알아야 잘 하는 것이 아니라 이미 알고 있는 표현의 실제적으로 쓰이는 다양한 의미를 숙지하고 죽도록 활용 연습을 해야 한다는 점을 다시한번 맘에 새겨두도록 한다.

- ☐ **I will take care of** it 그 문제는 내가 처리할게
- ☐ **I will take care of** the baby 내가 아기를 돌볼게
- ☐ **I'll take care of** this disagreement 이견 조정은 내가 할게

A. Translate the followings into English.

1. 내가 책임지고 밤에 문을 닫을게요.

   * 문을 닫다: close up

2. 네가 웨이터에게 팁을 남겨놓는다면 점심값은 내가 낼게.

   * …에게 팁을 남겨놓다: leave a tip for

1. **I will take care of** closing up for the night.
2. **I will take care of** the lunch bill, if you leave a tip for the waiter.

B. Practice with the practical dialogue.

Man 내가 당신 문제들을 처리해줄게요.

Woman That would be great, as I feel lost right now.

Man I will call you when everything is in order.

남자: **Let me take care of** your things for you.

여자: 당장 어떻게 해야 할지 몰랐는데 너무 다행입니다.

남자: 모든 게 제자리로 돌아오면 전화드리죠.

Woman	당신이 내 제안을 지지해준다면 회의에서 빌을 상대하는 건 내가 처리하죠.
Man	That's not a problem.
Woman	Good, then I'll explain to Bill that he's no longer working on the project.

여자: **I will take care of** Bill at the meeting as long as you back me up on my proposal.

남자: 그건 문제 없어요.

여자: 좋아요, 그러면 저는 빌에게 그 사업건에 대해서는 손을 떼라고 설명할게요.

take care of what?

고등학교 문법책이라면 수동태 예문을 설명할 때 빠지지 않고 나오는 기본숙어 take care of. 그 때 배운 의미인 「…을 돌보다」, 「…을 보살피다」(look after)만 알고 있으면 of 이하에 baby나 child 혹은 dog을 붙일 때 외에는 별로 써먹을 일이 없을 것. 그러나 네이티브들을 보면 이 take care of를 여러모로 애용하는 것을 볼 수가 있다. 만약 미국에서 온 fax를 보고 I will take care of the fax라 하면 이는 「팩스의 답장을 써서 미국에 보내겠다」는 의미이며, 또 음식점에서 나올 때 계산대 앞에서 Let me take care of it이라고 하면 「음식값을 내겠다」는 뜻이다. 다시 말해서 이때 take care of는 어떤 일의 전반적인 것을 「책임지고 다하다」(be responsible for) 또는 「닥친 문제를 처리하다」(deal with a problem or difficulty)라는 의미를 갖는다.I will take care of it, Let me take care of it의 형태로 자주 사용되며, of 이하에는 take care of a sudden problem in the factory와 같이 구체적인 명사가 올 수도 있다. 또한 take care of의 목적어로는 사물뿐만 아니라 사람이 오기도 하는데, baby나 dog이 오면 「돌보다」가 되겠지만 암흑가(underworld)의 사람들이 쓰는 take care of는 「제거하다(kill someone)」의 의미를 갖는다. 우리말에서도 조폭세계에서 「사람을 처리하다」라는 말이 「사람을 죽이다」라는 뜻으로 쓰이는 것과 매한가지인 셈이다. 끝으로 of 이하 없이 그냥 Take care라고 하면 격식을 차리지 않아도 되는 사람들 사이에서 헤어질 때나 병문안 때 할 수 있는 인사말이 된다.

18 I'm talking about~ …을 말하고 있는 거라구

I'm talking about~은 상대방이 Mr. Bean처럼 대화 중에 한눈을 팔거나, 「빅뱅이론」의 쉘든과 같은 4차원적인 사람과 의사소통이 제대로 안될 때 혹은 문맥에 따라 자신의 말을 강조하여 부연 설명할 때 사용하는 표현. 우리말로는 「지금 난 …라는 얘기를 하고 있는거야」에 해당된다. 현재 대화의 내용, 주제가 무엇인지 거듭 밝혀 주의를 환기시키는 용도이다. 쌩기초 동사구 talk about을 누가 모르냐라고 반문하기에 앞서 과연 I'm talking about~이라는 표현을 실제 회화에서 자신이 사용해본 적이 있는지, 사용할 수 있는지 겸허히 자아비판을 해볼 것!

- ☐ **I'm talking about** your behavior 네 행동에 대해 말하고 있는거야
- ☐ **I'm talking about** getting married 결혼하는 것에 관해 말하고 있는거야
- ☐ **I'm talking about** taking a vacation 휴가가는 것에 대해 말하고 있는거야

A. Translate the followings into English.

1. 이제는 한번쯤 진짜로 돈을 좀 벌어보자는 얘기를 하고 있는거야.

   * 새롭게 한번쯤: for a change * 돈을 벌다: make money

2. 뭔가 논의를 해보려 해도 그게 어렵게 느껴지는 것에 대해 얘기하고 있는거야.

   * 어렵게 느껴지다: feel difficulty

1. **I'm talking about** making some real money for a change.
2. **I'm talking about** the difficulty I feel when we try to discuss things.

B. Practice with the practical dialogue.

Man I don't understand what you are trying to say to me.
Woman 우리 생산방식을 개선시키자는 말을 하고 있는 겁니다.
Man Well, let's talk to the manager to work this out.

남자: 도대체 나에게 무슨 말을 하려는 건지 알 수가 없군요.
여자: **I'm talking about** improving our production.
남자: 그럼 부장님께 말씀드려서 이 문제를 해결합시다.

19 I've decided to~ …하기로 결정했어요

고심 끝에 결론을 내린 직후에 사용하는 표현. to 이하에 동사원형을 써서 결정한 사항을 설명하면 된다. to + V 이외에도 that절이 오기도 하며, 「무엇을[언제/어떻게] …할지 결정했다」란 의미로 I've decided what[when/how] S+V에서와 같이 각종 의문사를 활용할 수도 있다. 또한 decide의 명사형을 활용한 make a decision이나 오래 숙고한 후에 결정한다는 의미를 나타내는 make up one's mind도 결심과 관련해 자주 쓰이는 표현들이니 함께 알아두자.

☐ **I've decided to** marry her 그 여자와 결혼하기로 결정했어
☐ **I've decided to** quit this job 이 직장을 때려치우기로 결정했어
☐ **I've decided to** stay here 이곳에 남기로 결정했어

A. Translate the followings into English.

1. 나는 다른 회사에 취직하기로 결정했어요.
   * 취직하다: take a job
2. 나는 대학에 돌아가서 학위를 끝마치기로 결정했어요.
   * 학위: degree * …을 끝마치다: finish off

1. **I've decided to** take a job at another company.
2. **I've decided to** go back to university and finish off my degree.

B. Practice with the practical dialogue.

Man Did you make up your mind about what you're going to do?
Woman 진지하게 생각해봤는데 은퇴하기로 결정했어요.
Man I know that must have been **a very difficult decision** for you to **make.**

남자: 어떻게 할 건지 결정을 했나요?
여자: I gave it some serious thought and **I've decided to** retire.
남자: 결심하기가 무척 힘드셨겠네요.

20 It looks like S + V …처럼 보이다, …인 것 같다

보통 눈에 보이는 상황을 근거로 한 느낌이나 추측을 이야기할 때 사용하는 표현으로 형식상 내용상 It sounds like~와 거의 비슷하며 일상회화에서도 거의 구분없이 쓰인다. It sounds like~와 마찬가지로 like 뒤에는 명사 또는 절(clause)이 오거나, like 없이 곧바로 형용사가 올 수도 있다. like 대신 It looks as if~ 문형을 쓰기도 하는데, 이는 「(실제로는 그렇지 않은데) 마치 …인 것처럼 보인다」란 의미로 그저 단순한 추측을 의미하는 It looks like~와는 구별되므로 주의하자. 참고로 He looks like his brother와 같이 look like가 「…을 닮다」(resemble)란 의미로 쓰이는 경우도 확인해두자.

- ☐ **It looks like** it's raining out 밖에 비오는 것 같은데
- ☐ **It looks like** he's feeling happy 그 남자는 행복해 보여

A. Translate the followings into English.

1. 결국은 올해 최고의 영화상 시상식에 참석하게 되겠군요.

   * 시상식: awards ceremony * …에 참석하다: attend

2. 불스 팀은 연봉제한 때문에 내년에는 선수를 더 선발하지 못할 것 같다.

   * 연봉제한: salary cap * …할 수 있다: be allowed to + V * …때문에: due to + N

1. **It looks like** you'll be attending the awards ceremony for the best picture of the year after all.
2. **It looks like** the Bulls will not be allowed to hire any more players next year due to the salary cap.

B. Practice with the practical dialogue.

Woman 스티브가 그 계약을 따낸 것 같아요.

Man That's great news. When did you find out?

Woman He called and told me this morning.

여자: **It looks like** Steve got the contract.

남자: 좋은 소식이군요. 언제 알았어요?

여자: 그 사람이 오늘 아침에 전화해서 말해주더군요.

21 It seems that~ …하는 것 같이 생각된다, …인 것 같다

분명하고 직설적인 단정을 피하면서 「…처럼 생각된다」라며 자신의 주관적인 판단을 완곡하게 전달하는 표현. 판단의 주체를 명확히 나타내려면 It seems 다음에 to me를 덧붙이면 되고 한편 회화체에서는 that을 생략하고 바로 절을 받는 경우가 허다하다. 비슷한 표현으로는 It appears that~이 있는데 이는 주관적인 의미가 강한 It seems that~과 달리 여러 정황이나 믿을 만한 근거에 의한 비교적 객관성을 담고 있다는 점이 다르다. 역시 상대방의 이야기를 듣고 이에 대한 느낌을 말할 때 쓰는 표현으로 It sounds (like) like~ 도 많이 쓰이는데, 일반적으로 명사나 S + V절을 이어쓰면 된다.

- ☐ **It sounds like** she's falling in love 그 여자가 사랑에 빠진 것 같아
- ☐ **(It) Sounds** good 그거 좋은 생각이다

A. Translate the followings into English.

1. 너는 대사관에 다시 가서 여권을 제출해야 할 것 같다.

   * …로 돌아가다: go back to + 장소 * 제출하다: hand in

2. 여기 대학에서 힘든 시기를 보내고 있는 것 같구나.

   * 힘든 시기: tough time

1. **It seems that** you have to go back to the embassy and hand in your passport.
2. **It sounds like** you are having a tough time here at college.

B. Practice with the practical dialogue.

Man: What was the CPI last month? Did you have a chance to check it out?

Woman: I heard it was up 6 percentage points. The strong US dollar is pushing up import costs.

Man: 와! 물가상승이 정말로 문제가 되고 있는 것 같군요.

남자: 지난달 소비자 물가 지수가 어떻게 되죠? 확인해봤나요?

여자: 6퍼센트 포인트 올랐다고 들었어요. 미 달러의 강세로 수입가가 오르고 있거든요.

남자: Wow! **It seems that** inflation is really becoming a problem.

22 I've got to + V 난 …해야만 한다

「…해야 한다」는 의무를 나타내는 have got to는 회화체에서 have to 못지 않게 자주 쓰이는 표현. 실제 회화에서는 have를 탈락시키고 그냥 got to라고 하는 경우도 많은데, 이마저 발음의 편의상 I gotta[아이 가러] 정도로 지나가기 십상이므로 제대로 알아듣기가 만만찮다. 또한 주어만 You로 바꾸어 You've got to~라고 하면 「너는 …해야 해」라는 뜻으로 상대에게 강력하게 충고하거나 명령할 때 사용하는 표현이 된다. 만약 You've got to be careful what you say하면 「네가 말하는 걸 조심해야만 한다」, 즉 「너 말조심하는 게 좋겠어」라고 상대방에게 충고하는 말.

- ☐ **I've got to** go 난 가야 해
- ☐ **I've got to** sleep now 나 지금 자야 해
- ☐ **I've got to** study 나 공부해야 돼

A. Translate the followings into English.

1. 경기보러 가는 도중에 간식거리를 사러 가게에 들러야 해.
   * 간식: refreshments
2. 오늘 안으로 그 대본을 한 부 더 그 사람들에게 보내야 해.
   * 대본: transcript

1. **I've got to** go to the store on the way to the game to pick up some refreshments.
2. **I've got to** send them another copy of the transcript before the end of the day.

B. Practice with the practical dialogue.

Woman See you guys later, I'm going to the library to study for my chemistry test.

Man 잠깐만… 아버지 사무실에 가야 되는데 가는 길에 도서관에 내려줄게.

Woman Great! Thanks a lot!

여자: 나중에 보자 애들아, 난 화학시험 준비하러 도서관에 갈거야.

남자: Wait up... **I've got to** go to my dad's office. I'll drop you off at the library on the way.

여자: 잘됐네! 고마워!

23 It's (high) time that ~ …할 때가 되었어

의도했던 혹은 어떤 일을 해야 하는 '바로 그 때' 임을 강조하는 말. '현재사실과 반대되는 상황' 을 나타내는 가정법 과거 용법을 활용한 표현으로 that이 이끄는 절에는 과거형의 동사를 써서 현재 의당 그래야 한다고 생각하는 것을 밝혀준다. 즉 「뭔가를 하고 있어야 할 시간인데 아직 안하고 있다」(It should be done now or should have been done sooner)라는 뉘앙스. time 앞에 형용사 high를 붙이면 적절한 시기임을 보다 강조하는 의미가 된다. It's (high) time다음에는 that절 이외에 to + V 형태가 오는 경우도 빈번하다.

- ☐ **It's high time** you got a job 네가 직장을 가질 때다
- ☐ **It's time** you sold the stocks 그 주식들을 팔 때다
- ☐ **It's time to** say good-bye 헤어질 시간이야

A. Translate the followings into English.

1. 봉급을 올려 달라고 말할 때가 됐어요.

   * 봉급을 인상받다: get a raise

2. 좀 더 절약하면서 열심히 일해야 할 때예요.

   * 절약하다: tighten one's belt

1. **It's high time that** we told them that we are going to get a raise.
2. **It's time to** tighten our belts and work harder.

B. Practice with the practical dialogue.

Woman 우리가 휴가를 받을 때가 되었어요.

Man I was thinking that I would like to take a couple of weeks off at the end of June.

Woman That sounds like a good idea, because I want the first two weeks in June.

여자: **It's high time that** we took some holidays.

남자: 6월 말에 2주 정도 휴가를 받을까 생각 중이었어요.

여자: 그거 괜찮겠네요, 저는 6월 초에 2주 휴가를 받고 싶거든요.

24 keep (on) + ~ing 계속해서 …하다

보통 「계속하다」라고 하면 continue만 떠올리기 쉽지만 일상회화에서 이런 '행위의 연속성'에 대해 언급할 땐 keep + ~ing 문형이 훨씬 보편적이다. 예를 들어 길을 안내하면서 「교차로까지 계속해서 가세요」라고 하려면 Keep going until you get to the crossroads라고 하면 된다. 또한 keep + ~ing 중간에 사람이 끼어들어 keep sb + ~ing가 되면 「…가 계속해서 ~하도록 하다」란 의미. 단 keep sb from + ~ing가 되면 「…가 ~를 하지 못하게 하다」라는 '금지'의 표현이라는 것도 함께 기억해두자.

- ☐ **keep** smil**ing** 계속해서 미소짓다
- ☐ **keep** go**ing** 계속해서 가[하]다
- ☐ **keep** on try**ing** 계속해서 시도하다

A. Translate the followings into English.

1. 그 여자가 계속해서 그 남자와 데이트하면 어떻게 할거니?

   * …와 데이트하다: go out with

2. 한 주당 50달러가 될 때 팔 수 있도록 계속 주가를 지켜봐야 한다.

   * 주당: a share(여기서 a는 per의 의미) * 주가: stock price

1. What are you going to do if she **keeps going out** with him?
2. We have to **keep checking** the stock price so that we can sell it when it hits fifty dollars a share.

B. Practice with the practical dialogue.

Woman How is your search for an investment banker going?

Man Not very well. I've received hundreds of applications, but none from qualified candidates. I guess I'm going to have to use a headhunter.

Woman 걱정마세요. 계속 찾아보면 반드시 구하게 될 거예요.

여자: 투자 금융전문가를 찾는 일은 어떻게 되어가요?

남자: 잘 안돼요. 지원서는 수없이 받았지만 자격을 갖춘 사람은 하나도 없네요. 인재 스카우트 회사를 이용해야 될 것 같아요.

여자: Don't worry. Just **keep on looking** and I'm sure you'll find someone.

25 make sense 이해되다, 이치에 맞다

「이해되다」(have a clear meaning), 「이치에 맞다」(be sensible)라는 의미. That makes sense (to me)와 같이 주어 자리에 이해되는 대상이 오며 이어 to me를 덧붙이면 내가 이해하고 있음을 강조하는 효과가 있다. 부정형으로 That doesn't make any sense라고 하면 「말도 안돼」, 「이해가 안돼」라는 의미로 상대의 말이 이치에 맞지 않아 수긍할 수 없거나 복잡하고 어려워서 도무지 이해할 수 없는 경우에 쓰는 말이다. 참고로 make sense of는 주로 부정형태로 써서 「…을 이해하다[알아듣다]」란 의미의 표현.

- ☐ It **doesn't make any sense** 그건 도무지 말이 안돼
- ☐ I can't **make sense of** it 그것을 이해할 수가 없어

A. Translate the followings into English.

1. 경제학에 관한 이 문제가 나한테 이해가 안된다는 걸 너도 알거야.

   * 경제학에 관한: on economics

2. 현재 상황에 비추어보면, 그 사람의 답변은 정말 이치에 안맞아.

   * 현재 상황: current situation   * …을 고려해 본다면: given

1. You know that this stuff on economics **doesn't make sense** to me.
2. His response **does not really make sense**, given the current situation.

B. Practice with the practical dialogue.

Woman　이 청구서는 완전히 엉터리에요.
Man　Really? I don't see any problem with it.
Woman　It says we owe them over a thousand dollars.

여자: This bill **doesn't make sense at all.**
남자: 정말요? 전 아무 문제도 없는 것 같은데요.
여자: 거기 천 달러가 넘는 돈을 지불하라고 적혀있잖아요.

26 Please don't forget to + V (잊지 말고) 꼭 …하세요

Don't forget to~는 「…하는 것을 잊지 말라」, 즉 「반드시 …하라」는 뜻으로 Make sure to~, Remember to~ 등과 같은 맥락의 표현. 상대방이 뭔가 해야 할 일을 잊지 않도록 상기시키거나 신신당부하는 표현으로 부정명령의 형식을 통해 보다 강한 어조를 나타낸다. 아울러, forget은 목적어로 동명사(about ~ing; 과거의 일을 잊다)가 오느냐 혹은 부정사(to + V; 미래의 일을 잊지 않도록 하다)가 오느냐에 따라 의미가 달라진다는 사실에 주의하도록 한다.

- ☐ **Please don't forget to** remember me 나를 절대 잊지 말아요
- ☐ **Please don't forget to** smile 입가에 미소를 띠는 거 잊지 마세요
- ☐ **Please don't forget to** call me 저한테 꼭 전화하세요

A. Translate the followings into English.

1. 당신이 참석하려는 그 회의가 끝나면 결과를 나에게 꼭 알려 주세요.

   * …에 대해 ~에게 알려주다: tell sb about

2. 오늘 밤 퇴근하면 잊지 말고 꼭 병원에 가서 내 처방약을 찾아오도록 하세요.

   * 퇴근하다: get off work * 처방약: prescription

1. **Please don't forget to** tell me about the meeting you're going to attend after it's finished.
2. **Please don't forget to** go to the doctor's office and pick up my prescription tonight after you get off work.

B. Practice with the practical dialogue.

Woman Did you open the securities trading account I asked you to last weekend?

Man Yes, I have all the documents in my office and I will fax them to you tomorrow morning before 11:00.

Woman 좋아요! 오후에 예금하게 계좌번호 꼭 가르쳐주세요.

여자: 지난 주말에 부탁한 증권 거래 계좌 만드셨어요?

남자: 네, 사무실에 증빙 서류를 모두 준비해 놨으니 내일 오전 11시 이전에 팩스로 보내드릴게요.

여자: Great! **Please don't forget to** tell me the account number so I can make a deposit in the afternoon.

27 It's a shame to + V …하다니 안타까운 일이에요

책망이나 안타까움의 뉘앙스를 풍기는 표현. 이젠 shame을 오로지 「수치」라고만 해석하는 '수치' 에서 벗어나야 할 때가 되지 않았을까?! 여기서 shame은 「유감스런 상황」(unfortunate state of affairs)이나 「안타까움」(something that you are sorry about)을 뜻하는 명사로 거창하게 '유감' 까진 아니더라도 그저 좀 바람직하지 못한 상황이라면 언제든지 쓸 수 있는 표현이다. It's a shame 다음에 절이 오는 경우에는 that S + V, 동명사가 오는 경우에는 of + ~ing 형태로 써주면 된다. 또한 shame 대신 형용사인 ashamed를 써서 It's ashamed to + V라고 해도 똑같은 의미이다.

☐ **It's a shame to** lose the game 그 경기를 지다니 안타깝다
☐ **It's a shame to** watch you leave 네가 떠나게 되어 유감이야

A. Translate the followings into English.

1. 제안서를 너무 늦게 제출해서 그 계약건을 놓치다니 참 안타깝습니다.
   * 제출하다: submit
2. 이달의 할당액을 채우지 못했다고 짐같은 사람을 내보내다니 안타까운 일이에요.
   * 할당액을 채우다: reach the quota

1. **It's a shame to** lose the contract because the proposal was submitted too late.
2. **It's a shame to** lose a guy like Jim because he didn't reach this month's quota.

B. Practice with the practical dialogue.

Man 이 음식들을 모두 버리다니 좀 그렇군요.
Woman Maybe we should wrap it up and put it in the fridge.
Man That sounds like a good idea.

남자: **It's a shame to** waste all of that food.
여자: 싸서 냉장고에 넣어놓는 게 좋겠어요.
남자: 좋은 생각이네요.

28 Would you like to + V? …할래(요)?

영어에 존대말이 없다고 생각하는 사람들이 많은데 천만의 말씀. please를 비롯해 조동사 would가 바로 공손한 영어식 존대말을 만드는 핵심멤버들이다. Would you like to~?는 「…하고 싶습니까?」라고 상대방의 의향을 묻거나 「…할래요?」라고 제안할 때 쓰는 정중한 표현. 따라서 친구 사이에서도 좀 정중하게 그리고 일반적으로는 좀 더 공식적인 자리나 예의를 갖추어 말할 때 사용한다. 이런 질문을 받을 경우 긍정이면 Yes I'd like to나 Thanks로, 거절하려면 No, thanks anyway 등으로 답한다.

- ☐ **Would you like to** go swimming? 수영하러 가실래요?
- ☐ **Would you like to** join me for dinner? 저랑 저녁식사 함께 하실래요?
- ☐ **Would you like to** take a walk? 산책하시겠어요?

A. Translate the followings into English.

1. 이번 주말에 함께 야구경기 보러 갈래?

   * 야구경기 보러가다: go to the baseball game

2. 제가 방금 작성한 보고서 좀 봐 주시겠어요?

   * 보고서: report

1. **Would you like to** go to the baseball game with me this weekend?
2. **Would you like to** see the report I just finished writing?

B. Practice with the practical dialogue.

Woman　Can I please speak with Mr. Smith?

Man　죄송합니다만, 지금 사무실에 안계신데요. 메모를 남기시겠어요?

Woman　No, that's okay. I'll call back later in the afternoon.

여자: 스미스 씨와 통화할 수 있을까요?

남자: I'm sorry, he's out of the office at the moment. **Would you like to** leave him a message?

여자: 아뇨, 괜찮아요. 이따 오후에 제가 다시 전화드리죠.

More Expressions

Do you want to + V? …하고 싶어?, …할래?

일상 회화에서 상대에게 권유하거나 의향을 물을 때 가장 흔하게 사용되는 표현. 방금 배운 Would you like to~?와 의미는 거의 같지만 좀 더 격의 없는 경우에 사용된다.

A: **Do you want to** come with me to the movie?

B: Sure, although I don't have any money right now.

A: 영화 보러 같이 갈래?

B: 물론, 당장에 가진 돈은 없지만 말야.

A: **Do you want to** eat at my house with my family tonight?

B: I'm sorry, but I have other plans tonight.

A: 오늘 밤에 우리 집에서 가족들과 식사하실래요?

B: 미안해요, 오늘 밤엔 다른 계획들이 있거든요.

29 mean to + V …할 생각이다

「…할 예정이다」(plan to), 「…할 의도이다」(intend to)라는 뜻으로 주어의 계획이나 의도를 나타낸다. 특히 과거시제로 사용하면 「(원래 내 의도는) …하려던 거였어」란 의미로, 자신이 한 말이나 행동에 대해 부연설명을 하거나 오해를 풀기 위해 진의를 언급하는 경우에 쓴다. 그래서 무심코 던진 말이 상대방의 기분을 상하게 했을 땐 Sorry, but I didn't mean to hurt your feelings라고 사과할 수 있다(Level 3. 136 참고).

- ☐ I **mean to** go now 난 지금 가려고 해
- ☐ He **means to** say that 그 남자는 그 얘기를 할 생각이다

A. Translate the followings into English.

1. 그 남자 생각이 모두 틀렸다고 말하려던 거였니?
2. 오늘 아침 출근 길에 드라이 클리닝 세탁물을 찾으러 갈 생각이었다.

* …을 찾으러 가다: pick up

1. **Did you mean to** say that his ideas were all wrong?
2. **I meant to** pick up my dry cleaning on the way to work this morning.

B. Practice with the practical dialogue.

Man 그 사람은 그 파티에 대한 걸 미리 알릴 생각이었어?
Woman It appears as if that was his intention.
Man All this time I thought it was meant to be a surprise.

남자: **Did he mean to** spill the beans about the party?
여자: 그게 그 사람의 의도였던 것 같아.
남자: 난 지금껏 깜짝 파티를 여는 것으로 생각했는데.

30 on the way (to~) (…로) 가는 길에, 도중에

「도중에」라는 부사구로 쓰이는 on the way 뒤에 「to + 장소명사」가 오면 「…로 가는 길에」라는 영양가 있는 표현이 된다. to 다음에 도착지점을 써주는데 「to + 장소명사」 대신에 on the way home과 같은 식으로 home, here, there 등의 부사가 와도 무방하다. 반대로 「…에서 오는 길」이라고 하려면 on the way (back) from. 따라서 「학교에서 집으로 가는 길에」라는 말은 on the way home from school이 되겠다. 정관사 the 대신 소유격을 써서 on one's way to~라고 할 수도 있다.

- ☐ **on the way to** school 학교에 가는 길에
- ☐ **on the way to** my new house 내가 새로 이사한 집으로 가는 길에
- ☐ **on the way to** her honeymoon 그 여자가 신혼 여행을 가는 길에

A. Translate the followings into English.

1. 회의에 가는 도중에 기차에서 옛 동료들을 몇명 우연히 만났다.

   * 동료: co-worker * …를 우연히 만나다: run into sb

2. 경기보러 가는 도중에 버거킹에 잠시 들러 햄버거 좀 살 수 있을까요?

   * …에 잠시 들르다: stop off at + 장소

1. **On the way to** the conference, we ran into some of our old co-workers on the train.
2. Can we please stop off at Burger King and get some hamburgers **on the way to** the game?

B. Practice with the practical dialogue.

Woman You won't believe what happened to me last weekend.

Man Let me guess... you went up to your cottage with a wonderful guy and you had a wild and crazy time the whole weekend.

Woman 아니, 그랬으면 오죽이나 좋게! 별장에 가는 길에 3시간 반이나 교통체증에 시달렸다구.

여자: 지난 주말에 나한테 무슨 일이 있었는지 아마 믿어지지 않을거야.

남자: 내가 알아맞춰 볼게. 멋진 남자하고 별장에 가서 주말 내내 끝내주게 논 거 아냐.

여자: No... I wish! I got stuck in traffic for three and a half hours **on the way to** my cottage.

31 take A to B A를 B로 데리고 가다

A를 B로 「이동시키다」라는 숙어. A에는 사람이나 사물이 올 수 있는데 사물인 경우에는 「…를 가지고 가다」, 사람인 경우에는 「(어떤 장소에) …를 데리고 가다」로 이해하면 된다. 회화에서 많이 쓰이게 되는 「take sb to + 장소」의 경우 「to + 장소」 대신 take sb home(…를 집으로 데려가다)처럼 곧바로 부사가 오기도 한다. 좀 지겹겠지만 take는 지금 있는 곳에서 다른 곳으로 「데리고 가다」라는 뜻이고, bring은 「데리고 오다」라는 의미 차이를 다시 한번 주의하도록 한다.

- ☐ **take** the memo **to** Mr. Jones 존스 씨에게 메모를 전해주다
- ☐ **take** the children **to** the zoo 아이들을 동물원에 데려가다
- ☐ **Take** this report **to** the committee 이 보고서를 위원회에 가져가라

A. Translate the followings into English.

1. 저 사람들이 당신을 인사과로 데려가 줄테니 서류를 작성하시면 됩니다.

   * 서류에 기입하다: fill out a form

2. 우리는 수잔을 병원으로 데리고 가서 팔 검사를 받고 부러지지 않았는지 확인할거야.

   * …을 확인하다: make sure that~

1. They will **take** you **down to** our human resources department and you will fill out the forms.
2. We will **take** Susan **to** the hospital to get her arm checked out and make sure she didn't break it.

B. Practice with the practical dialogue.

Woman How's Jane going to arrange her transportation to the party?

Man 내가 걔를 거기에 데리고 가겠지만 도로 데려오는 건 다른 사람이 해야 할거야.

Woman She can take a taxi with us and stay overnight at my place.

여자: 제인은 파티에 가는 교통편을 어떻게 할거야?

남자: I will **take** her there, but someone else will have to be responsible for taking her back.

여자: 함께 택시 타고 우리집에 가서 하룻밤 묵으면 돼.

32 The point is that~ 중요한 점은 …이야

이 표현의 핵심어 point는 여기서는 「요점」(main idea contained in something said)이란 의미. 반드시 잊지 말아야 할 '중요사항'을 강조하거나, 자신이 이야기하려는 '핵심내용'을 언급하기 위해 주의를 환기시키는 용도로 사용하는 표현이다. 뒤에 that절이 오는 경우 that은 생략되거나 The point is, she wants to leave me(중요한 건 그 여자가 내곁을 떠나고 싶어 한다는거야)와 같이 that 대신 커머(,)를 붙이기도 한다.

- ☐ **The point is that** you lied 중요한 건 네가 거짓말을 했다는거야
- ☐ **The point is that** I did my best 중요한 건 내가 최선을 다했다는거야
- ☐ **The point is that** we won 중요한 건 우리가 이겼다는거야

A. Translate the followings into English.

1. 중요한 점은 매번 이곳으로 제시간에 운송물이 도착해야 한다는 거예요.
   * 제 시간에: on time
2. 중요한 건 그 사람이 술을 마셨다면 운전을 하고 있지는 말았어야 한다는 거죠.
   * …했어야만 했다: should have + p.p.

1. **The point is that** we need the shipment here on time every time.
2. **The point is that** he shouldn't have been driving if he had something to drink.

B. Practice with the practical dialogue.

Man 중요한 점은 내년에도 자금지원이 올해와 비슷하게 될지는 모른다는 거예요.

Woman Isn't there any way that they can let us know if we got the grants earlier than the end of the year?

Man I wish they could, but it doesn't work that way.

남자: **The point is that** we don't know if we will have the same kind of funding for next year.

여자: 연말이 되기 전에 보조금을 받을 수 있을지 없을지 그쪽에서 알려줄 수는 없을까요?

남자: 그 사람들이 그렇게 해줬으면 좋겠지만, 일이 그런 식으로 되지는 않아요.

33 You'd better + V …하도록 해

had better + V하면 보통 「…하는 것이 더 낫다」라는 우리말 번역에 속아넘어가 자유로운 '선택'의 의미로 착각하기 쉽지만 You'd better는 기실 「충고」, 「명령」, 나아가 「…하는 게 좋을 거야 (안 그러면 재미없어)」 식의 은근한 「경고」 및 「협박」의 의미로 사용되는 표현이다. 이런 강제적인 뉘앙스로 인해 손윗사람이나 잘 모르는 사람에게는 함부로 사용하지 않는 것이 신상에 이로울 듯.

- ☐ **You'd better** be more polite 좀 더 예의바르게 굴라구
- ☐ **You'd better not** do that again 다시는 그러지 않도록 해
- ☐ **You'd better** go with him 그 사람과 함께 가도록 해

A. Translate the followings into English.

1. 공항에서 시간 맞춰 비행기에 타려면 지금 출발하도록 해.

   * 비행기에 타다: catch one's flight

2. 뭔가 잘못된 게 있는 것 같으니까 이 숫자들을 재확인하도록 해라.

   * 숫자: figure * 재확인하다: double-check

1. **You'd better** leave now if you want to be at the airport in time to catch your flight.
2. **You'd better** double-check those figures because I think that there is something wrong.

B. Practice with the practical dialogue.

Woman 오늘 사장이 너한테 상당히 화가 났으니까 내일은 정시에 출근하도록 해.

Man I'm going to come in extra early for the next few days.

Woman That's probably a good idea.

여자: **You'd better** be on time tomorrow because the boss was pretty angry with you today.

남자: 며칠 동안은 특별히 일찍 오려고 해.

여자: 좋은 생각인 것 같아.

More Expressions

You better + V …하도록 해

You had better에서 had가 생략된 형태로 간략히 줄여쓰기 좋아하는 미국인들의 습성이 잘 나타난 표현. 심지어 주어까지 생략, Better + V라고만 말하기도 한다.

A: **You better** give me five hundred dollars for the part.

B: Wow, I didn't think it would cost that much to hire an actor.

A: 그 역을 맡는 대가로 나한테 5백 달러를 내야 해.
B: 세상에, 배우 한 명 쓰는 데 그렇게 돈이 많이 들 줄 몰랐다구.

A: **You better** wait and go back when he isn't angry.

B: Okay, I will go and talk to him in a few hours.

A: 그 사람이 화가 풀릴 때까지 기다렸다가 다시 가봐야 해.
B: 좋아, 몇시간 후에 가서 그 사람과 얘기해볼게.

had better not + V …하지 말아야 돼

잘 아는 had better의 부정형으로 급하다 보면 hadn't better라고 실수하기 쉬우므로 not의 위치를 잘 눈여겨 두자.

A: **You'd better not** tell me to do this again.

B: I'm sorry, but this work is just not acceptable yet.

A: 이걸 다시 하라고 나한테 말하지 마.
B: 미안한 말이지만, 이건 아직 다 됐다고는 할 수 없는걸.

A: **We'd better not** forget to call our parents tonight.

B: Yeah, they will be worried if they don't get a call.

A: 오늘 밤 우리 부모님께 꼭 전화해야겠다.
B: 그래, 전화가 없으면 걱정하실거야.

34 I don't feel like + ~ing 난 …하고 싶지 않다

feel like + ~ing 구문은 「…하고 싶은 기분이 들다」라는 기본 숙어로, 따라서 부정형 don't feel like + ~ing는 당연히 「…하고 싶지 않다」란 뜻. don't want to와 비슷한 의미이나 기분이나 무드가 강조된다는 점이 다르다면 다른 점. 물론 like 다음에는 명사나 동사의 ~ing형을 써주면 된다. 특히 많이 쓰이는 형태는 "그러고 싶지 않아"라는 뜻의 I don't feel like it은 꼭 외워둔다. 쉽다 자만하지 말고 옹알이부터 영어로 새롭게 한다는 자세로 다양한 동사(구)를 바꿔가며 수많은 문장을 만들어보자.

- ☐ **I don't feel like** drink**ing** 술 마시고 싶지 않아
- ☐ **I don't feel like** danc**ing** 춤추고 싶지 않아
- ☐ **I don't feel like** sleep**ing** 자고 싶지 않아

A. Translate the followings into English.

1. 발리에서 아주 즐거운 시간을 보내고 있었기에 난 오랫동안 떠나고 싶지 않았다.

   * 즐거운 시간을 보내다: have a good time

2. 직장을 잃고 나자 그 남자는 아무것도 하고 싶지 않았다.

   * 직장을 잃다: lose one's job

1. When I was having such a good time in Bali, **I didn't feel like** leav**ing** for a long time.
2. After he lost his job **he didn't feel like** do**ing** anything.

B. Practice with the practical dialogue.

Man 오늘 밤에 저녁 식사를 준비하고 싶지 않아.

Woman Don't worry. I prepared everything; shrimp cocktail, roasted lamb with steamed asparagus, and chocolate mousse.

Man Wow! You really went all out.

남자: **I don't feel like** mak**ing** dinner tonight.

여자: 걱정마. 내가 새우 칵테일과 삶은 아스파라거스를 곁들인 구운 양고기 요리, 그리고 초콜릿 무스까지 모두 준비했어.

남자: 와! 정말 정성을 다했구나.

35 How would you like + N? …은 어떻게 해드릴까요?, …은 어떠세요?

이 구문의 가장 잘 알려진 문장은 식당에서 손님에게 스테이크를 얼마나 익힐지 묻는 말인 How would you like your steak? 상대방의 의향을 묻거나 제안하는 표현으로 like 다음에는 음식이나 제품 혹은 추상적인 경험 등이 오게 된다. 우리말로는 「…좀 드시겠어요?」, 「…는 어때요?」 정도의 의미에 해당된다고 할 수 있다. 참고로 How would you like your steak?라는 물음에는 Rare, Medium, Well-done 등으로 대답해야 한다는 정도는 알아두자. 그래서 누가 옆에서 Medium이라고 했을 때 많이 먹고 싶은 욕심에 그만 Ex-large라고 하여 자신과 조국에 씻을 수 없는 오명을 남기지 않도록 말이다.

☐ **How would you like** your steak? 스테이크를 어떻게 해서 드릴까요?
☐ **How would you like** a new fur coat? 모피 코트 하나 새로 사는 게 어때?

A. Translate the followings into English.

1. 맛있고 따뜻한 스프 한 그릇 드시겠어요?
   * 스프 한 그릇: a bowl of soup

2. 접시에다 칠면조 고기 한 점 더 드릴까요?
   * 접시: plate * 칠면조: turkey

1. **How would you like** a nice, hot bowl of soup?
2. **How would you like** another slice of turkey on your plate?

B. Practice with the practical dialogue.

Man 유명인을 만나보고 싶지 않아요?
Woman I'd love it. Who are you talking about?
Man Well, my friend knows Seotaiji, and he's coming here tonight.

남자: **How would you like** the experience of meeting someone famous?
여자: 그러고 싶죠. 누굴 얘기하는 건데요?
남자: 음, 서태지를 아는 친구가 있는데요, 오늘밤에 여기 온다네요.

36 I'll have to call (sb) and tell sb to + V
…에게 전화해서 ~하라고 해야겠다

길어 보이지만 어려운 표현이라곤 하나도 들어있지 않다. 기껏해야 tell sb to + V 구문 정도. 문제는 각각의 쉬운 표현들을 조합하는 능력인데, 여기서 tell은 단순히 「말하다」가 아니라 「명령하다」(order)나 「지시하다」(direct)의 의미이다. 그 앞에 call을 삽입하여 and로 연결하면 call sb and tell sb to + V 라는 다소 기다란, 그래서 소위 '있어 보이는' 표현이 손쉽게 만들어진다. 전화해서(call) 지시할(tell) 내용을 to 이하에 말하면 된다.

A. Translate the followings into English.

1. 내 비서에게 전화해서 내일 늦게 출근한다는 걸 사장님께 알리라고 해야겠어요.
   * …에게 알리다: let sb know
2. 누이에게 전화해서 내가 도착하기 전에 집을 청소하라고 얘기해야겠어.
   * 청소하다: clean up

1. **I'll have to call my secretary and tell her to** let the boss know that I'll be coming in late tomorrow.
2. **I'll have to call my sister and tell her to** clean up the house before I get home.

B. Practice with the practical dialogue.

Woman　What is my schedule like on Wednesday?

Man　It's pretty tight. Your last appointment is at 5:00 p.m.

Woman　너무 늦군요, 스미스씨에게 전화해서 수요일에 나 대신 회의에 참석해달라고 얘기해야겠어요.

여자: 수요일날 내 스케줄이 어떻게 되죠?

남자: 꽉 차있습니다. 마지막 약속이 오후 5시에 있구요.

여자: That's too late. **I'll have to call Mr. smith and tell him to** attend the meeting for me on Wednesday.

speak, say, tell, talk의 차이

'speak'와 'talk'은 의미가 유사하여 'May I speak / talk to John?'과 같이 많은 경우에 있어서 서로 바꿔쓰기도 하지만, 'speak'가 좀 더 형식적이며(more formal), 광범위한 쓰임새를 갖는다. 따라서 'speak'는 아기가 의미도 모른 채 단순히 "맘마"하고 「말하는 것」(to produce words with your voice)에서부터 「의견이나 생각을 말하는 것」, 「대화하는 것」은 물론이거니와 「연설하다」, 「강연하다」라는 의미로까지 두루 쓰인다. 더욱이 주목할 만한 것은 어떤 특정한 언어를 「말할 수 있다」라고 할 때도 바로 이 'speak'를 쓴다는 점이다. 우리가 실생활에서 자주 쓰는 "Can you speak Korean?" 이나 "I can't speak English well"에서 처럼 말이다. 이에 반해 'talk'은 좀 더 일상적이고 격식이 없는 말(more casual and informal)로서 'having a conversation'의 의미가 강하여 「상대가 있는 가운데 자신의 생각이나 의견 또는 속내를 말한다」는 의미이다. 가령 연설이나 강연에 있어서도 'speak'에 비해 그다지 격식이 없는 말이다. 또한, "My baby cannot talk yet"이라고 할 때의 이 「말」(talk)이란 「의미를 알고 하는 말」이다.

'tell'은 「말 · 언어 그 자체가 아니라 정보(알고 있는 사실)를 전한다」(to give a detailed account of something, to narrate, to communicate some fact or information)는 데 역점이 있는 단어로서, 이때 정보를 전달하는 매개는 연설의 형태이건, 편지이건, 노래건, 몸짓이건 개의치 않는다. 따라서 tell 뒤에는 'A told B that...'과 같이 반드시 정보를 전해 듣는 상대방이 명시되어야 한다. 반면, 「말하다」라는 의미를 갖는 가장 일반적인 단어인 'say'는 'speak,' 'talk,' 'tell'에서 볼 수 있는 「대화」나 「의사소통」의 의미는 다소 부족하며, 그야말로 「말하는 것」 자체에 역점이 있으므로, 'A said (to B) that...'처럼 굳이 말을 듣는 상대방을 명시해 줄 필요는 없다. 참고로 다음 두 예문 속에 숨겨진 차이를 구분해보자. He said to her that he loved her. / He told her that he loved her. 이때 said라는 단어 속에는 남자의 감정을 여자에게 얘기했다는 사실에 역점이 있으며, 차후의 일(남자의 감정을 받아들이는 것)은 여자에게 맡겨진 것이라는 의미가 숨어 있는 반면, told에는 남자의 감정을 듣고, 많건적건 간에 여자의 마음이 남자에게로 기울어졌다는 의미가 숨어 있다. 때때로 이 네 단어의 의미를 구분하기란 매우 힘든 일이므로, 무엇보다도 문장 속에서 그 용법을 익히고, 많은 관용구나 표현들을 익혀 두는 것이 좋다. 그럼, 다음 문장에서 각각의 쓰임을 한 번 살펴보자.

I spoke with my teacher about my grades. While we talked he told me my grades were unacceptable. 'You must study harder,' he said.

Level 2

살면서 쓰면 편한 표현들

37 Are you ready to + V? …할 준비가 됐나요?

이렇게 쉬운 표현도 막상 말을 하려면 떠오르지 않는 게 우리 회화실력의 현주소. '준비'란 말만 듣고 prepare, arrange 등 좀 그럴듯한 단어를 떠올리기 십상이다. 이 표현은 be ready to + V(…할 준비가 되다)의 의문형으로 준비할 내용은 to + V 이하에 말해주면 된다. 물론 이심전심으로 무슨 준비를 말하는 건지 서로 알고 있는 경우라면 군더더기 없이 Are you ready?, 심지어는 Ready?라고만 할 수도 있다.

- ☐ **Are you ready to** go? 갈 준비가 되었나요?
- ☐ **Are you ready to** start? 시작할 준비가 되었나요?

A. Translate the followings into English.

1. 여자친구랑 올림픽 공원에 갈 준비 다 됐니?
2. 쇼핑갈 준비 다 됐나요? 아니면 시간이 더 필요하세요?

* …하러 가다: go + ~ing

1. **Are you ready to** go to Olympic Park with your girlfriend?
2. **Are you ready to** go shopping, or do you need more time?

B. Practice with the practical dialogue.

Man 자기야, 저녁 만찬 파티에 갈 준비 다 된거야? 아니면 우리, 늦을 거라고 그 사람들한테 전화할까?

Woman Just a minute. I can't find my keys.

Man Okay, but hurry up. We're going to be late!

남자: Honey, **are you ready to** go to the dinner party or should we call to tell them we'll be late?

여자: 잠깐만 기다려 봐. 열쇠를 못 찾겠어.

남자: 알았어, 하지만 서둘러. 우리 이러다 늦겠어!

38 I fail to + V 난 …못했어

「실패하다」라고 각인된 우리식 해석이 종종 오해를 일으키곤 하는 표현. '실패'라는 거창한 단어는 접어두고 그저 「…을 하지 못하다」라는 의미로 기억하도록 하자. 「…하지 못하다」란 말에서도 느껴지는 뉘앙스대로 뭔가 하려고 하지만(try to do something) 본의 아니게 할 수 없는(not succeed in doing something) 경우에 사용된다.

☐ **I fail to** pass the exam 난 시험에 떨어졌어
☐ **I fail to** see your report 네 보고서를 못봤어

A. Translate the followings into English.

1. 왜 우리가 이 사업에 대해서 정부승인을 못 받은 건지 이유를 모르겠어.
   * 정부의 승인을 받다: receive government approval
2. 내가 고참인데 왜 그 사람이 나를 제끼고 그 일을 맡았는지 이해할 수가 없어.
   * 우선권: seniority

1. **I fail to understand** why we haven't received government approval for this project.
2. **I fail to comprehend** why he was offered the job before me when I have seniority.

B. Practice with the practical dialogue.

Man 그 사람들이 그렇게 결정한 근거를 모르겠어.
Woman I don't understand it either and that's why we have launched an appeal.
Man How long will the appeal process take?

남자: I **fail to comprehend** the rationale behind their decision.
여자: 나도 그게 이해가 되지 않아. 그래서 우리가 재심 요청을 한 거잖아.
남자: 재심하는 데 얼마나 걸릴 것 같니?

39 I thought you~ 난 …하는 줄 알았어

think의 과거형인 thought를 이용한 표현으로 I thought 주어+동사 형태로 쓰면 「…라고 생각했다」라는 의미가 된다. 예를 들어 I thought last night was great라고 하면 "지난밤은 정말 좋았다"고 생각해라는 말이 된다. 하지만 그렇게 생각했지만 실제는 그렇지 않은 경우에도 많이 사용되는데 I thought you were a good kisser라고 하면 "네가 키스를 잘하는 줄 알았어" 그런데 알고보니 너 그렇게 잘하지 않더라는 의미로, 자신이 처음에 생각했던 것과 다른 상황을 언급할 때 주로 사용을 많이 한다.

- ☐ **I thought you** knew it 네가 알고 있는지 알았어
- ☐ **I thought you** were talking to me 네가 내게 말하는 줄 알았어
- ☐ **I thought you** were in trouble 네가 어려움에 처한 줄 알았는데

A. Translate the followings into English.

1. 난 네가 우리편인 줄 알았어.

   * 우리편이다: be on my side

2. 난 걔를 믿을 수 있는 사람으로 생각했는데.

   * 믿다: trust

1. **I thought you** were on my side.
2. **I thought that** I could trust her.

B. Practice with the practical dialogue.

Woman 난 너 우체국에 간 줄 알았어.

Man Not yet. I still have to finish this work.

Woman Well, it's going to close in an hour.

여자: **I thought you** were going to the post office.

남자: 아직. 이 일을 끝마쳐야 돼.

여자: 저기, 한 시간 내에 문닫을거야.

40 Are you interested in~? …에 관심있니?, …할 생각있니?

상대방의 관심사항에 대한 질문으로 in 이하의 사실에 흥미를 느끼고 있는지를 물어보는 표현. in 다음에 명사상당어구 또는 ~ing 형태로 관심의 대상을 적어주면 된다. 또한 실용회화에서는 '권유'의 의미로도 쓰임새가 많은데, 가령 퇴근 후 같이 술 한잔 할 동료를 찾는다면 Are you interested in having a shot with me?(퇴근 후에 나하고 한잔 할래?) 정도로 말을 걸어보면 된다는 말씀. 명사형 interest를 이용하여 have an interest in으로 바꿔쓸 수도 있다.

☐ **Are you interested in** looking around here? 여기 좀 둘러볼 생각있니?
☐ **Are you interested in** joining us? 우리와 같이 갈 생각있니?

A. Translate the followings into English.

1. 주말 나흘 동안 산으로 스키타러 갈 생각있니?

   * …하러 가다: go away for

2. 조만간 정보기술 관련 회사를 새로 창업할 생각이 있으십니까?

   * 창업하다: start up~

1. **Are you interested in** going away for a four-day-weekend skiing in the mountains?
2. **Are you interested in** starting up an IT company in the near future?

B. Practice with the practical dialogue.

Woman 새로 개업한 초밥집에 우리랑 같이 점심 먹으러 갈 생각있니?

Man I am, but I can't go until after one o'clock, when I'll be finished interviewing all the applicants.

Woman That's fine with us, we'll come and get you.

여자: **Are you interested in** coming with us to lunch to that new sushi place that just opened?

남자: 그래, 하지만 지원자 면접이 모두 끝나는 1시가 넘어야 갈 수 있어.

여자: 우리는 그래도 괜찮아. 와서 널 데려갈게.

41 Did you forget to + V? …하는 것을 잊었니?

목적어로 to 부정사가 오면 「하기로 한 일을 잊다」, about+동명사가 오면 「(과거에 했던 일을) 잊다」란 뜻으로 각각 의미가 상당히 달라지는 forget은 remember와 더불어 요주의 동사이다. 따라서 이 표현은 「…하는 것을 잊었니?」라고 직역되며, 주로 상대방이 하기로 되어 있던 일을 잊어버리고 하지 않았을 때 「왜 …하지 않았니?」(Why didn't you do something?)라는 투로 상대방을 꾸짖는 경우에 많이 쓰인다.

- ☐ **Did you forget to** call him? 그 사람에게 전화하는 것을 잊었어?
- ☐ **Did you forget to** bring your report? 네 보고서 가져오는 거 잊었니?
- ☐ **Did you forget to** go to sleep at 10 p.m.? 10시에 자야 한다는 걸 잊었어?

A. Translate the followings into English.

1. 오늘 저녁에 네 차 창문 닫는 걸 잊었니?

   * 차량의 창문을 닫다: roll up

2. 컴퓨터 프린터 용지 더 주문하는 것 잊었어?

1. **Did you forget to** roll up the windows in your car this evening?
2. **Did you forget to** order more paper for the computer printer?

B. Practice with the practical dialogue.

Woman 근무기록표를 제출하는 걸 또 잊었나요?
Man Yes! I must really make an effort to remember next week.
Woman I think you were just under a lot of stress this past month.

여자: **Did you forget to** hand in your time sheet **again**?
남자: 네! 다음 주에는 정말로 잊지 않도록 해야겠어요.
여자: 이번 달에 스트레스를 많이 받아서 그런 모양이군요.

42 be available to + V …할 시간이 있다

「이용할 수 있는」, 「쓸모 있는」이라는 available의 사전적 의미가 머리에 박혀 회화에 장애를 가져오는 경우. 주어로 사물이 오는 경우엔 사전적 의미로도 해결가능하지만, 사람인 경우엔 「…(to + V)할 여유가 있다」는 의미가 되므로 주의해야 한다. 즉 He isn't available to do that job이란 얘기를 「그 사람은 그 일을 하는 데 써먹을 수가 없다」라고 해괴하게(?) 이해하지 말고 「그 사람은 그 일을 할 (시간적) 여유가 없다」라고 알아들어야 한다는 말씀.

□ **be available to** help you 너를 도와줄 수 있다
□ **be available to** meet him 그 사람을 만날 시간이 있다

A. Translate the followings into English.

1. 죄송합니다. 사장님은 지금 질문에 대답할 시간이 없습니다.
   * 질문에 대답하다: answer a question
2. 9시에 의사선생님께 진찰을 받을 수 있을까요?

1. I'm sorry, the president **is not available to** answer questions at this time.
2. **Is** the doctor **available to** see me at nine o'clock?

B. Practice with the practical dialogue.

Woman 운전기사가 선생님을 지금 공항까지 모셔다 드릴 수 있습니다.
Man That's great, but I need a hand with my luggage.
Woman Are these all your bags, sir?

여자: The driver **is available to** take you to the airport now, sir.
남자: 그거 잘됐네요, 하지만 짐을 들어줄 사람이 필요한데요.
여자: 이게 다 선생님 가방입니까?

Man	내 숙제 좀 살펴볼 시간 있니?
Woman	When would you like to get together and discuss it?
Man	How about Tuesday evening at 8:00 in the central library?

남자: **Are you available to** look over my homework for me?
여자: 언제 같이 얘기해 보고 싶은데?
남자: 화요일 저녁 8시에 중앙도서관이 어때?

You Want More?

Who is available now?

학창시절 열심히 영어공부했던 사람이라도 available이라는 단어가 실제 무대에서 쓰이는 의미에 적응하려면 시간이 좀 걸릴 것이다. 사전적 의미와 간격이 크기 때문이다. 사전에는 「이용할 수 있는」(able to be used) 또는 「쓸모있는」(useful)이라는 뜻으로 되어 있는 available은 독해시에는 결코 어렵지 않은 단어이다. 그러나 외국인과의 대화시 불쑥 튀어나오는 available, 특히 사람을 설명하는 available과 마주치면 그저 눈만 깜박거릴 뿐이다. 우리 정서상 이용이라는 단어는 사물에만 쓰며 사람에게 쓰면 좋지 않은 의미를 내포하기 때문이다. 먼저 사물과 함께 쓰이는 available은 누가 현재 사용하지 않거나(no one else is using it) 혹은 다른 용도로 사용되고 있지 않기 때문에(not being used for any other purpose) 이용하거나 확보가 가능하다(can be used or obtained)는 얘기. 보고서 작성 중에 컴퓨터가 다운(crash)된 경우 옆의 동료들에게 "I' m going to get this report by 4 o' clock. Is there a computer available?"이라 하면 지금 안 쓰는 컴퓨터 좀 쓰자는 말이다. available이 사람과 결부될 때는 지금 아무일도 하지 않기 때문에 다른 일에 투입될 수 있거나 혹은 시간을 내어 다른 일을 할 수 있다(have the time to do something; not busy)는 뜻이다. 즉 free의 의미이다. 신규 사업팀을 구성하는 김이사가 부장들을 모아 놓고 팀장을 고른다. "We need someone to work on this job immediately. Who' s available now?" 또한 외출중인 김과장을 찾는 전화가 왔다면 "I' m afraid he is not available right now. Would you like me to take a message?"라 할 수 있는 것이다.

43 I never expected that~ …하다니 전혀 뜻밖이네요

expect란 동사부터 눈에 들어오겠지만 이 표현은 「예상을 못했다」라는 사실에 초점이 있는 것이 아니라, 생각지도 못했던 상황이 벌어진 것에 대해 「…라니 전혀 뜻밖이다」라는 '놀라움'을 나타낸다는 것이 포인트. 「…일 줄은 꿈에도 몰랐다」(I never dreamed that~)라는 우리말과 일맥상통하는 표현이며, 실제 발생한 놀라운 상황은 that 이하에 절의 형태로 이어주면 된다.

A. Translate the followings into English.

1. 이렇게 긴 비행기 여행에서 운좋게 1등석에 옮겨 앉게 될 줄은 생각지도 못했어요.

   * 재수좋게 1등석으로 옮겨앉다: get bumped up to first class

2. 그 남자가 그렇게 형편없는 놈처럼 행동할 거라곤 생각지도 못했어.

   * 그렇게 형편없는 놈처럼: like such a jerk

1. **I never expected that** we would get bumped up to first class on such a long flight.
2. **I never expected that** he would act like such a jerk.

B. Practice with the practical dialogue.

Woman What do you think of his proposal?

Man 그 사람이 그처럼 훌륭한 것을 생각해내리라곤 생각조차 못했어요.

Woman To tell you the truth, neither did I.

여자: 그 사람 제안에 대해 어떻게 생각하세요?

남자: **I never expected that** he would come up with something so well thought out.

여자: 사실대로 말하자면, 저도 뜻밖이에요.

44 Is it possible to + V? …해도 될까요?

문자 그대로 「…하는 게 가능할까?」라는 의구심을 표현할 수도 있겠지만, 실용회화에서는 「…하는 게 가능할까요?」, 즉 「…해도 될까요?」라는 우회적인 부탁 내지는 허가를 구하는 표현으로 훨씬 더 자주 쓰인다. 간단하게 Could I~? 혹은 May I~? 등으로 바꿔 말해도 된다.

☐ **Is it possible to** take a day off? 휴가를 하루 얻어도 될까요?
☐ **Is it possible to** ask you a favor? 너한테 부탁 하나 해도 될까?

A. Translate the followings into English.

1. 신제품 마케팅 전략에 관한 보고서를 볼 수 있을까요?
   * 마케팅 전략: marketing strategy
2. 주말에 차를 한 대 빌리고 싶은데요.
   * 대여하다: rent

1. **Is it possible to** see the report on our the marketing strategy for the new product?
2. **Is it possible to** rent a car for the weekend?

B. Practice with the practical dialogue.

Man Hello, welcome to Disneyland. How may I help you?
Woman 내 딸이 도날드 덕이랑 개인적으로 따로 만날 수 있을까요?
Man Sure, you can go over there and buy a ticket.

남자: 안녕하세요, 디즈니랜드에 오신 것을 환영합니다. 어떻게 도와드릴까요?
여자: **Is it possible to** meet Donald Duck in person with my daughter?
남자: 물론이죠, 저쪽으로 가서 티켓을 사면 됩니다.

45 Let me tell you (something) about …에 대해 말할게요

Let sb + V(…가 ~하도록 하다)와 tell sb about sth(…에게 ~에 관해 말해주다)라는 두 가지 기본 문형이 결합된 형태. 본격적인 대화에 들어가기 전, 미리 이야기의 주제를 언급하며 말문을 여는 표현이다. Let me~는 「내가 …하게 해주세요」라며 상대의 허가를 구하는 형식이지만, 실제로는 그저 「내가 …하겠다」라는 I'll~의 개념으로 쓰는 경우가 대부분이다(Level 1. 13 참고).

☐ **Let me tell you something about** my idea 제 생각에 대해 말씀드리겠어요
☐ **Let me tell you about** my dreams 내가 꾼 꿈얘기를 해줄게
☐ **Let me tell you something about** the news 그 소식에 대해 말해줄게

A. Translate the followings into English.

1. 제 아버지에 대해 말해드리겠습니다.
2. 내 약혼자하고 어떻게 만나게 됐는지 말해드리죠.

* 약혼자: fiancé

1. **Let me tell you something about** my father.
2. **Let me tell you about** how I met my fiancé?.

B. Practice with the practical dialogue.

Man 이 회사의 업무방식에 대해 말씀드리죠.
Woman I'm all ears.
Man To succeed here, you have to be aggressive and intelligent.

남자: **Let me tell you something about** the way this company works.
여자: 귀 기울여 듣겠습니다.
남자: 여기서 성공하려면 적극적이어야 하며 머리 회전이 빨라야 합니다.

46 be hard on sb …에게 모질게 대하다

hard는 「딱딱한」, 「열심히」라는 뜻으로 소시적부터 눈과 귀에 익은 '쌩기초' 단어. 하지만 hard가 전치사 on과 함께 사람 앞에 쓰이면, 즉 hard on sb의 형태가 되면 「…를 모질게 대하는」(treating somebody severely or unkindly)이란 뜻이 된다. 주로 be hard on sb처럼 be 동사와 함께 동사구로 애용되며, 휴가도 특근수당도 없이 매일밤 12시까지 심술궂은 직장상사에게 야근당하고 있는 사람이 있다면, 야몰차게 '상者'에게 외칠 수 있는 고함이 바로 이 Don't be so hard on ME!!!

☐ **be hard on** the new office worker 신입사원을 구박하다
☐ **be hard on** one's father 아버지에게 함부로 굴다

A. Translate the followings into English.

1. 그 여자에게 되도록이면 모질게 대하지 않도록 하세요, 정규 직장에서 일하는 건 이번이 처음이거든요.

   * …하지 않도록 노력하다: try not to + V * 정규직: real job

2. 그 남자는 그저 좀 불안해 하고 있는 것 뿐이니까 구박하면 안돼.

   * 약간 불안해 하고 있는 것 뿐이다: be just a little nervous

1. Please try not to **be hard on** her, it's her first real job.
2. You shouldn't **be hard on** him, as he is just a little nervous.

B. Practice with the practical dialogue.

Man 그 사고 갖고 지윤이를 너무 구박하지마.
Woman Yeah, but it was his fault, and I have to punish him.
Man But he didn't intentionally try to hurt anyone when he fell.

남자: Don't **be too hard on** Ji-Yoon about the accident.
여자: 그래, 하지만 그건 그애 잘못이었잖아, 그래서 내가 그앨 혼내줘야 한다구.
남자: 하지만 그 애가 넘어질 때 누군가를 고의로 다치게 하려고 그런 건 아니잖아.

47 Feel free to + V 마음놓고[어려워 말고] …해(요)

명령문을 빙자한 대표적인 '배려'의 표현. 뭘 하든 상관없으니까 「하고싶은 대로 맘껏 행동하라」(Act as you want)며 상대의 부담을 덜어주는 의미이다. to 이하에는 상대방에게 권하는 내용을 이어주면 된다. 집에 찾아온 손님이 체면 차리느라 뭔가 할 일을 못하고 쭈뼛거리고 있을 때 이 표현을 써먹으면 서먹한 분위기를 반전시키는 데 도움이 될 것이다.

- ☐ **Feel free to** have dinner 저녁을 마음껏 드세요
- ☐ **Feel free to** look around 마음껏 둘러보세요
- ☐ **Feel free to** call anytime 어려워말고 언제든 전화해

A. Translate the followings into English.

1. 지배인이 안볼 때는 로비에 있는 전화기를 마음놓고 사용하세요.

   * 전화기를 사용하다: use a phone

2. 차가 수리될 때까지 제공되는 차량을 마음껏 사용하세요.(공장에서 수리하는 동안)

   * 보험회사에서 제공되는 차량: courtesy car

1. **Feel free to** use the phone in the lobby until the manager is able to see you.
2. **Feel free to** use the courtesy car until your car has been repaired.

B. Practice with the practical dialogue.

Woman 있고 싶을 때까지 마음놓고 있어. 빈 방이 두 개 있거든.

Man I just might take you up on your offer.

Woman Let me know if you need anything or if you have any questions.

여자: **Feel free to** stay here as long as you like. We got a couple of unoccupied rooms.

남자: 그 제안을 받아들여야겠네.

여자: 필요한 거나 물어보고 싶은 게 있으면 뭐든지 말해.

More Expressions

Don't hesitate to + V 주저하지 말고 …하세요

언뜻 눈에 띄는 Don't를 보고 뭔가 '금지' 하는 삭막한 표현이겠거니 생각했다면 오산. hesitate(주저하다)의 부정활용형으로 우리말의 「어려워 말고 …하세요」에 해당한다. 또한 뭔가 결정을 못해 주저하고 있는 상황에서는 문자 그대로 「지체없이 …하라」는 독려의 의미로도 사용된다.

A: **Don't hesitate to** look me up if you come to Atlanta.

B: That will be the first thing I do if I ever go there.

A: 아틀랜타에 오게 되면 주저하지 말고 저한테 들르세요.

B: 거길 가게 되면 만사 제쳐놓고 먼저 들르지요.

A: **Don't hesitate to** put all of your energy into this project.

B: I will devote all my free time to accomplishing this task.

A: 주저하지 말고 이 건에 네 정력을 모두 쏟아부어.

B: 이 일을 완성하는 데 나의 여유 시간을 모조리 바치겠어.

48 be worth + N[~ing] …만큼의[할 만한] 가치가 있다

be worth 뒤에 명사(주로 재산이나 금액)나 동명사가 이어져서 「…(금액)만큼의 가치가 있다」, 혹은 「…할 만하다」라는 뜻이 된다. 참고로 It is worth it 역시 유용한 회화표현 중 하나로, 앞선 대화 내용을 모두 뭉뚱그려 「그건 그럴 만해」라고 마무리지을 때 사용된다는 점을 알아두자.

- ☐ **It's worth** ask**ing** 물어볼 가치가 있다
- ☐ **It's worth** try**ing** 시도해볼 가치가 있다
- ☐ **It's worth** think**ing** about 생각해볼 가치가 있다

A. Translate the followings into English.

1. 그 회사가 계속해서 석유 매장지대를 찾아낸다면 떼부자가 될 것이다.

   * 상당한 액수의 돈: fortune

2. 그 여자에게 데이트하자고 하면 아마 싫다고 하겠지만 시도해볼 만한 가치는 있어.

   * …에게 데이트를 신청하다: ask sb to go out

1. That company is going to **be worth a fortune** if they continue finding oil deposits.
2. If you ask her to go out with you she'll probably say no, but **it's worth** try**ing**.

B. Practice with the practical dialogue.

Man 빌의 회사가 그 신약을 개발하면 수백만 달러를 벌게 될 거라고 하던데.

Woman That's true, but he has to wait a few years for it to be tested.

Man Maybe I should start buying stock in the company now.

남자: I heard that Bill's company is going to **be worth millions** after discovering that new medicine.

여자: 맞아, 하지만 검증을 받으려면 몇 년을 기다려야 해.

남자: 지금 그 회사 주식을 사두기 시작해야겠네.

49 have something to + V …할 것이 좀 있다

여기서 to 부정사는 something을 수식하는 형용사적 용법. 자신이 하려는 행동을 굳이 구체적으로 설명할 필요가 없을 때, 혹은 정확하게 언급하기 전에 잠시 뜸들이는 용도로 유용한 표현이다. 예를 들어, 친구의 생일날 I'll give a bunch of flowers for your birthday(네 생일선물로 꽃다발을 줄게)라고 명확하게 얘기할 수도 있겠지만 I have something to give you(너한테 줄게 있어)라고 말문을 연 다음 슬그머니 뒤춤에서 꽃다발을 꺼낼 수도 있다는 말씀. 의미가 그런 탓에 What's that?(그게 뭔데?)류의 의문문이 이어지는 경우가 많다.

- ☐ **have something to** tell you 너한테 말할 게 있다
- ☐ **have something to** show you 너에게 보여줄 게 있다
- ☐ **have something to** buy 살 것이 있다

A. Translate the followings into English.

1. 오늘 퇴근하기 전에 너에게 줄 것이 있어.

   * 퇴근하다: leave from work

2. 네가 일하게 될 회사에 대해서 우리가 말해줄 것이 있어.

   * …에서 일하다: work for

1. **I have something to** give you before you leave from work today.
2. **We have something to** tell you about the company that you're going to work for.

B. Practice with the practical dialogue.

Man 오늘 저녁 늦게 할 일 있니?

Woman Let me call my husband and see if I am free.

Man Okay, give me a call when you find out.

남자: **Do you have something to** do later this evening?

여자: 우리 남편한테 전화해서 나가도 좋을지 물어볼게.

남자: 좋아, 알아보고 전화해줘.

50 have nothing to do with …와 아무 관련이 없다

주어와 with 이하의 명사상당어구 사이에 「아무 관련이 없다」(have no connection with)는 의미를 나타내는 관용구로, 한 호흡에 좌르륵 튀어나올 수 있도록 한꺼번에 익혀두어야 한다. nothing 대신 something[anything], much, a lot 등을 집어넣어 다양하게 활용해볼 수 있다(우측 more expressions 참고). 관련 사실을 전적으로 부인할(deny being related) 때 쓰는 대표적인 표현으로 국내에서는 국회 청문회, 검찰청 등에서 사용빈도가 아주 높다(^_^;).

☐ **have nothing to do with** her 그 여자와 아무 상관없다
☐ **have nothing to do with** the scandal 추문과는 전혀 상관없다

A. Translate the followings into English.

1. 우리가 전에 합의했던 그 계약건을 내가 파기했기 때문에 그 사람은 앞으로 나와 아무런 거래도 맺지 않을 겁니다.

   * 파기하다: break off

2. 그 남자가 새로 문을 열게 될 그 회사는 방금 매각한 예전 회사와 아무 관계가 없을 것입니다.

1. He will **have nothing to do with** me since I broke off the deal that we had decided on earlier.
2. The new company that he will open will **have nothing to do with** the old one he just sold.

B. Practice with the practical dialogue.

Man　Do you think that your client will be interested in buying more property?

Woman　시외에 있는 거라면, 거들떠도 안볼거야.

Man　The place is right in the city.

남자: 네 고객이 부동산을 더 매입하려 할까?

여자: If it's outside the city, then he will **have nothing to do with** it.

남자: 그 부지는 바로 여기 시내에 있어.

More Expressions

have something to do with …와 관련이 (좀) 있다

have nothing to do with의 간단한 변형. nothing 대신 something, anything, a lot, much 등을 써서 '관련정도'를 나타낼 수 있다. 또한 아무것도 쓰지 않고 그냥 have to do with라고 하면 「…와 관련이 있다」는 의미로 '관련 여부'를 나타내는 표현.

A: What does that **have to do with** the project?

B: Nothing, but I thought it was interesting.

A: 그게 그 연구계획하고 무슨 관련이 있니?
B: 아무 관계도 없지만 흥미롭게 생각돼서 말야.

A: I think she **had something to do with** our office renovation.

B: Yeah, I heard she proposed the change and it was approved.

A: 이번에 우리 회사에서 단행된 개혁에 그 여자가 뭔가 연관이 있는 것 같아요.
B: 맞아요. 그 여자가 변화를 제안했는데 회사에서 그걸 받아들였다고 들었어요.

A: Hey, the boss wants to see you right now.

B: Does this **have anything to do with** the report I submitted yesterday?

A: 이봐, 사장님이 너보고 지금 당장 오라셔.
B: 내가 어제 제출한 보고서하고 무슨 상관이 있는거야?

51 ask for trouble 사서 고생하다

누구에게나 익숙한 기본 표현 ask for(…을 요청하다)에 「난관」, 「어려움」을 뜻하는 trouble이 붙어 독특한 표현을 만들어낸다. 「난관을 요청하다」라는 문자적 의미로부터 「사서 고생하다」, 「화를 자초하다」라는 우리말과 일맥상통하게 되는 것. 비슷한 맥락으로 뭔가 어려움을 겪는 사람에게 You asked for it(그건 네가 자초한 일이잖아)이라고 하면 듣는 이의 염장을 질러대는 '불난 집 부채질용' 표현. 함께 알아두면 좋은 표현으로는 You deserved it, You had it coming 등이 있다.

- ☐ **You're asking for trouble** 사서 고생하는구만
- ☐ **Don't ask for trouble** 사서 고생하지마
- ☐ **You asked for it** 네가 자초한 일이야

A. Translate the followings into English.

1. 사서 고생하지 말고 가능한 빨리 보고서를 제출해. 제출 기한을 미뤄달라는 부탁은 하지 말고.

   * …을 제출하다: hand in * (기한 등의) 연장을 부탁하다: ask for an extension

2. 그 남자는 화를 자청하는 것처럼 보여. 이번 주에만 벌써 세번 지각했잖아.

   * 지각하다: be late

1. **Don't ask for trouble,** hand in the report as soon as you can and don't ask for an extension.
2. It sounds like he'**s asking for trouble** because he's been late three times this week already.

B. Practice with the practical dialogue.

Man　　지금 그 사람 사무실에 들어가면 화를 자청하는 것밖에 안돼.

Woman　I wouldn't go in but I don't have a choice.

Man　　Well, it's your funeral. But whatever you do, don't contradict him.

남자: **You're just asking for trouble** if you go into his office now.

여자: 들어가고 싶지 않지만 선택의 여지가 없어.

남자: 네 일이니까 네가 알아서 해. 그렇지만 무슨 일이 있어도 그 사람 말을 반박하지는 마.

52 Let's go get …하러 가자

좀 특이한 공식이지만 구어체에서는 자주 쓰이는 표현. go다음에 나오는 동사의 원형을 보고 고개를 갸우뚱할지도 모르겠지만, go get, go have, go take, go see 혹은 come see, come do 등 go와 come 다음에는 바로 동사원형이 올 수 있다. 물론 go나 come 다음에 to 혹은 and가 생략되는 경우이다. 언어는 편리함을 극도로 추구하기 때문에 없어도 말이 되는 것은 줄이거나 빼려는 경향이 강하다. go+동사는 …하러 가다, come+동사일 때는 …하러 오다라는 뜻이다.

- ☐ I'm going to **go take** a bath 가서 목욕 좀 할거야
- ☐ Now you **go do** your best 이제 가서 최선을 다해
- ☐ I got to **go see** my boss 가서 사장 만나야 돼

A. Translate the followings into English.

1. 피자 먹으러 갈건데 먹을래?

   * 먹을래?: (Do you) Want some?

2. 와서 우리랑 같이 영화볼래?

   * 영화보다: see a movie

1. I'm gonna **go get** some pizza. Want some?
2. Do you want to **come see** a movie with us?

B. Practice with the practical dialogue.

Woman There is a big concert scheduled for Friday night.

Man 가보고 싶은데. 가서 표를 구하자.

Woman The website says that the tickets have all been sold.

여자: 금요일 저녁에 빅컨서트가 있어.

남자: I'd love to be able to attend. **Let's go get** tickets.

여자: 사이트보니까 표가 다 매진되었대.

53 If you don't mind 괜찮으시다면

대표적인 부탁 표현 중 하나인 Do you mind if~?(Level 3. 137 참고)의 경우와 마찬가지로 여기서 mind는 「꺼리다」란 의미. 따라서 if you don't mind는 가벼운 부탁을 하기 전에 사용하는 「괜찮으시다면 …」 정도에 해당하는 표현이 된다. 다짜고짜 부탁내용부터 들이밀기보다는 우선 상대의 양해를 구하는 짤막한 표현을 덧붙이면 부탁의 성공확률을 상당히 높일 수 있다. 또한 대화시 자기의 의견 · 생각을 조심스럽게 개진할 때 사용하는 if you ask me는 「누가 내 생각을 물어본다면 (…라고 말하겠다)」라는 의미에서 「내 생각을 말하자면」 정도로 옮기면 된다. 자신의 개인적인 의견(personal opinion)일 뿐이라는 뉘앙스를 강하게 풍기는 것으로 if you ask me를 곁들이면 보다 덜 단정적이고 겸손한 어감을 풍길 수 있다.

- ☐ **If you don't mind,** give me a call later 괜찮다면, 이따가 나한테 전화해 줘
- ☐ **If you don't mind,** ask Bob 괜찮다면, 밥에게 부탁해봐
- ☐ **If you don't mind,** I need a break 괜찮으시다면, 잠시 쉬고 싶은데요

A. Translate the followings into English.

1. 괜찮으시면, 제 고객과 잠시 개인적으로 얘기하고 싶습니다.

   * 개인적으로: privately

2. 내 생각을 말하자면, 그 사람들은 우릴 괴롭혀서 회사를 그만두게 만들려고 하는 것 같아.

   * …을 어렵게 하다: make sth difficult

1. **If you don't mind,** I'd like to speak to my client privately for a few minutes.
2. **If you ask me,** I think that they are trying to make our life difficult so that we quit.

B. Practice with the practical dialogue.

Woman 너만 괜찮다면, 지금 잠자리에 들고 싶은데.
Man It has been a long day. I might do the same.
Woman I'll see you at breakfast tomorrow morning.

여자: I think that I'm going to turn in right now, **if you don't mind.**
남자: 힘든 하루였어. 나도 그래야 할 것 같아.
여자: 내일 아침 식사 때 봐.

54 You're welcome to + V …해도 좋다, …하고 싶으면 해라

Thank you에 대한 정형화된 답변 「천만에요」로 잘 알려진 You're welcome에 to + V가 이어진 표현. You're welcome이 「천만에요」로 쓰이는 것은 어서 오라는, 즉 '환영한다'는 것에서 의미영역이 확장되었다는 것을 인식하면 You're welcome to + V의 뜻은 절로 이해가 될 것이다. 다시 말하자면 「to + V 이하를 해도 환영한다」라고 말하는 것으로 「…해도 괜찮으니 원한다면 그렇게 해라」(You're freely allowed to do something)란 뜻이 된다. 특정 행위에 대한 선택권을 상대방에게 완전히 일임하는 표현으로, 상대방의 행위에 제한을 두지 않겠다는 의미에서 if you want(원한다면), as much as you need(필요한 만큼), at any time(언제든지) 등을 덧붙이기도 한다.

- ☐ **You're welcome to** taste that 그걸 맛보셔도 좋습니다
- ☐ **You're welcome to** ask me anything 저에게 뭐든지 물어보셔도 좋습니다

A. Translate the followings into English.

1. 언제까지든 필요한 만큼 우리집에 머물러도 좋아.

   * 네가 필요로 하는 기간만큼: as long as you need

2. 자동차 기름이 다 떨어졌으면 내 차를 타고 가도 좋아.

   * 휘발유: gas(=gasoline) * 차를 타고 가다: take a car

1. **You're welcome to** stay at my place as long as you need.
2. **You're welcome to** take my car if you don't have any gas.

B. Practice with the practical dialogue.

Woman My sister looked all over our house, but she can't find her tickets.

Man 나한테 남는 티켓들이 몇 장 있는데 원한다면 가져도 돼.

Woman That is so nice of you to offer them to me.

여자: 여동생이 집안 구석구석을 뒤져봤지만, 티켓들을 찾을 수가 없었나봐.

남자: **You're welcome to** take the extra tickets I have.

여자: 그 티켓들을 나에게 주겠다니 정말 고마워.

55 I'd like you to + V …좀 해주시겠어요?

말하는 사람의 바램을 의미하는 인기 회화표현 I would like to(Level 1. 4 참고) 중간에 you가 살짝 끼어든 형태. 일상회화에서 시도때도 없이 등장하는 공손한 부탁표현으로 「네가 …해줬으면 좋겠다」란 의미이다. 공손한 뉘앙스 탓에 격의 없는 친구 사이보다는 윗 사람에게, 혹은 공식적인 장소에서 사용하는 것이 자연스러운 경우가 많다.

- ☐ **I'd like you to** marry me 저랑 결혼해 주세요
- ☐ **I'd like you to** pay attention 여기 좀 주목하세요

A. Translate the followings into English.

1. 내가 제일 좋아하는 선생님을 네가 오늘밤 열릴 파티에서 만났으면 좋겠어.
2. 그 계약서 세 부를 그 남자에게 좀 보내주시겠어요.

* 세 부: three copies * …에게 보내다: send to

1. **I'd like you to** meet my favorite teacher tonight at the party.
2. **I'd like you to** send three copies of the contract to him.

B. Practice with the practical dialogue.

Man 지금 바로 가서 우리에게 커피 좀 사다 주시겠어요?
Woman I'm sorry, but that is not a part of my job.
Man Okay, then could you tell the secretary to get it for us?

남자: **I'd like you to** go and get us some coffee right now.
여자: 죄송하지만 그건 제가 할 일이 아닌데요.
남자: 그럼 비서에게 가서 우리에게 커피 좀 사다달라고 말씀해주세요.

More Expressions

I want you to + V 네가 …하기를 바란다

상대방에 대한 바램을 드러내는 표현으로 앞서 배운 I'd like you to에 비해 공손한 맛은 좀 떨어지며 부탁이라기 보다는 오히려 '부드러운 명령'의 뉘앙스를 풍기는 게 보통이다.

A: **I want you to** know that I love you very much.
B: Thanks Dad, that means a lot to me at this difficult time.

A: 내가 널 아주 많이 사랑한다는 사실을 알아주길 바란다.
B: 아빠, 고마워요. 이런 힘든 시기에 그런 말씀을 해주시는 게 제게는 큰 힘이 돼요.

A: **I want you to** come to my house to pick up the copies.
B: I can be there around 3:00, if that's okay with you.

A: 우리집에 와서 그 서류들을 갖고 가.
B: 네가 괜찮다면 3시쯤에 거기 도착할거야.

56 I promise to + V 꼭 …할게요

「반드시 …하겠다」라는 다짐을 상대방에게 보여주고 싶다면? 물론 I will~ 어쩌구 어쩌구라는 대사에다 두 눈을 부릅뜨고 주먹을 불끈 쥐어보이는 것으로도 가능하겠지만, I promise to + V[that S + V]를 이용하면 새끼 손가락을 걸고 약속하듯 반드시 뭔가를 하겠다는 굳은 다짐을 간단하고도 보다 세련되게 표현할 수 있다. 특히 promise oneself that~이라고 하면 「자기자신에게 약속하다」란 의미가 되어 「…하기로 결심[다짐]하다」, 즉 make up one's mind to + V와 유사한 표현이 된다.

- ☐ **I promise to** buy the CD for you 그 CD를 꼭 사줄게
- ☐ **I promise to** tell the boss 사장님께 꼭 말씀드릴게요
- ☐ **I promise to** call when I get there 거기 도착하면 꼭 전화할게

A. Translate the followings into English.

1. 시간에 맞춰 형에게 차를 빌리지 못한다면 공항까지 널 꼭 데려다 줄게.

   * A를 B에 데려다주다: take A to B

2. 라스베가스의 카지노에서 멋진 기념품을 꼭 사올게.

   * 기념품: souvenir

1. **I promise to** take you to the airport if you can't borrow your brother's car in time.
2. **I promise** I'll bring you back a nice souvenir from a casino in Las Vegas.

B. Practice with the practical dialogue.

Woman I hope you manage to do some sightseeing on your business trip to Rome.

Man 그럴 예정이야, 그리고 너에게 엽서도 꼭 보낼게.

Woman I look forward to receiving it.

여자: 로마로 출장가면 관광도 좀 할 수 있을거야.

남자: I plan to, and **I promise to** send you a postcard.

여자: 엽서 받을 날만 기다릴게.

57 I have a feeling that~ …인 것 같아요

「…라는 느낌이 든다」는 말로 이성적인 이유 · 사실에 근거를 두지 않은(not based on reasons or facts), 문자 그대로 주관적인 느낌을 표현할 때 사용된다. 여기서 feeling은 바로 앞에 붙은 부정관사를 통해 알 수 있듯 현재분사나 동명사가 아니라 「느낌」이라는 뜻의 명사. feeling의 구체적인 내용은 that 절 이하에 말하면 된다. feeling 대신 「예감」, 「직감」이란 뜻의 hunch를 이용해 I have a hunch that~ 라고 해도 역시 같은 의미.

- ☐ **I have a feeling that** something's going to happen 무슨 일이 일어날 것 같아
- ☐ **I have a feeling that** you've got to go 네가 가야 할 것 같아
- ☐ **I have a feeling that** he can't come 그 남자는 못 올 것 같아

A. Translate the followings into English.

1. 난 네가 직장을 그만둘 것 같아.

   * 직장을 그만두다: quit one's job

2. 나는 우리가 정상의 자리에 오르지 못할 것 같아.

   * 정상에 서다: make it to the top

1. **I have a feeling that** you are going to quit your job.
2. **I have a feeling that** we won't be able to make it to the top.

B. Practice with the practical dialogue.

Woman 내 생각엔 리사가 이번 시험에서 고생 좀 할 것 같아.
Man Didn't she study every night for two months?
Woman Yeah, but when I talked to her, she couldn't remember anything.

여자: **I have a feeling that** Lisa might be in trouble with this test.
남자: 그애 두 달 동안 매일 밤 공부하지 않았어?
여자: 그래, 하지만 내가 그애에게 물어보니까 아무것도 기억 못하더라구.

58 Have you tried + N[~ing]? …해 봤니?

경험의 현재완료 용법(…한 적이 있다)을 이용한 구문. 과거에 뭔가를 시도해 본(try) 경험을 묻는 전형적인 표현으로 try가 「…을 시도해 보다」란 뜻으로 쓰일 때는 뒤에 ~ing 혹은 명사가 위치한다. '경험'을 묻는다는 점을 명확히 드러내 강조하기 위해 ever를 추가하여 Have you ever tried~?라고 하기도 한다. 물론 옷 등을 한번 입어본다고 할 때는 try on이라고 한다.

☐ **Have you tried** bungee jumping? 번지점프 해봤니?
☐ **Have you tried** the dish? 그 요리 먹어봤니?
☐ **Have you tried** water skiing? 수상스키 타봤니?

A. Translate the followings into English.

1. 항상 혼자만 얘기하지 말고 학생들 얘기에 귀 기울이려고 해봤나요?
   * …하지 말고: instead of
2. 전화비가 보다 저렴한 자정에서 오전 6시 사이에 전화해본 적 있어?
   * 전화요금: phone rates

1. **Have you tried** listen**ing** to your students instead of talking all the time?
2. **Have you tried** call**ing** between midnight and 6:00 a.m. when the phone rates are lower?

B. Practice with the practical dialogue.

Woman I can't seem to get my boots shiny enough.
Man 구두약을 써봤어?
Woman Yes, but it still doesn't help.

여자: 내 구두를 제대로 윤이 나게 할 수 없는 것 같아.
남자: **Have you tried** boot polish?
여자: 그럼, 하지만 별 도움이 안되더라구.

More Expressions

Have you (ever) + p.p.? …해본 적 있니?

일상회화에서 빈출하는 '기본'이자 '필수' 표현. Have you ever been to~?(…에 가본 적 있니?), Have you seen~?(…을 본 적 있니?), Have you heard~?(…을 들어본 적 있니?) 등 동사만 바꿔가며 두루두루 활용할 수 있어 아주 경제적이고 생산적이다.

A: **Have you ever thought of** becoming a pop star or a movie star?

B: No, because I know I don't have the type of personality to do those things.

A: 가수나 영화배우가 될 생각을 해본 적 있어?

B: 아니, 나는 성격상 그런 일을 할 수 없다는 걸 알거든.

A: **Has the CEO ever been seen** with another woman?

B: Not that I know of but I haven't been working here that long.

A: 그 최고 경영자가 다른 여자랑 바람피는 거 봤어?

B: 내가 아는 바로는 없는데, 하지만 난 여기서 일한 지 얼마 안됐잖아.

59 You said~ 넌 …라고 했어

You said 주어+동사의 구문은 상대방이 이미 한 말을 다시 확인해보는 것으로 「네가…라고 했어[했잖아]」라는 뜻. 단순히 재확인하거나 혹은 문맥에 따라, 즉 예를 들어 You said it was okay!(괜찮다고 했잖아!)라고 하면 상대방에게 따지는 회화문형. 또한 You told me (that)~ 혹은 You told me to~는 「네가 …라고 했잖아」라는 의미이고, I thought S+V와 결합하여 I thought(think) you said 주어+동사라고 하면 「난 또 네가 …라고 말한 줄 알았지」라는 뜻이 된다.

- ☐ **You said** it was going to be fun! 재미있을 거라고 했잖아!
- ☐ **You told me** you liked it 네가 좋다고 했잖아
- ☐ **I thought you said** those jokes were funny 네가 재미있다고 말한 걸로 아는데

A. Translate the followings into English.

1. 나 좋아한다고 했잖아! 맘이 바뀐거야?!

   * 맘이 바뀌다: change one's mind

2. 나 점심 사준다고 했잖아.

   * 점심사주다: take sb to lunch

1. **You said that** you liked me! Did you just change your mind?!
2. **You told me** you were going to take me to lunch.

B. Practice with the practical dialogue.

Woman I'm going to have to work late tomorrow night.
Man 같이 영화보러가기로 했잖아.
Woman I know, but I have to finish this project.

여자: 내일 저녁에 나 야근해야 돼.
남자: **You said** we were going to go to the movies together.
여자: 알아, 하지만 이 프로젝트를 끝내야 돼.

60 I don't know why S+V …하는 이유를 모르겠다, 왜 …인지 모르겠다

여기서 why는 그 앞에 선행사 the reason이 생략된 관계부사로 볼 수 있는데, 그런 분석적인 마인드는 집어치우고 I don't know why~를 하나의 단위로 통째 외워두는 편이 한결 신상(?)에 이롭다. why 이외에 what, how, when 등등 다른 의문사들로 바꾸어 다양하게 활용해 보도록 하자.

☐ **I don't know why** she is crying 그 여자가 왜 우는지 모르겠어
☐ **I don't know why** you came 네가 왜 왔는지 모르겠어

A. Translate the followings into English.

1. 그 여자가 왜 파티에 온다는 건지 모르겠어.
   * …에 오다: come to
2. 내가 왜 너에게 그걸 알려주고 싶은 건지 모르겠어.
   * 네가 …해줬으면 한다: I want you to + V

1. **I don't know why** she's coming to the party.
2. **I don't know why** I want you to know that.

B. Practice with the practical dialogue.

Woman 그 남자가 왜 자신의 실수들을 숨기려고 애쓰는지 모르겠어.
Man Jong-Soo said he's afraid of what the boss might do to him.
Woman If he was more honest, he wouldn't have so many problems.

여자: **I don't know why** he tries to cover up his mistakes.
남자: 종수가 그러는데 그애는 사장이 자기에게 무슨 짓을 할지 두렵대.
여자: 만약에 좀 더 정직했다면, 그렇게 문제가 많이 생기지는 않았을거야.

61 I've been working in ~ …에서 일하고 있어요

현재 다니고 있는 직장이나 근무부서 등을 말할 때 사용하는 표현. in 이하에는 sales department(영업부), publishing house(출판사) 등 자신이 일하고 있는 직장이나 부서 명칭을 덧붙이면 된다. 또한 영어권 사람들은 자신의 직업을 언급할 때 「work for + 사람(주로 boss)」을 사용하는 경우가 많다는 점도 기억해 두자. 따라서 Who do you work for?라고 하면 상대방의 직장을 묻는 질문이 된다. 참고로 work for oneself는 하면 「자신을 위해 일하다」란 의미에서 「자영업을 하다」라는 의미.

- ☐ **I've been working in** sales 저는 영업쪽에서 일해왔습니다
- ☐ **I've been working in** publishing 출판업계에서 일해왔어요
- ☐ **I've been working in** the next building 옆 건물에서 근무해왔어요

A. Translate the followings into English.

1. 이 공장에서 정말 오랫동안 일해와서 이제 미칠 지경이야.
   * …을 (미칠 정도로) 화나게 만들다: drive sb crazy
2. 난 이 사무실에서 하도 오랫동안 일해서 사람들이 하는 일을 전부 알고 있다.
   * 일, 업무: job

1. **I've been working in** this factory for so long, it's driving me crazy!
2. **I've been working in** this office for so long that I know everyone's job.

B. Practice with the practical dialogue.

Woman Are you qualified for the promotion?
Man 그거야 뭐, 이 부서에서 꽤 오래 근무했으니까요.
Woman Yes, and you've come a long way!

여자: 당신은 승진할 만한 자격을 갖추고 있습니까?
남자: Well, **I've been working in** this department for quite a while.
여자: 그렇죠, 그래서 많이 발전했구요!

62 I think I will~ …할 생각이야

그냥 단도직입적으로 I will~이라고 「앞으로 …할거야」라고 말해도 되지만 문장을 좀 부드럽고 너무 단정짓지 않게 조심스럽게 말하는 표현법 중의 하나로 앞에 I think를 붙여서 I think I will~하면 앞으로 「…할 생각이야」라는 부드러운 문장이 된다. 단 하나 조심할 것은 상대방의 물음이나 명령에 I think I will.(그러려구)하면 앞 문장을 받아서 대답하는 단독문장으로 많이 쓰인다는 점이다.

- ☐ **I think I will** date Chris 난 크리스랑 데이트할 생각이야
- ☐ **I think I will** be all right! 난 괜찮을거야!
- ☐ **I think I'll** make a call 내가 전화를 할까봐

A. Translate the followings into English.

1. 난 저녁식사에 친구 몇 명을 초대할까봐.

   * …을 저녁식사에 초대하다: invite sb out for dinner

2. 새로운 메일이 왔는지 확인해볼려구.

   * …인지 확인해보다: check to see if~

1. **I think I will** invite a few friends out for dinner.
2. **I think I will** check to see if I have any new e-mail.

B. Practice with the practical dialogue.

Woman Did you have a chance to go and eat lunch today?
Man 아니, 너무 바빴어. 조금 기다렸다가 저녁먹을까봐.
Woman If you do that you are going to be really hungry.

여자: 오늘 나가서 점심먹었어?
남자: No, I've been too busy. **I think I will** just wait for dinner to eat.
여자: 그러면 너무 배고플텐데.

63 It's too bad that~ …라니 참 안됐구나

that 이하의 사실에 대한 유감을 나타내는 표현. 뭔가 유감스러운 상황에 대해 언급할 때 사용하면 말하는 이의 안타까운(sorry or sad) 심정을 잘 포장해서 전달할 수 있다. 또한 대화 중에 안쓰러운 이야기를 들었을 때는 that 이하 없이 It's too bad라고 맞장구를 치거나, 때로는 앞뒤 다 생략하고 Too bad라고만 해도 훌륭한 위로와 유감의 '문장'이 된다. It's a pity that~도 같은 의미의 표현이므로 함께 정리해 두자.

A. Translate the followings into English.

1. 그 여자가 그것 때문에 직장을 잃어야 했다니 참 안됐다.
   * 직장을 잃다: lose one's job
2. 휴가를 받아 여기를 벗어날 수 없다니 안됐구나.
   * …을 해내다: make it

1. **It's too bad that** she had to lose her job over it.
2. **It's too bad that** you can't make it out here for a vacation.

B. Practice with the practical dialogue.

Man　그 일자리를 못 얻었다니 안됐구나.
Woman　That's okay, I found one that is a lot closer to home.
Man　That's great!

남자: **It's too bad that** you didn't get the job.
여자: 괜찮아, 집에서 훨씬 더 가까운 곳에 직장을 얻었거든.
남자: 그거 잘 됐구나!

Woman　빌리가 네 집들이에 올 수 없다니 정말 유감이야.
Man　I tried to get him to come, but he said he was busy.
Woman　I think he's just too shy to be around that many people.

여자: **It's too bad that** Billy can't come to your housewarming party.
남자: 걔한테 오라고 연락해봤는데 바쁘다고 그러더라.
여자: 내 생각에 걔는 너무 수줍음이 많아서 주변에 사람들이 그렇게 많은 곳엔 못 올거야.

sorry

Hello, Thank you만큼이나 기본적이자 대중적인 표현 I'm sorry! 그러나 sorry를 오로지 「미안하다」로만 아는 굳은 절개(?)는 영어회화에 있어서 때론 대화의 분위기를 썰렁하게 만드는 주범이 될 수도 있음을 명심하고 sorry의 다른 용법에도 한번 눈을 돌려보자. sorry는 상대방의 부탁을 거절한다든지 상대방이 듣고자 기대하는 것 이외의 말을 하게 될 때 「미안하지만 (그럴 수 없네요)」라는 정중한 거절(polite refusal)의 표현으로도 사용된다. 예를 들어 모임에 초대를 받았는데 이런저런 이유로 참석하지 못할 경우 I'm sorry I can't make it이라고 거절할 수 있다.

하지만 sorry의 또다른 의미, 즉 상대방이 한 말을 잘 못들었거나 이해하지 못했을 때 의문문처럼 끝을 올려서 (I am) Sorry?라고 하면 「죄송하지만 다시 말해 주세요」란 뜻으로 Come again? 또는 Excuse me? 등과 같은 의미가 된다는 점도 기억해둬야 한다. sorry에 「미안하다」란 의미만 있다고 믿는 사람이라면 상대방이 Sorry?라고 할 때 '갑자기 웬 Sorry?' 하며 멍하니 상대방만 하염없이 쳐다보게 될지도 모르니까. 한편 You'll be sorry는 「…하면[하지 않으면] 좋지 못할 걸~!」이란 뜻으로 상대방의 행동 여하에 따라 뭔가 불쾌한 상황이 벌어질 것이라는 협박(threatening)내지는 경고(warning)의 표현. 가령 자꾸 예쁜 여자에게 눈을 돌리는 남자친구에게 Don't fool[mess] around, or you'll be sorry하면 「한눈 팔면 재미없어」라는 깜찍한(?) 경고의 멘트인 셈.

또한 sorry는 방금 배운 That's too bad와 마찬가지로, 의기소침해 하고 있는 상대방의 속 사정을 듣고 좋지 못한 일이라는 판단이 섰을 때 즉각 튀어나와야 할 유감의 표현으로도 사용되는데 이때는 「유감입니다」란 의미. 유감의 이유는 sorry 뒤에 to 부정사 형태로 덧붙여준다. I'm sorry to hear[tell you] that S + V(…를 듣게[전하게] 되어 매우 유감이야) 또는 간단히 대명사 that을 이용해 I'm sorry to hear that, I'm sorry about that이라고 해도 된다. 그밖에도 뭔가 부탁하기에(asking a favor) 앞서서 「귀찮게 해서 죄송하지만…」이라고 예의범절을 차릴 때에도 I am sorry to trouble[bother] you, but could you~? 정도로 sorry를 써먹을 수 있다.

64 work[be] on …일을 하다

work가 만들어내는 표현 중 둘째가라면 서러울 정도의 빈출표현. work on sth은 「…일을 한다」는 말로 work on the report하면 「레포트를 작성하다」, work on coffee하면 「커피를 마시고 있다」 등으로 꼭 일에만 국한되어서 쓰이지는 않는다. 주로 I'm working on it란 형태로 무척 많이 쓰인다. 다만 work on sb하게 되면 「설득하다」 혹은 「영향을 주다」라는 뜻이 되니 구분해서 이해해야 한다. 또한 work 대신 be를 써서 be on sth하게 되도 「지금 …일을 하고 있다」라는 뜻이 된다.

- ☐ I'll get to **work on** it right now 지금 이 일을 시작할거야
- ☐ Let me **work on** this 내가 이거 할게
- ☐ It would **work on** me when I was young 내가 어렸을 때라면 그게 내게 통할지도 모르지

A. Translate the followings into English.

1. 정비공은 자동차가 수리될 때까지 작업을 할거야.

   * 수리되다: be fixed

2. 난 시험보기 전에 수학실력을 늘려야 돼.

   * 수학실력: math skills * 시험보다: take the test

1.The mechanic **will work on** the car until it's fixed.

2. I **need to work on** my math skills before I take the test.

B. Practice with the practical dialogue.

Woman It looks like you're having a problem with your computer.

Man 어, 컴퓨터에서 바이러스를 제거하는 중이야.

Woman I hope you can get it to start working properly again.

여자: 너 컴퓨터에 문제있는 것 같아.

남자: Yeah, **I'm working on** removing a virus from it.

여자: 제대로 작동시킬 수 있기를 바래.

65 work out 잘되다

참 간단한 단어들로 이루어졌는데 의미는 참 다양하게 쓰이는 비중도가 엄청 높은 표현. 먼저 주어자리에 어떤 상황이 나올 경우이면 「상황이 좋아지다」(get better)라는 의미이고, 그리고 상황이 work out well[badly] 등이 부사가 이어질 때는 「좋게[나쁘게] 되다」(turn out)라는 뜻이 된다. 그리고 사람이 주어로 와서 work out하게 되면 「잘 고안해내다」, 「좋은 계획을 짜다」라는 의미가 되고 또 하나는 「운동하다」, 즉 exercise의 의미가 된다. 그리고 관용구적으로 work things out (with)하게 되면 「(…와) 일을 잘 풀어가다」, work out for the best하면 「결국은 잘되다」라는 뜻으로 각각 자주 쓰인다. 마지막으로 약속이나 일정을 잡을 때, work out for you라는 문구를 자주 보게 되는데 이는 그 일정이 너한테 괜찮냐고 물어보는 표현이다.

- ☐ Things will **work out** all right 잘 해결될거야
- ☐ I hope it **works out** with you and Tim 너하고 팀이 잘 되기를 바래
- ☐ How did everything **work out**? 일이 어떻게 된거야?
- ☐ We can **work it out** 해결할 방법은 있어

A. Translate the followings into English.

1. 보통 헬스클럽에서 2시간 동안 운동해.

   * 보통: usually

2. 유명 법대에 들어가려고 했는데 그렇게 안됐어.

   * 상위법대: good law school

1. Usually I **work out** for two hours in my health club.
2. I tried to get into a good law school, but **it didn't work out**.

B. Practice with the practical dialogue.

Woman I heard the managers were here the entire night.
Man 일정 문제를 푸는데 어려움을 겪었어.
Woman Well, hopefully they got everything ready for next year.

여자: 부장들이 밤새 여기 있었다며.
남자: They had difficulty **working out** the problems in the schedule.
여자: 음, 내년을 대비해 모든 걸 다 잘 준비해놓기를 바래.

66 must have + p.p. 틀림없이 …했다, …였던 것이 분명하다

'의무' 의 조동사 must의 또 다른 면을 살펴보는 시간. must have + p.p.는 「…했음에 틀림없다」라는 과거 상황에 대한 확신의 표현으로 여기서 must는 「강한 추측」(I'm fairly sure~)을 뜻한다. 반대로 「…였을 리가 없다」라는 부정의 강한 추측은 cannot have + p.p.구문을 활용하면 된다. 한편 과거가 아닌 현재의 추측인 경우엔 must + V(…임에 틀림없다)를 사용하며 이때 must의 '의무용법' (…해야 한다)과의 구별은 문맥을 통해서 해야 한다.

- ☐ It **must have been** love 그건 사랑이었던 게 틀림없어
- ☐ Mr. Jones **must have made** a mistake 존스씨가 실수한 게 틀림없다
- ☐ She **must have misunderstood** 그 여자가 오해한 게 분명하다

A. Translate the followings into English.

1. 내 자전거가 밤새 꼬박 비를 맞은 게 틀림없다.
   * 비를 맞다: sit in the rain
2. 불이 나기 전에 이 스테레오에는 일련번호가 있었던 게 분명해.
   * 일련번호: serial number

1. My bicycle **must have been** sitting in the rain all night.
2. This stereo **must have had** a serial number before the fire.

B. Practice with the practical dialogue.

Man What kind of computer are you using?

Woman It's a brand new computer from NEC in Japan.

Man 그거 사는 데 돈이 엄청나게 들었겠군요.

남자: 어떤 종류의 컴퓨터를 사용하시나요?

여자: 일본 NEC 社에서 나온 최신 컴퓨터를 사용하고 있어요.

남자: It **must have cost** you an arm and a leg to buy it.

67 On second thought 다시 생각해 보니

second thought는 '두번째 생각' 즉 한자로 再考(재고)에 해당되는 단어. 주로 문장 첫머리에 사용되는 on second thought는 「다시 생각해 보니 …하다」라는 의미로, 이미 내린 결정(decision you have made)이나 동의한 사항을 번복할 때 먼저 꺼내는 표현이다. 또한 감사나 사과의 말에 대한 대답으로 흔히 사용되는 Don't give it a second [another] thought은 「(감사 또는 미안한 일에 대해서) 괜찮으니까 신경쓰지 마세요」(Think nothing of it)란 말로 You're welcome이나 That's all right의 훌륭한 대용품이다.

A. Translate the followings into English.

1. 다시 생각해 보니까 우리 계약 건에 대해서 좀 더 얘기해야겠어요.

   * …해야 한다: had better + V

2. 그걸 거절하기 전에 다시 한번 생각해봐야 할 것 같습니다.

   * …을 거절하다: turn down

1. **On second thought,** we'd better discuss more about our contract.
2. I think you should **give it a second thought** before you turn it down.

B. Practice with the practical dialogue.

Woman　Let's go to the hotel down the street for lunch today.
Man　Okay, that sounds fine.
Woman　다시 생각해 보니, 밖에 비가 퍼부으니까 윗층 식당으로 가는 게 더 좋을 것 같아요.

여자: 오늘 점심은 길 저쪽에 있는 호텔에서 하죠.
남자: 그래요, 그거 괜찮네요.
여자: **On second thought,** maybe the restaurant upstairs would be better since it's raining cats and dogs outside.

68 It was so+형용사+that S+had to 너무나 …해서 ~해야 했다

학창시절 들입다 외웠던 It is so + 형용사 + that S + cannot(너무 …해서 ~할 수 없다) 구문. 이것을 과거시제로 바꾸고 마지막의 cannot을 '의무'의 have to로 변형시킨 것이 제목의 표현이다. 과거의 특정 상황 때문에 「…할 수밖에 없었던」(couldn't help + ~ing) 상황을 설명할 때 편리하다.

A. Translate the followings into English.

1. 너무 추워서 스키장에서는 산 위쪽 리프트의 가동을 모두 중지해야 했다.
   * 가동을 중지하다: shut down
2. 난 공포영화를 보러 갔는데, 너무 무서워서 거의 눈을 감고 있어야 했다.
   * 무섭게 하는: frightening

1. **It was so cold that** the ski resort **had to** shut down all the chair lifts on the upper mountain.
2. I went to the horror movie but **it was so frightening that** I **had to** close my eyes through most of it.

B. Practice with the practical dialogue.

Woman　You look so frustrated.
Man　금요일에 빨래방에 갔었는데 사람들이 너무 많아서 4시간 넘게 기다려야 했어.
Woman　You should have just washed your clothes by hand.

여자: 무척 짜증난 얼굴이네.
남자: I went to the laundromat on Friday, but **it was so busy that** I **had to** wait over 4 hours.
여자: 네 손으로 직접 빨지 그랬니.

69 be not+형용사+enough to+V …할 만큼 ~하지는 않다

enough to 구문의 부정 활용형으로 「(to + V)할 정도로 (형용사)하지는 않다」는 의미. 다시말해 「별로 (형용사)하지 않아서 (to + V)할 수 없다」는 말이 된다. 소시적부터 달달 외워왔던 입시용 대표구문이지만 실제 회화에 적용하는 것은 또다른 문제(It is another thing)라는 걸 이미 깨달았을 터. 겸허한 자세로 아래 예문들을 하나씩 살펴보고 또한 직접 말해보면서 머리로만 알고있던 구문을 펄떡거리는 생활 속의 표현으로 되살려 보자.

- ☐ **be not rich enough to** buy the car 그 차를 살만큼 부자인 건 아니다
- ☐ **be not brave enough to** ask the boss 사장에게 요구할만큼 용감하진 않다

A. Translate the followings into English.

1. 이 회사의 수익이 그렇게 크지 않아서 우리가 관심을 가질 만한 게 못되는군요.

   * 수익, 이윤: profit

2. 그 회사는 일처리가 그렇게 빠르지 않아서 오늘 오전중으로 계약을 체결하지 못했어.

   * 계약을 체결하다, 거래를 성사시키다: make a deal

1. The profits of this company **are not large enough to** interest us.
2. The company **was not fast enough to** make the deal this morning.

B. Practice with the practical dialogue.

Man 우린 이번 공사 계약건을 따리라고는 그렇게 확신하지는 못하고 있는거죠, 그죠?
Woman Don't be silly. We have more experience than anyone.
Man Yes, but our bid for this job is not going to be persuasive.

남자: We **aren't confident enough to** get this job contract, are we?
여자: 바보같은 소리하지마. 우리가 경험이 제일 많잖아.
남자: 그건 그렇지만, 이번 건에 우리가 입찰한 게 설득력이 없을 것 같아요.

70 How about~ ? …은 어때?

How about~?은 상대방의 의향을 묻거나 뭔가 새로운 제안을 할 때 특히 약속시간, 장소를 정할 때 쓰는 표현으로 How about~ 다음에 제안의 내용을 그냥 붙이면 되는 아주 간단하면서도 유용한 표현. 보통 How about 다음에는 명사 또는 동사의 ~ing만 오는 것으로 알려져 있는데 실은 How about 다음에는 How about over here?(이쪽은 어때요?), How about we go to the movies tonight?(오늘 저녁 영화 어때?)처럼 부사구나 절 등이 올 수도 있다. 주의할 점은 How about that?(그거 어때?)과 달리 How about that!하면 「그거 좋은데!」, 「대단한데!」라는 표현이 된다는 것이다.

- ☐ **How about** some dessert? 디저트 좀 드실래요?
- ☐ **How about** now? 지금은 어때?
- ☐ **How about** we talk about this over dinner? 저녁하면서 이 문제 얘기해보면 어때?

A. Translate the followings into English.

1. 금요일은 내가 비상대기여서 안좋아. 토요일은 어때?
   * 비상대기하다: be on call
2. 내말은, 정상적인 일을 잡고 네가 살 집을 찾아보는게 어때?
   * 직장을 구하다: get a job * 자기 집을 찾다: find a place of one's own

1. Friday's bad because I'm on call. **How about** Saturday?
2. I mean, **how about** you get a normal job? **How about** you find a place of your own?

B. Practice with the practical dialogue.

Woman What can we give Brian for a birthday present?

Man 티셔츠 사주면 어때? 걔 티셔츠 많이 입던대.

Woman That's a good idea. I think that a large t-shirt will fit him.

여자: 브라이언에게 생일선물로 뭘줄까?

남자: **How about** we get him a t-shirt? He wears them a lot.

여자: 좋은 생각이야. 라쥐사이즈 티셔츠가 걔한테 맞을 것 같아.

71 keep sb[sth] from + ~ing …가 ~하지 못하게 하다

keep은 prevent, stop과 함께 「…하지 못하게 하다」라는 '금지' 동사의 대표. 뒤에 「목적어 + from + ~ing」가 이어진다는 정도는 기본적으로 알고 있어야 한다. 특히 물주(物主)구문일 경우, 예를 들어 The storm kept planes from taking off에서 처럼 주어가 사물일 경우에는 우리말 번역에 기교를 부려야 한다. 유치원생 수준으로 「폭풍우가 비행기들을 이륙하지 못하게 했다」라 하지 말고 「폭풍우 때문에 비행기가 이륙할 수 없었다」, 즉 Because of the storm, planes couldn't take off라고 의역할 실력을 갖추란 말씀. 이상한 데만 성인이 되지 말고 여러분의 영어실력도 성인급이 되기를 바라며… 에이멘!

- ☐ **keep** her **from** slipp**ing** 그 여자가 미끄러지지 않게 하다
- ☐ **keep** you **from** park**ing** there 네가 그곳에 주차하지 못하게 하다
- ☐ **keep** the train **from** runn**ing** 기차가 가지 못하게 하다

A. Translate the followings into English.

1. 우린 이 소식이 기자들한테 새어 나가지 않도록 해야 할거야.

   * 기자: reporter * …에 닿다: get to

2. 그 대학은 이 소문이 너무 멀리 퍼지지 않도록 할거야.

   * 소문: rumor * (소문 · 유행 · 명성 따위가) 퍼지다: spread

1. We will have to try to **keep** this news **from** gett**ing** to the reporters.
2. The university should **keep** this rumor **from** spread**ing** too far.

B. Practice with the practical dialogue.

Man 정부는 공무원들이 진실을 말하는 것을 막으려고 하는 것 같아.

Woman I don't understand what you mean by that.

Man In court, they are told what to say to the judge.

남자: It seems the government **keeps** employees **from** telling the truth.

여자: 네가 하는 말이 무슨 뜻인지 이해가 안 되는데.

남자: 법정에서 판사에게 어떻게 말하라는 명령을 받았다니까.

72 owe A to B B에게 A를 빚지다

A 자리엔 돈이나 물질 등 '빚진 내용' 이, B에는 '빚을 진 대상(채권자)' 이 나오며, to를 빼고 순서를 바꾼 owe B A 문형으로도 자주 사용된다. 하지만 She owes her beauty to her mother 같은 문장에서 보듯 때로는 「빚지다」란 말보다 「A는 B 덕분이다」 정도가 더 자연스러울 때도 있다. 이쯤에서 IOU를 빼놓고 지나가면 섭섭. I owe you와 발음이 같도록 알파벳을 따서 만든 이 약어(abbreviation)는 「차용증」이란 뜻의 빈출 비즈니스 어휘이다. 마지막으로 물건 값 등을 확인할 때 써먹는 질문 How much do I owe you?(얼마죠?)까지 알아두면 owe 관련 사항은 대충 정리가 된 듯.

- ☐ You **owe** $10 **to** me 나한테 10달러를 주면 돼
- ☐ I **owe** what I am **to** my Mom 지금의 제가 있는 건 어머니 덕분입니다
- ☐ You **owe** all the success **to** him 네 성공은 다 그 남자 덕분이야

A. Translate the followings into English.

1. 내가 어제 우리가 먹은 점심값으로 데이빗한테 20달러를 빚졌어.
2. 내가 없는 동안 밥이 내 업무를 대신해줘 신세를 졌어.

* 업무(량): workload

1. I think that I **owe** twenty dollars **to** David for the lunch that we ate yesterday.
2. I **owed a favor to** Bob for doing my workload while I was away.

B. Practice with the practical dialogue.

Man Why is Tim selling his truck?
Woman 부인에게 위자료와 자녀 양육비로 8천 달러 정도를 줘야 하거든.
Man That's one more reason to stay single!

남자: 왜 팀이 자기 트럭을 팔려고 해?
여자: Because he **owes** about $8,000 **to** his wife for alimony and child support.
남자: 그게 또 내가 독신으로 사는 이유지.

73 What should I do with~? …를 어떻게 (처리)해야 하나요?

현재 자신에게 닥친 상황이나 문제를 어떻게 처리해야 할지 몰라 자문을 구하는 표현이다. do with는 what이 이끄는 의문문 속에서 「특정 사안에 대해 조치를 취하다」(take action with regard to something)란 의미를 갖는데, What have you done with my coat?(내 코트 어쨌니?), What shall we do with this problem?(이 문제를 어떻게 처리할까?) 등이 바로 그런 예. '어떻게' 라는 말에 현혹되어 how를 떠올리지 않도록 주의하자.

A. Translate the followings into English.

1. 테이프에 결함이 있다면 어떻게 해야 하나요?
   * 결함있는: defective
2. 그 남자가 저를 냉랭하게 대하면 어떻게 하죠?
   * …를 냉랭하게 대하다: give sb the cold shoulder

1. **What should I do with** the tapes if they are defective?
2. **What should I do with** him if he gives me the cold shoulder?

B. Practice with the practical dialogue.

Man 복권에 당첨되어 받은 1만 달러를 어떻게 해야 할까요?

Woman Maybe you should invest it in the stock market or save it up for a rainy day.

Man Which do you think is better?

남자: **What should I do with** the 10 grand that I won in the lottery?

여자: 아마도 주식시장에 투자하거나 만일을 대비해 저축하는 게 좋을 것 같군요.

남자: 어느 편이 더 좋을까요?

74 What[When] are you going to~? 너 [언제] …할거야?

미래를 나타내는 데 애용되는 be going to~와 의문사 what[when~] 등이 결합하여 만든 형태로 What are you going to~?, When are you going to~?라고 쓰면 된다. 상대방이 앞으로 뭘 할건지 혹은 언제 …을 할건지 등을 물어볼 때 요긴하게 사용하면 된다. 그냥 「뭐할거야?」라고 물어보려면 What are you doing to do?, 「다음에 뭐 할거니?」하려면 What are you going to do next?, 그리고 좀 더 구체적으로 어떤 대상을 어떻게 할 거냐고 물어볼 때는 What are you going to do with your bonus?라고 하면 된다. 특히 What are you going to do?는 단독으로 문맥에 따라 「어떻게 할거야?」, 「어쩔건대?」라는 의미로 쓰인다는 점을 기억해둔다.

- ☐ **What are you going to** say? 뭐라고 말할거야?
- ☐ **What are you going to** have? 뭐 먹을래?
- ☐ **When are you going to** do it? 너 언제 그거 할거야?

A. Translate the followings into English.

1. 그 제안을 어떻게 할거야?

   * 제안: offer

2. 여기서 무슨 일이 일어났는지 언제 우리에게 말할거야?

   * 무슨 일이 일어났는지 말하다: tell sb what happened

1. **What are you going to** do with the offer?
2. **When are you going to** tell us what happened here?

B. Practice with the practical dialogue.

Woman I'm going to break up with my boyfriend tonight.
Man 어이구, 안됐다. 뭐라고 말할거야?
Woman I'll have to tell him that I don't love him anymore.

여자: 오늘 저녁에 남친과 헤어질거야.
남자: Geez, that sucks. **What are you going to** tell him?
여자: 더 이상 사랑하지 않는다고 말해야 할거야.

75 make it to + 장소 시간에 맞춰…에 가다

make it은 You can make it!(넌 할 수 있어!)에서처럼 「(힘든 일을) 성취해 내다」(achieve something difficult)란 의미. 이 make it에 「to + 장소명사」가 이어지면 「시간에 대어 …에 가다」(succeed in arriving in time)란 뜻으로 '약속영어' 의 대표적 표현이 된다. 좀 헷갈리면 make it이 「힘든일을 성취해 내다」라는 의미라는 점에 착안하여 「make it to + 장소명사」란 표현도 특정 장소까지 '가까스로 성취해내다,' 즉 '겨우 제시간에 다다르는 데 성공하다' 라고 생각하면 이해가 쉬울 듯.

☐ **make it to** the party 시간에 맞춰 파티에 도착하다
☐ **make it to** the office 시간에 늦지 않게 사무실에 도착하다

A. Translate the followings into English.

1. 그 남자가 식당에서 열리는 회의에 참석할 수 있다고 말했습니까?
2. 다음 주말의 공연에 갈 수 있습니까?

* 공연: performance

1. Did he say that he could **make it to** the meeting at the restaurant?
2. Are you going to be able to **make it to** the performance next weekend?

B. Practice with the practical dialogue.

Woman 이번 주말 파티에 올 수 있을 것 같나요?

Man I'm not sure, but I'll really try. I'm on call at the hospital all weekend so I may have to go in to work.

Woman That's okay. Just do your best to make it and if you don't show up, I'll know you are out saving lives!

여자: Do you think you'll be able to **make it to** my party this weekend?

남자: 잘 모르겠지만 가도록 힘써 볼게요. 주말 내내 필요하면 병원으로 불려나가 일할 수 있도록 대기해야 하거든요.

여자: 좋아요. 오도록 최대한 노력해 보시고 만일 오지 않으면, 사람 생명을 구하느라 일하는 걸로 알게요.

76 I told you to~ …라고 했잖아

말귀를 못알아듣는 상대방에게 혹은 말을 잘 안듣는 상대방에게 쓸 수 있는 표현으로 「내가 …라고 말했잖아」(그런데 왜 말을 안들어?)라는 뉘앙스의 표현. I told you that S+V, 혹은 I told you to+V라 하면 된다. 부정으로 쓰려면 I told you not to+V로 「…하지 말라고 했잖아」, 그리고 점잖게 말하려면 I thought I told you~(…라고 말한 것 같은데)라고 하면 된다.

- ☐ **I told you not to** do that! 그러지 말라고 했잖아!
- ☐ **I told you to** leave me 날 떠나라고 했잖아
- ☐ **I thought I told you to** get out of here 나가라고 말했던 건 같은데

A. Translate the followings into English.

1. 재가 원하는 건 다 주라고 했잖아.
   * 원하는 모든 것: whatever sb wants
2. 걔가 정확히 어디 사는지 모른다고 했잖아.
   * 어디 사는지 알다: know where sb lives

1. **I told you to** give her whatever she wants.
2. **I told you that** I didn't know exactly where he lived.

B. Practice with the practical dialogue.

Woman 애론에게 파티에 대해 말을 하라고 했잖아.
Man I must have forgotten. I'll call him right now.
Woman Make sure he knows that it starts at 7.

여자: **I told you to** tell Aaron about the party.
남자: 내가 깜박했었나봐. 지금 당장 전화할게.
여자: 7시에 시작한다는 것을 확실하게 알려줘.

77 You have no idea~ …한다는 것이 어떤 건지 모르다

have no idea를 한 단어하자면 don't know와 같은 의미. 창의적인 아이디어가 없다고 생각하면 안된다. don't know what it's like to~(…하는게 어떤건지 모르다)(Level 5. 225 참고)와 같은 맥락의 표현으로 상대방에게 「넌 …가 뭔지 몰라」라고 말할 때 자주 사용하는 표현. You have no idea 다음에는 의문사(what, how~)+주어+동사를 이어 쓰면 된다.

☐ **You have no idea** how much I miss him 내가 얼마나 걔를 그리워하는지 넌 모를거야
☐ **You have no idea** how much I need this 이게 나한테 얼마나 필요한지 넌 몰라
☐ **You have no idea** what this means to me! 이게 내게 얼마나 중요한 건지 넌 몰라!

A. Translate the followings into English.

1. 넌 네가 얼마나 섹시한 지 몰라, 그렇지?
 * 얼마나 섹시한지: how sexy you are

2. 넌 내가 얼마나 스트레스를 받는지 몰라.
 * 스트레스를 받다: be under pressure

1. **You have no idea** how sexy you are, do you?
2. **You have no idea** what pressure I'm under.

B. Practice with the practical dialogue.

Woman Cheer up. Your life can't be that terrible.
Man 내가 얼마나 많은 문제가 있는지 네가 몰라서 그래. 나 지쳤어.
Woman Just take a day off to relax and have some fun.

여자: 기운내. 네 인생이 그렇게 엉망일 리가 없어.
남자: **You have no idea** how many problems I have. I'm stressed.
여자: 하루 휴가내서 쉬고 좀 즐겨봐.

78 I want to say~ 단지 …라고 말하고 싶어

자기가 말하는 내용을 말하고 싶다는 말로 조심스럽게 자신의 이야기를 말하는 방법이다. 과거형으로 써서 I wanted to say~라고 하면 같은 의미로 과거의 내용을 언급할 수도 있고 혹은 뭔가 변명이나 해명을 통해 오해를 풀고자 할 때 많이 쓰이는 표현. 난 다른 뜻이나 목적이 있는 것이 아니라 say 이하의 말을 하고 싶었을 뿐이었다는 자신의 진심을 말하는데 유용하다. 응용하여 I want you to say~는 I want sb to~ 공식의 한 예로 내가 아니라 「상대방이 …라고 말해주기를 바란다」는 뜻의 표현이 된다.

- ☐ **I want to say** goodbye to my friends 난 내 친구들에게 인사를 하고 싶어
- ☐ **I wanted to say** again how sorry I am 내가 얼마나 미안한지 다시 말하고 싶을 뿐이었어
- ☐ **I want you to say** when I can get out of here 내가 언제 여기서 나갈 수 있는지 말해줘요

A. Translate the followings into English.

1. 이런 기회를 준데 정말 고맙다고 말하고 싶었을 뿐이야.

   * 이런 기회를 준데 감사하다: thank you for this opportunity

2. 내가 뭔가 말하고 싶은데 넌 내게 그걸 되묻지 말기 바래, 응?

   * 되묻다: say something back

1. **I just wanted to say** thank you so much for this opportunity.
2. **I want to say something** and I don't want you to say anything back, okay?

B. Practice with the practical dialogue.

Woman 내가 여기서 얼마나 즐겁게 일했는지 말하고 싶었어.
Man I'm so sorry that you are going to change jobs.
Woman Well, my new job has a much higher salary.

여자: **I just wanted to say** how much I've enjoyed working here.
남자: 직업을 바꾸다니 유감이야.
여자: 음, 새로운 직업이 훨씬 급여가 많아.

79 You never know~ …는 모르는 일이야

직역하면 「넌 절대로 …을 모를거야」라는 말로 좀 유연하게 표현하자면 「어떻게 될지 아무도 모르는 일이야」라는 의미. 단독으로 You never know.(그야 알 수 없지)처럼 많이 활용되기도 하지만 You never know what[how, when]~의 형태로 앞으로 어떻게 될지 알 수 없다는 뜻으로 쓰인다. 뉘앙스는 문맥에 따라 희망적일 수도 있고 혹은 반대로 「…는 모르는 일이다」라는 의미로 상대방에게 조심하라고 충고할 때 쓰일 수도 있다.

- ☐ **You never know** when your life's going to change 네 인생이 어떻게 될지 모르는 일야
- ☐ Watch your mouth. **You never know** who's listening 말조심해. 누가 들을 수도 있잖아

A. Translate the followings into English.

1. 걔가 언제 돌아올지 알 수 없는 노릇이지.

   * 돌아오다: come back

2. 상황이 어떻게 될지 모르는 거잖아.

   * 상황: things * 판명나다: turn out

1. **You never know** when he's going to come back.
2. **You never know** how things are going to turn out

B. Practice with the practical dialogue.

Woman Did you see the man who just walked in to the restaurant?
Man Yeah, I think that it's Brad Pitt. I can't believe it.
Woman 여기서 누굴 보게 될지 알 수 없는 노릇이지.

여자: 방금 식당에 들어온 사람 봤어?
남자: 어, 브래드 피트같아. 놀라워라.
여자: **You never know** who you're going to see here.

80 I swear~ 정말이야, 맹세해

swear는 특이한 동사로 '욕하다' 라는 의미도 있지만 주로 자기 말이 진실임을 「맹세하다」, 혹은 「맹세할 정도로 약속을 한다」는 의미로 쓰인다. 쓰이는 형태는 "I swear," 란 삽입구를 문두나 문미에 넣거나, 아니면 I swear (that) S+V의 형태로 쓰면 된다. 좀 더 강조하려면 I swear to God that S+V 혹은 I swear to you that S+V라 하면 된다.

- ☐ I didn't do anything, okay? **I swear** 난 아무 짓도 하지 않았어, 알아? 정말야
- ☐ **I swear** I'll never cheat on you again 정말이지 절대 다시는 바람피지 않을게
- ☐ **I swear to** you I had nothing to do with it 결단코 난 그거와 아무런 관련이 없었어

A. Translate the followings into English.

1. 넌 정말 멋진 여자야. 정말이지 너 없으면 난 살 수가 없을거야.

   * …없이 하다: do without you

2. 난 많은 여자를 만나지 않았어. 네가 생각하는거랑 달라. 맹세해.

   * …가 생각하는 거와 다르다: be not what one think

1. You're such a wonderful woman. **I swear** I don't know what I would do without you.
2. I don't meet too many women. It's not what you think, **I swear**.

B. Practice with the practical dialogue.

Woman You should have picked me up from the bus station.
Man 맞아. 정말이지 네가 온다는 것을 완전히 깜박했어.
Woman Well, I'm still very angry that you were so inconsiderate.

여자: 버스정거장에서 날 픽업했어야 했잖아.
남자: You're right. **I swear that** I totally forgot you were coming.
여자: 저, 네가 그렇게 신경쓰지 않아서 아직도 화가 풀리지 않아.

81 I'm just saying that~ 내 말은 단지…

역시 일상 구어체에서 많이 쓰이는 표현으로 자신이 이미 말한 의도가 제대로 전달되지 않았다고 판단될 경우에 자신이 한 말의 진의가 뭔지를 분명하게 하기 위해 재언급하거나 나아가서는 오해를 풀기 위한 표현. 「그냥 …라는거야」, 「내 말은 단지 …라는거야」라는 뉘앙스를 갖는다.

☐ **I'm just saying** it's dangerous 내말은 단지 그게 위험하다는거야

☐ **I'm just saying** he likes you 걔가 너를 좋아하고 있다는 말이야

A. Translate the followings into English.

1. 내말은 단지 내가 너라면 걔를 믿지 않을거라는 말이야.

   * 내가 너라면: if I were you

2. 난 그냥 토니가 불륜을 저질렀다고 생각하지 않는다는거야.

   * 불륜을 저지르다: cheat on sb

1. **I'm just saying** I wouldn't trust him if I were you.
2. **I am just saying that** I don't think Tony cheated on you.

B. Practice with the practical dialogue.

Woman You really should try to give up smoking cigarettes.
Man It's too difficult. I always start smoking again in a few days.
Woman 내 말은 그 때문에 나중에 건강에 문제가 생길거라는거야.

여자: 너 정말이지 금연을 시도해봐.
남자: 정말 어려워. 늘상 며칠 후면 또 피게 돼.
여자: **I'm just saying that** it will cause health problems in the future.

Level 3

한번 쓰고 두번 쓰고 자꾸만 써야 되는 표현들

82 give sb a hand + ~ing …가 ~하는 것을 도와주다

give sb a hand는 V+IO+ DO형태의 4형식 문형. 「…에게 손을 주다」, 즉 「…를 도와주다」(help sb)란 의미. 이때 hand는 「도움의 손길」, 「원조」 등을 의미하며 give 대신에 lend를 쓸 수도 있다. 도와줄 일의 내용은 hand 뒤에 ~ing나 with + N의 형태로 이어주면 된다.

- ☐ **give** John **a hand** mov**ing** in 존이 이사오는 걸 돕다
- ☐ **give** her **a hand** carry**ing** this 그 여자가 이걸 옮기는 것을 돕다
- ☐ **Give** me **a hand** writ**ing** my resume 이력서 쓰는 걸 도와줘

A. Translate the followings into English.

1. 오늘 점심 먹고 창고에서 서류 상자들을 가져 오는 걸 도와줄 수 있겠니?
   * 창고: warehouse
2. 오늘 오후에 네가 2층에 있는 컴퓨터에 그 프로그램들 까는 걸 도와줄게.

1. Could you **give me a hand** bring**ing** in the boxes of files from the warehouse after lunch today?
2. I can **give you a hand** load**ing** the programs onto the computers on the second floor this afternoon.

B. Practice with the practical dialogue.

Man Would you mind doing me a favor?
Woman It depends what it is, I have a lot on my agenda today.
Man 오늘 오후에 이 보고서들 정리하는 거 도와줄 수 있어?

남자: 부탁 하나 들어주지 않을래?
여자: 뭔지 들어보고, 나도 오늘 일정이 빡빡하거든.
남자: Could you **give me a hand** fil**ing** these reports this afternoon?

83 have a lot of work left 할 일이 많이 남아 있다

have sth left 구문. 남의 속도 모르고 휴가, 퇴근, 데이트같은 태평한 소리를 하는 상대에게 할일이 산더미같이 쌓였다는 암울한(!) 현실을 말할 때 써먹는 표현. 예를 들어 자기는 야근해야(work overtime)할 판인데 동료가 Let's call it a day!(퇴근하자!)라고 했다면 Hey, I have a lot of work left to do(이봐, 나 할 일 많이 남았다구)라고 대꾸할 수 있다는 얘기. 일이 아니라 「시간이 많이 남았다」라고 하려면 work 대신 time을 써서 have a lot of time left로 응용할 수도 있다.

☐ I still **have a lot of work left** 난 아직 할 일이 많이 남아있다
☐ He doesn't **have a lot of work left** 그 사람은 할 일이 그다지 많이 남아있지 않다

A. Translate the followings into English.

1. 그 건물의 외부는 마무리된 것 같지만 내부에는 여전히 작업이 많이 남아 있다.
   * 마무리 된 것처럼 보이다: look finished
2. 난 중국어로 말하는 건 잘 하지만 읽기와 쓰기에 관해서는 아직도 공부할 게 많이 남아 있다.
   * …에 관해서는: when it comes to

1. The building looks finished from the outside but they **still have a lot of work left** on the inside.
2. I can speak Chinese but when it comes to reading and writing **I still have a lot of work left to** do.

B. Practice with the practical dialogue.

Woman Would you like to go out to dinner with me tonight?
Man 오늘 저녁은 걸러야 할 것 같아. 내일 중요한 시험이 있는데 아직 준비해야 할 게 많아.
Woman I understand. Let's do it some other time.

여자: 오늘 밤에 나랑 저녁 식사하러 갈래?
남자: I think I have to skip dinner tonight because I have to prepare for a big examination tomorrow and **I still have a lot of work left**.
여자: 알았어. 다음에 같이 하자.

84 What if~? 만일 …하면 어떻게 될까?

만일 if 이하의 상황이 발생할 경우를 묻는 질문으로 굳이 의문문이라기 보다 if 이하의 상황이 발생할 것에 대한 우려를 표시하는 성격이 짙다. What will happen if~?의 축약형으로 if 다음에는 S + V의 형태로 우려되는 가정의 상황을 말하면 된다. 또한 What if we move it over there?(우리 이거 저리로 옮기면 어떨까?)와 같이 상대방에게 제안하는(making a suggestion) 경우에도 사용할 수 있다.

☐ **What if** she calls? 만약에 그 여자가 전화하면 어떡하죠?
☐ **What if** I can't finish it? 제가 만일 그걸 끝내지 못하면 어쩌죠?
☐ **What if** it snows tonight? 만일 오늘밤에 눈이 오면 어떻게 하죠?

A. Translate the followings into English.

1. 몇주 동안 그 사업건을 지원할 직원을 한 명 더 고용하면 어떨까?
   * …를 지원하다: assist * 고용하다: hire
2. 우리가 그 계약건을 못 따내 사무실 문을 닫으면 어떻게 되는거지?
   * 계약을 따내다: get a contract * (공장 회사 등이) 문을 닫다, 폐쇄되다: close down

1. **What if** I hire another worker to assist on the project for a few weeks?
2. **What if** we don't get the contract and the office closes down?

B. Practice with the practical dialogue.

Woman Are non-residents of the U.S. who have a green card exempt from paying taxes on their worldwide income?
Man Yes, as long as they do not live in the U.S. for more than 180 days per year.
Woman 미국에서 일은 하지만 다른 나라에서 산다면 어떻게 되죠? 같은 법규를 적용하나요?

여자: 미국 영주권을 가진 국외 거주자는 해외에서 벌어들인 소득에 대해서 납세 면제를 받나요?
남자: 예, 1년에 180일이 넘게 미국 내에 거주하지 않는 한요.
여자: **What if** they work in the U.S. but live in another country? Do the same rules apply?

85 I'm not sure that[what]~ …를 확실히 모르겠어

뭔가에 대해 확신할 수 없거나 바로 결정을 내릴 수 없을 경우에 요긴하게 써먹을 수 있는 표현. sure 다음에는 that절이나 의문사절이 오며, 또한 「…인지 (아닌지) 잘 모르겠다」는 의미로 I'm not sure if~도 많이 사용된다. I'm not sure, but~(확실하진 않지만, …)처럼 but을 뒤에 이어서 불확실한 가운데 자신의 의견을 조심스럽게 표명할 수도 있다.

- ☐ **I'm not sure that** it is true 그게 사실인지 확실히 모르겠어
- ☐ **I'm not sure what** I heard is correct 내가 들은 게 맞는 건지 잘 모르겠다
- ☐ **I'm not sure that** she agrees 그 여자가 동의한다는 건지 나도 잘 모르겠어

A. Translate the followings into English.

1. 네가 무슨 말을 하고 있는지 잘 모르겠어.
2. 오늘 널 만날 시간이 있을지 장담할 수가 없어.

* …할 시간이 있다: have time to + V

1. **I'm not sure what** you are talking about.
2. **I'm not sure that** I'll have time to meet you today.

B. Practice with the practical dialogue.

Woman Which currency has the best purchasing power?

Man 확실치 않지만, 엔화인 것 같아요. 이코노미스트 誌의 기사에서 읽었습니다.

Woman I think you're wrong. I read the same article and I think it was biased.

여자: 가장 구매력있는 통화가 뭡니까?

남자: **I'm not sure,** but I think it's the yen. I read an article in the Economist about it.

여자: 제 생각엔 아닌 것 같아요. 저도 같은 기사를 읽었는데 그 기사는 편파적이었던 것 같아요.

More Expressions

I'm not even sure if S + V 난 …인지조차 확신이 안 선다

I'm not sure 뒤에 if가 와서 「…인지 아닌지 확신할 수 없다」라는 의미. 거기에 「…조차」를 뜻하는 even까지 가세해 정말 아무것도 확신할 수 있는 게 없을 때 쓰면 딱 좋은 표현.

A: I left a message but **I'm not even sure if** she got it.

B: Well, maybe you should call again just to be sure.

A: 메시지를 남겼는데 그 여자가 그것을 받을지조차 확신이 안서네요.

B: 뭐, 그럼 확인차 다시 전화 해야겠네요.

A: **I'm not even sure if** I want to go to this movie.

B: It's supposed to be really good. Let's go check it out. You won't regret it.

A: 내가 정말 이 영화를 보고 싶은지조차 확신이 안서.

B: 정말 괜찮은 영화일거야. 표끊으러 가자. 후회하지 않을거야.

86 It takes + 시간 + to + V …하는 데 시간이 ~만큼 걸린다

어떤 업무를 하든, 길을 찾아가든 하여간 뭔가를 하는 데 소요되는 시간이 얼마인지를 말할 때 쓰는 것으로 앞서 배운 How long does it take~?(Level 3. 138 참고)에 대한 대답으로 적합하다. 「…정도」라는 대략적인 시간을 말할 때는 시간 앞에 about을 써주면 되고 또한 「누가 …하는 데 ~정도 시간이 걸린다」는 식으로 그 일을 하는 주체를 나타낼 때는 It takes me about an hour to get to work(나는 출근하는 데 한 시간쯤 걸린다) 혹은 It will take about an hour for me to~와 같이 행위의 주체를 for sb 형태로 소요시간 뒤에 써주면 된다.

A. Translate the followings into English.

1. 그 대회장에 도착하는 데 30분 걸립니다.

   * …에 도착하다: get to + 장소

2. 비행기의 날개와 꼬리를 떼어내어 차로 전환하는 데는 한시간 반이 걸립니다.

   * 제거하다: remove * A를 B로 전환하다: convert A into B

1. **It takes** 30 minutes **to** get to the conference center.
2. **It takes** one hour and a half **to** convert the plane into a car by removing the wings and the tail.

B. Practice with the practical dialogue.

Woman 그 컴퓨터를 수리하는 데 시간이 좀 걸릴 것 같은데요.

Man How long do you think it will take?

Woman It will probably be at least a week.

여자: **It will take time to** repair that computer.

남자: 얼마나 걸릴 것 같나요?

여자: 아마 적어도 일주일은 걸릴 걸요.

87 S + will be in trouble if~ 만일 …하면 ~가 곤란해질 거예요

주어를 곤경에 빠뜨릴지도 모를 좋지 않은 상황을 미리 언급하여 대비를 촉구할 수 있는 표현. be in trouble은 「곤경에 처하다」, 「어려움을 겪다」라는 의미의 필수 idiom이다. if 이하에는 앞으로 주어를 곤경에 처하게 만들 원인에 해당하는 상황을 절의 형태로 서술해주면 된다. 동사 get을 써서 get in trouble이라고도 쓰며 반대로 get out of trouble하게 되면 어려움에서 벗어나다가 된다. 물론 어떤 사람을 어려움에 빠트리거나 구한다고 할 때는 get sb in[out of] trouble이라고 하면 된다.

☐ **We'll be in trouble if** it rains 비가 오면 곤란해질거야
☐ **You'll be in trouble if** the boss is aware of it 사장이 그걸 알면 곤란해질거야

A. Translate the followings into English.

1. 회계 장부의 손익 계산이 일치하지 않으면 그 사람들은 처벌당할 거예요.

   * 회계장부: books * (장부의 손익 계산이) 맞다: balance

2. 이번 달에 할당량을 채우지 못하면 그 남자는 곤란해질 거예요.

   * 할당량: quota

1. **They will be in trouble if** their books don't balance.
2. **He will be in trouble if** he doesn't make his quota this month.

B. Practice with the practical dialogue.

Woman 폭풍이 이쪽으로 불면 우리가 곤란해지는데.

Man Let's take down the sails and head for the nearest harbor. The waves are going to be really high.

Woman Yeah, and we could lose all visibility. Call someone on the radio and tell them where we are.

여자: **We will be in trouble if** that storm blows this way.
남자: 돛을 내리고 가까운 항구쪽으로 가자. 파도가 정말 높아질 거야.
여자: 그래, 시야가 완전히 흐려져서 보이지가 않게 될거야. 무전기로 연락해서 우리 위치를 알리자.

88 I can't believe~ …한 것이 믿어지지 않는다, …가 놀랍다

예상밖의 일이 갑작스레 생기거나 좀처럼 믿기 어려운 뜻밖의 일이 일어났을 때 놀라움이나 충격을 드러내는(express one's surprise or shock) 표현. 실제로 못 믿겠다는 말이라기 보다는 「놀라움을 금치 못하겠다」(be very surprised about something) 정도의 의미. 예를 들어 I can't believe they broke up(걔네들이 헤어졌다니 믿어지지가 않아)은 I'm extremely surprised~로 바꿔쓸 수 있다는 말이다. 이밖에 Can you believe that~?, How can I believe that~?, It's hard to believe~ 등도 무늬는 다르지만 모두 놀라움을 나타낼 때 쓰는 빈출표현들이니 꼭꼭 새겨둘 것!

- ☐ **I can't believe** he stole it 그 남자가 그걸 훔쳤다니 믿어지지 않아
- ☐ **I can't believe** Sam died 샘이 죽었다니 믿어지지 않아
- ☐ **I can't believe** we lost 우리가 졌다는 게 믿어지지 않는다

A. Translate the followings into English.

1. 메리가 진짜로 가을에 빌과 결혼한다는 것이 믿어지지 않아.

   * …와 결혼하다: get married to sb

2. 네가 올해 과학 연구과제에 그렇게 시간과 노력을 많이 쏟은게 믿어지지 않아.

   * …에 (노력 · 열정 · 시간 등을) 쏟다: put into

1. **I can't believe** Mary is actually going to get married to Bill in the fall.
2. **I can't believe** the amount of time and effort that you put into your science project this year.

B. Practice with the practical dialogue.

Man 오후 3시에 불시점검을 하다니 말도 안돼.

Woman How ridiculous! They should realize that they are holding up traffic.

Man I guess we'll just have to call Mr. Smith and tell him that we'll be a few minutes late.

남자: **I can't believe** they are having a spot check at three o'clock in the afternoon.

여자: 웃기는군! 교통을 방해하고 있다는 것을 알아야지.

남자: 스미스씨에게 전화해서 조금 늦겠다고 하는 수 밖에 없을 것 같아.

More Expressions

I can't believe it! 그럴수가!, 말도 안돼!

예상밖의 일에 대한 놀라움을 나타내는 감탄의 표현으로 That is unbelievable!과 같은 의미. 그밖에 No kidding, You don't say, Fancy that! 등도 놀라운 소식에 대한 대답으로 흔히 쓰이는 표현들이다.

A: I got a perfect score on my exam!

B: **I can't believe it!**

A: 시험에서 만점 받았다!

B: 그럴리가!

A: **I can't believe it!** I just got my 5th parking ticket this week.

B: You'd better start being more careful about where you park.

A: 우째 이런일이! 이번 주에 벌써 다섯 번째 딱지를 끊겼어.

B: 어디에 주차할지 좀 더 신경을 쓰도록 해.

You can't believe~ 넌 …을 못 믿을거다

믿을 수 없을 만큼 놀라운 일이라는 뉘앙스. 문자적 의미와는 달리 아주 놀라운 혹은 충격적인 사실을 상대에게 꺼낼 때 쓰는 표현.

A: **You can't believe that** I won the lottery? How about if I show you my new bank account balance?

B: Well, I guess that might convince me.

A: 내가 로또에 당첨된 게 안 믿어지겠지. 내가 너한테 새로 개설한 은행 계좌의 잔고를 보여 주면 어떨까?

B: 뭐, 그렇게 하면 믿을 수 있겠지.

A: **You can't believe that** the team would drop you?

B: No, because I was at every game and practice.

A: 그 팀에서 널 탈락시킨다면 믿어지지 않겠지?

B: 안 믿어지지, 왜냐하면 난 경기와 연습에 다 참여했거든.

89 Why don't you~? …하는 게 어때?

의문문의 형식을 띠고 있지만 실제로는 상대방에게 뭔가를 제안 · 권유하는 표현. 기우(杞憂)이겠지만 혹시 이 표현을 보고 '왜 …안하니?' 란 뜻으로 이해하는 사람이 있다면 과감히 본 교재를 덮고 세발 자전거부터 탈 것. Why don't you~?는 「…하는 게 어때?」, 「…하자」라는 제안이나 권유의 의미로 실용회화에서 빈출도 둘째가라면 서러울 인기 표현. 비교적 가깝고 친밀한 사이에서 사용되는 것이 보통이다.

☐ **Why don't you** try it? 그거 한번 해보는 게 어때?
☐ **Why don't you** join us? 우리랑 함께 가지 그래?

A. Translate the followings into English.

1. 며칠간 휴가를 내서 입원하신 너희 어머니를 찾아뵐 수 있는지 알아 보는게 어떠니?
   * 며칠간 휴가를 내다: have a few days off * …인지 아닌지 물어보다: ask if~
2. 내 대신 세미나에 가서 이 전단들을 돌리는게 어때?
   * 내 대신에: in my place * 광고 전단지: flyer * (유인물 등을) 돌리다: pass out

1. **Why don't you** ask if you can have a few days off to go and see your mother in the hospital?
2. **Why don't you** go to the seminar in my place and pass out these flyers?

B. Practice with the practical dialogue.

Woman 떠나기 전에 그 자료를 다시 검토해 보는게 어때?

Man I just don't have the time. They are expecting me to get there by tomorrow.

Woman Yes, but if you don't study, there is no way you will be able to explain the information eloquently.

여자: **Why don't you** review the material before you leave?
남자: 그럴 시간이 없어. 그 사람들은 내일까지는 내가 거기에 도착할거라 예상하고 있거든.
여자: 그렇구나, 하지만 검토를 안 하면 그 정보를 능숙하게 설명할 수가 없잖아.

More Expressions

Why don't we~? 우리 …하는 게 어때?

주어를 you에서 we로 바꾸면 상대방과 말하는 이가 '함께 하자'는 제안이 된다. Let's~와 같은 의미.

A: What do you feel like doing tonight?

B: I don't know. **Why don't we** go to the video store and if we don't like their selection, we can just go out to the theater?

A: 오늘밤에 뭐하고 싶니?
B: 글쎄, 비디오 가게에 가서 빌려보고 싶은 게 없다면 극장에 가는게 어떨까?

A: **Why don't we** ask the supervisor before we waste too much time doing the wrong assignment?

B: Good idea. I think we should definitely check our information before starting.

A: 잘못 지시된 업무에 시간을 들입다 허비하기 전에 상사에게 물어보는 게 어때?
B: 좋은 생각이야. 시작하기 전에 정보를 확실하게 확인해 봐야 한다고 생각해.

Why don't you try + ~ing [N]? …을 해보지 그래?

「시도해보다」란 동사 try가 이어져 상대방에게 뭔가를 해보라고 설득하거나 용기를 북돋워주는(persuade or encourage) 표현.

A: I'm so desperate! I can't save money spending my whole paycheck on useless stuff.

B: **Why don't you try** open**ing** a new savings account at the bank?

A: 난 구제불능이야! 쓸데없는 걸 사는 데 월급을 다 써버려서 돈을 모을 수가 없어.
B: 은행에 새로 저축계좌 하나 개설해보지 그래?

A: I can't seem to quit smoking! Every morning the first thing I do is smoke a cigarette.

B: **Why don't you try** one of those patches you stick to your arm that help you not to crave cigarettes?

A: 나 담배를 못 끊을 것 같아! 매일 아침 일어나서 제일 먼저 하는게 담배 피는거야.
B: 팔에다 붙이는 니코틴 패치를 붙여봐. 담배피우고 싶은 욕구가 안 생기게 해주는거 말야.

90 You deserve to + V 당신은 …할 만해요

「…할 만한 가치[자격]이 있다」(be worthy of)는 뜻의 동사 deserve를 이용한 표현. deserve는 뒤에 to 부정사를 취한다는 사실을 기억하자. You deserve to be punished(넌 벌받아 마땅해), You deserve to get it(너는 그걸 가질 자격이 있어)라는 식으로 상대의 행동이나 자질에 대해서 그에 응당하는 상 · 벌 · 보상 등의 대가를 주거나 받아야 한다고 말할 때 쓴다. deserve 다음에는 주로 to 부정사가 오지만 deserve a rest와 같이 명사가 따라나오기도 한다.

- ☐ **You deserve to** be blamed 넌 비난받을 만해
- ☐ Sally **deserves to** get the promotion 샐리는 승진할 자격이 있어
- ☐ **You deserve to** break your leg 넌 성공할 자격이 있어

A. Translate the followings into English.

1. 넌 우리가 수여하는 최고의 상을 받을 자격이 있어.

   * 수여하다: offer

2. 여기서 아주 열심히 일했으니 잠시 쉬어도 돼.

   * 잠시 쉬다: take a break

1. **You deserve to** get the highest award we offer.
2. **You deserve to** take a break after all your hard work around here.

B. Practice with the practical dialogue.

Man 네가 이뤄낸 괄목할 만한 성과에 대해서 치하받을 만해.

Woman Thank you. I received a fax from my boss saying how happy he was that I made the deal.

Man That's great. With all the extra hours you have put in, it is no wonder that you are doing so well.

남자: **You deserve to** receive some recognition for the outstanding job you did.

여자: 고마워. 사장님으로부터 내가 그 거래를 성사시켜서 상당히 기쁘다는 팩스를 받았어.

남자: 정말 잘됐어. 밤낮을 가리지 않고 그렇게 시간을 거기에 투자했으니 이렇게 잘 해낸 게 당연해.

91 when it's time to +V~ …할 때가 되면

「…을 행할 적절한 시기가 되면」이란 의미. when만 써서 「…할 때」라고 표현하는 것보다 when it's time의 구문을 쓰면 「…해야 할 순번」이나 「차례」를 의미하게 된다. 해야할 행동은 to + V로 서술해 주고 행동의 주체를 따로 밝히려면 그 앞에 for sb로 표시하면 된다. 경우에 따라서는 to + V 없이 when it's time만 쓰기도 하는데, 이때는 그저 「때가 되면」, 「순서가 되면」이란 의미. 앞서 배운 It's (high) time that~ 그리고 It's time to~(Level 1. 23 참고)의 표현들과 함께 비교해보면서 익숙해져본다.

- ☐ It's time I took my life back! 내 인생을 되찾아야 할 때야!
- ☐ It's high time that we took some holidays 휴가를 받을 때가 되었어요
- ☐ when it's time to clean the rest room 화장실을 청소할 때가 되면

A. Translate the followings into English.

1. 걔와 헤어질 때가 된 것 같아.

   * 헤어지다: break up with

2. 당신이 진찰받을 차례가 되면 이름을 부를게요.

   * 부르다: call out

1. It seems like it's time to break up with her.
2. When it's time for you to see the doctor, I'll call out your name.

B. Practice with the practical dialogue.

Man　When will the cars be auctioned off? I want to pick up that convertible.

Woman　After the rest of the stuff is sold. We always do the cars last.

Man　차에서 기다리고 있을게요. 순서가 되면 와서 알려줘요.

남자: 자동차 경매는 언제 열리나요? 그 컨버터블 자동차를 사고 싶거든요.

여자: 나머지 물건이 팔린 후에요. 자동차는 항상 마지막에 경매를 하거든요.

남자: **I'll be waiting inside the car. Come and get me when it's time.**

92 I'm here to + V …하러 왔습니다

자신이 '방문한 이유' 나 '목적' 을 자연스럽게 말할 때 사용하는 표현. to 뒤에 동사원형을 써서 오게 된 경위를 설명한다. 이때 to + V는 「…하기 위해서」라는 목적을 나타내는 to 부정사의 부사적 용법. 즉 I'm here to tell you that they cancelled the meeting(그 회의가 취소됐다는 걸 알려주러 왔어)에서 to tell you(알려주기 위해서) 이하가 바로 방문한 이유 및 목적에 해당한다.

- ☐ **I'm here to** make a reservation 예약하러 왔습니다
- ☐ **I'm here to** pick you up 널 태워가려고 왔어
- ☐ **I'm here to** deliver the luggage 짐을 배달하러 왔습니다

A. Translate the followings into English.

1. 보안 시스템을 검사하고 감시 시스템이 제대로 작동하는지 확인하러 왔습니다.

   * 보안[감시] 시스템: security[surveillance] system * 작동하다: work

2. 총 책임자와 만나서 노조의 요구사항들을 논의하러 왔습니다.

   * 총 책임자: general manager

1. **I'm here to** inspect the security system and to make sure the surveillance system is working properly.
2. **I'm here to** meet with the general manager to discuss the union's demands.

B. Practice with the practical dialogue.

Man 인사부에서 나온 분을 만나러 왔는데요.

Woman Please have a seat over there and I'll call you.

Man OK, but I can't wait too long.

남자: **I'm here to** meet with someone from human resources.

여자: 저쪽에 앉아 계시면 제가 알려 드리겠습니다.

남자: 알겠습니다, 하지만 너무 오랫동안 기다릴 수는 없어요.

More Expressions

I'm calling to + V …하려고 전화했어

전화한 목적을 단순명료하게 밝히는 대표적인 전화영어 표현.

A: **I'm calling to** confirm my reservation for two tonight at 7:00 p.m. at your restaurant.

B: Let's see, you must be William Smith, right? Yes, I have your table reserved at 7:00.

A: 그곳 식당에 두 사람 자리를 오늘밤 7시에 예약했는데 확인차 전화드렸습니다.
B: 잠깐만요, 윌리엄 스미스 씨 맞으시죠? 예, 7시에 자리를 확보해 놓았습니다.

A: **I'm calling to** inquire about a job advertisement I read in *The Korea Herald* yesterday for a babysitter.

B: Yes. Can you tell me a little bit about your experience working with young children?

A: 어제 일자 코리아 헤럴드에 보모를 구하는 구인광고건에 관해 문의하려고 전화드렸어요.
B: 그러세요. 어린 아이들을 돌본 경력에 대해 조금만 얘기해 주시겠어요?

I'm writing sth to + V …하려고 ~을 쓰고 있어

편지나 공고의 목적을 밝힐 때 사용하는 표현. 의미상 write의 목적어로는 letter, report 등이 일반적이나 대화상황에 의해 목적어가 명백해진 경우에는 I'm writing to inform you~처럼 목적어를 생략하기도 한다.

A: **I'm writing a letter to** my grandmother to thank her for a wonderful visit last week.

B: That's nice. I'm sure she must appreciate having such a faithful grandchild.

A: 지난 주에 오셔서 너무 즐거웠다고 할머니께 감사드리는 편지를 쓰고 있어요.
B: 착하구나. 할머니가 정말 믿음직스러운 손자를 두셨다고 고마워하실거야.

A: **I'm writing a note to** my girlfriend to let her know I'll be a few minutes late for our date tonight.

B: You'd better have a good reason!

A: 여자친구에게 오늘 저녁 데이트에 몇분 늦게 될 거라고 알려주는 메모를 쓰고 있어.
B: 그럴듯한 변명을 준비하는게 좋을거야.

93 I'm done with~ …을 끝냈어

'끝내다,' '마치다' 하면 바로 떠오르는 그리고 실제 많이 사용되는 단어는 finish이다. 하지만 그에 못지 않게 be done with가 같은 의미로 또한 엄청 많이 사용된다. 특히 be done with의 뜻은 훨씬 포괄적이어서 be done with 다음에 음식이 나오면 「…을 다 먹었냐?」 그리고 사람이 나오면 「…와 헤어지다」라는 의미도 된다. 또한 finish 다음에는 명사 혹은 동사의 ~ing가 쓰인다는 점에 주의한다.

- ☐ **You done?** 끝냈어?
- ☐ **I'm done with** this marriage 난 결혼생활 끝냈어
- ☐ **I'm done with** my choices 내가 선택을 마쳤어
- ☐ **I have just finished it** 방금 그걸 끝냈어

A. Translate the followings into English.

1. 이 지시사항을 이해 못하겠어. 그만할테야!
   * 지시사항: directions
2. 괜찮으면 설거지 마무리하는거 도와줄게.
   * 설거지하다: do[wash] the dishes

1. I can't understand these directions. **I'm done with this!**
2. Let me help you **finish** washing the dishes, if you don't mind.

B. Practice with the practical dialogue.

Woman I thought you were trying to lose weight.
Man 다이어트 이제 그만뒀어. 아무리 해도 살이 빠지지 않아.
Woman You should try to exercise several times a week.

여자: 난 네가 몸무게를 빼려고 하는 걸로 알고 있었어.
남자: **I'm done with** diets. I never seem to get thinner.
여자: 일주일에 여러 번 운동을 해봐.

94 ruin one's life …의 인생을 망치다

ruin하면 파산, 파멸 등의 조금은 거창한 단어로 익숙하지만 일상회화에서는 주말을 망치다(ruin one's weekend), 여행을 망치다(ruin one's trip), 그리고 인생을 망치다(ruin one's life) 등 독해용 단어라기 보다는 일상회화용 단어라고 해도 될 만큼 많이 쓰이는 단어이다. 우리말로 즐겁게 보낸 주말이나 여행, 그리고 값어치있게 보낼 인생 등을 엉망으로 만들거나 망치다라는 의미.

- ☐ You **ruined the surprise party** 서프라이즈 파티를 네가 망쳤어
- ☐ I hate you! You **ruined my life**! 네가 싫어! 네가 내 인생을 망쳐놨어!
- ☐ I'm so sorry I **ruined your night** 네 밤을 망쳐놔서 미안해

A. Translate the followings into English.

1. 넌 취해서 데이트를 완전히 망쳐버렸어!
   * 취하다: get drunk
2. 경찰에 체포되어서 카일의 삶은 망가졌어.
   * 체포되다: get arrested

1. You **ruined the entire date** by getting drunk!
2. Getting arrested by the police **ruined Kyle's life**.

B. Practice with the practical dialogue.

Woman 브루스에게 깜짝파티를 준비했는데 도로시가 망쳐버렸어.
Man I'm sorry to hear that. Tell me about what she did.
Woman Dorothy told Bruce all about the party before it happened.

여자: I planned a surprise party for Bruce, but Dorothy **ruined it**.
남자: 안됐네. 걔가 어떻게 했는데 말해봐.
여자: 도로시가 파티 전에 파티에 관해 브루스에게 말해버렸어.

95 I have never been to~ 한번도 …에 가본 적이 없다

'경험'을 나타내는 현재완료를 이용한 표현으로 never가 들어가 「…에 가본 적이 없다」를 의미한다. 반대로 have been to하면 「…에 가본 적이 있다」라는 뜻. 예전에는 아주 가버렸다는 의미의 have gone to와 의미구별을 중요시하였으나 최근 미국 구어체에서 대강 의미구분이 혼용되고 있으니 너무 엄격하게 구분하지 않도록 한다. 특히 이런 경험은 기간이 좀 된 것을 뜻하는 것으로 착각할 수도 있는데 잠깐 화장실 갔다온 친구에게 Where have you been?(어디 갔다왔어?)이라고 할 수도 있는 표현이라는 것을 기억해둔다. 또한 꼭 물리적인 장소가 아니라 추상적인 상태를 말하기도 한다.

- ☐ **I've been in** the bathroom 화장실에 갔다왔어
- ☐ **I've been to** this place before 전에 여기에 와봤어
- ☐ **You've been in** love before? 전에 사랑해본 적 있어?
- ☐ **I've never been to** a bachelor party before 전에 총각파티에 가본 적이 없어

A. Translate the followings into English.

1. 맹세코, 제인, 난 다른 남자와 사귀어본 적이 없어. 사실이야.

   * 맹세코: I swear to you * 다른 남자와 사귀다: be with another man

2. 피터가 자기 엄마 묘소에 한번도 가지 않은 거 알아?

   * …의 무덤: one's grave

1. I swear to you, Jane, **I have never been with** another man. That is the truth.
2. Do you know that Peter**'s never been to** his mother's grave once?

B. Practice with the practical dialogue.

Woman 난 외국에 가본 적이 없어. 너는?

Man Yeah, I spent a few years living in Australia.

Woman Oh, wow! I'd love to live in a country like Australia!

여자: **I have never been to** another country, have you?

남자: 어, 난 호주에서 몇 년 살았었어.

여자: 와! 호주 같은 나라에서 살아보고 싶어!

96 I'll check if~ …인지 알아볼게요

상대방의 물음에 대해 확실한 정보를 줄 수 없거나 마음의 결정을 하지 못한 경우 좀 더 알아보고 확답을 주겠다는 의미의 시간벌이용 표현. 이때 「확인하다」, 「알아보다」의 check 따로, 「…인지 아닌지」(whether)의 if 따로, 이렇게 따로따로 외우지 말고 I'll check if~가 한 호흡으로 자연스럽게 나오게끔 연습해두자. Let me check if~, Let me see if~ 등도 같은 맥락의 표현. 또한 제 3자에게(sb) 물어봐서 필요한 정보를 얻으려고 할 때는 「…인지 ~에게 물어볼게요」라는 의미의 I'll ask sb if[whether]~를 쓰면 된다.

- ☐ **I'll check if** it's OK 상황이 괜찮은지 알아볼게
- ☐ **I'll check if** he's available now 그 남자가 지금 여유가 있는지 알아볼게
- ☐ **I'll check if** she's in the office 그 여자가 사무실에 있는지 알아볼게
- ☐ **I'll ask** Joe **if** he's available 조에게 시간여유가 있는지 물어볼게요

A. Translate the followings into English.

1. 그 사람이 그 일을 끝냈는지 알아볼게요.

   * 그 일에 대해서: on the project

2. 그 사람들이 우리더러 사용하라고 하는 새로운 회계 프로그램을 작동시키는 방법을 알고 있는지 짐에게 물어볼게요.

   * 작동시키다: operate

1. **I'll check if** he's finished working on the project.
2. **I'll ask** Jim **if** he knows how to operate the new accounting program that they want us to use.

B. Practice with the practical dialogue.

Man Do you know what time the train leaves?
Woman 인터넷에 시간표가 떠있는지 확인해볼게.
Man Thanks. That would help me out a lot.

남자: 그 열차가 몇시에 떠나는지 아니?
여자: **I'll check if** the timetable is listed on the Internet.
남자: 고마워. 그렇게 해주면 도움이 많이 될거야.

97 You'll be sorry if~ …하면 후회하게 될거야

상대방에게 경고나 주의를 줄 때 사용하는 표현. You'll be sorry about~ 혹은 You'll be sorry if 주어+동사의 형태로 쓰이며 about이나 if 이하에 하면 안 되는 행동을 말하면 된다. 여기서 sorry는 미안하다라는 뜻이 아니라 후회하게 될 것을 뜻한다. 단독으로 You'll be sorry later(나중에 후회할거야)로 쓰이기도 한다.

- ☐ **You'll be sorry about** teasing me 날 놀린 걸 후회하게 될거야
- ☐ **You'll be sorry if** you don't go to university 대학에 가지 않으면 후회하게 될거야
- ☐ **You'll be sorry if** you don't obey your teacher 선생님말씀 안들으면 후회하게 될거야

A. Translate the followings into English.

1. 앞으로 돈이 필요할 때 후회할거야.

   * 미래에: in the future

2. 내 스마트폰 망가트린거 후회하게 될거야.

   * 망가트리다: break~

1. **You'll be sorry if** you need money in the future.
2. **You'll be sorry about** breaking my Smart phone.

B. Practice with the practical dialogue.

Woman Did you give your sister a birthday gift?

Man No, I completely forgot her birthday this year.

Woman 걔가 네게 화내면 넌 후회하게 될거야.

여자: 너 여동생에게 생일선물 줬어?

남자: 아니, 난 금년에 걔 생일을 깜박 잊었어.

여자: **You'll be sorry if** she gets angry at you.

98 I won't let it happen~ 다시는 그러지 않을게

뭔가 잘못을 저지르고 나서 혼나는 장면에서 빨리 다시는 그러지 않겠다고 다짐하는 전형적인 표현으로 입에 달달 외워두어야 한다. 쓰이는 표현 공식 또한 딱 정해져 있다. 주어로 나로 해서 「다시는 그런 일이 없도록 하겠다」라는 의미로 I won't let it happen again, 그리고 반대로 상대방에게 「다시는 그런 일이 없도록 하라」고 경고를 할 때는 Don't let it happen again이라고 하면 된다. 이를 토대로 회화에서 자주 쓰이는 몇가지 변형을 아예 외워둔다.

- ☐ I promise **I won't let it happen** again 다신 그런 일 없을 거예요. 약속해요
- ☐ I'm sorry. **I won't let it happen again** 미안해, 다신 그런 일 없을 거야
- ☐ Well, just **don't let it happen again**, okay? 그럼, 다신 그런 일 있으면 안 돼, 알았지?

A. Translate the followings into English.

1. 다신 그러지 마! 걱정했잖아.

   * 걱정하다: be worried

2. 죄송해요 엄마. 다시는 안 그럴게요.

1. **Don't let it happen again!** I was worried.
2. I'm sorry Mom. **I won't let it happen again.**

B. Practice with the practical dialogue.

Woman This is the third time you forgot to take out the garbage.
Man 미안, 완전 깜박했어. 다시 그러지 않을게.
Woman You need to pay more attention to your responsibilities.

여자: 너 쓰레기 갖다 버리는 거 잊어버린게 벌써 3번째야.
남자: Sorry, I totally forgot. **I won't let it happen again.**
여자: 네가 해야 할 일에 더 좀 신경을 써야 돼.

99 be supposed to + V …하기로 되어 있다

우리말로 「…하기로 되어 있다」로 옮겨지는 구어체 표현으로 실제 일상대화에서 아주 빈번히 사용되는 숙어. 주어가 의무(duty), 책임(responsibility), 법(law), 약속 및 평판(reputation) 등을 근거로 「…을 하는 것이 강하게 기대된다」는 의미이다. 이런 기본 개념을 명확히 해두면 be supposed to를 이용한 문장을 쉽게 이해할 수 있으며 나아가 스스로 직접 사용해 볼 수 있는 경지에 다다를 수 있을 것이다.

☐ **be supposed to** be at the stop 정류장에 나와있기로 되어 있다
☐ **be supposed to** give this to you 이걸 너한테 주기로 되어 있다

A. Translate the followings into English.

1. 그 남자는 점식식사에 나를 태우고 가기로 했던 것을 잊어버렸던 게 틀림없다.
   * …를 태우고 가다: pick sb up
2. 자동적으로 꺼진다고 되어 있는데 내 기계는 안 그래요!
   * (전원, 불 등이) 꺼지다: turn off

1. He must have forgotten that he **was supposed to** pick me up at lunch time.
2. It **is supposed to** turn off automatically, but my machine doesn't!

B. Practice with the practical dialogue.

Woman 선적품이 늦어지면 어떻게 해야 되죠? 오사카 공장의 매니저에게 전화를 해야 되나요?
Man No. You should report the delay to your immediate supervisor.
Woman I see. What if the shipment arrives on time, but it's damaged?

여자: What **am I supposed to** do if a shipment is late? Should I call the manager of the Osaka plant?
남자: 아뇨. 직속 상사에게 지연되는 것을 보고해야 돼요.
여자: 알겠어요. 선적품이 제때에 도착했는데 파손되어 있다면 어떻게 되죠?

Woman 마이크, 우리는 7시쯤에 돌아오기로 했잖아.

Man Okay, let's go out and play nine holes instead of eighteen. Where do you want to go?

Woman I'd like to try out that new course near the river. It has really nice greens.

여자: Mike, we **are supposed to** come back at around 7:00.

남자: 알았어, 나가서 18홀을 돌지 말고 9홀만 돌자. 어디 가고 싶은데?

여자: 나가서 강 근처에 새로 생긴 코스에 한번 가볼래. 잔디가 정말 좋아.

Who is supposed to be here?

문장 속에서, 혹은 대화시에 be supposed to를 만나게 되면 대충 의미를 얼버무리고 지나가는 경우가 많은데 이는 그 정확한 개념을 모르기 때문. 앞서 배운 대로 be supposed to는 약속, 규칙, 법률 등에 의한 '당위적인 사항' 에 관한 언급, 즉 「(주어가) 당연히 하도록 되어 있는 행위」를 설명하는 표현이다. 실생활에서 쓰이는 몇가지 예를 살펴보자.OO기업의 사장이 미국 출장을 끝내고 막 공항에 도착했는데 당연히 마중나와 있어야 할 직원이 보이지 않는다. 화가 머리끝까지 올라 회사에 전화를 걸어 다짜고짜 "Who is supposed to be here?"(누가 여기 나오도록 되어 있나?)라고 소리친다. "여기 나올 책임이 있는 사람이 누구냐?"라는 말이다. 이런 경우 have a duty or responsibility to do something이라는 교과서적인 표현보다 이 be supposed to do를 써야 영어 냄새가 물씬 풍긴다. 또한 자주 쓰이는 형태는 I' m not supposed to do that과 You' re not supposed to do~인데, 전자는 내 일도 아닌 일로 상사에게 꾸지람을 듣고서 항변할 때, 후자는 You' re not allowed to do~의 의미로 완곡한 금지를 표현할 때 쓰인다. 이제 연습을 해보자. This law is supposed to help the poor의 경우 be supposed to는 be intended to와 다름 아니며 I haven' t seen *Avarta* myself, but it' s supposed to be a very good film이라는 문장에서는 be supposed to가 have the reputation of의 뜻을 갖는다.

100 Are you saying that~? …라는 말인가요?

의문문의 형식을 빌어 상대방이 말하는 내용을 다시금 확인하는 표현. 방금 들은 얘기가 언뜻 이해되지 않거나(when you cannot understand something exactly) 혹은 재차 확인하고 싶을 때(when you want to reconfirm something) 사용한다. 또한 할 얘기를 못하고 번죽만 울려대는(beat around the bush) 사람에게 「그렇담 네 얘기는 …란 말이니?」라며 핵심을 콕 찍어 다그칠 때도 이 표현을 사용한다.

- ☐ **Are you saying that** you never knew? 너는 전혀 몰랐다는 말이니?
- ☐ **Are you saying that** you can't understand? 이해할 수 없다는 얘기야?

A. Translate the followings into English.

1. 여길 그만두고 다른 직장을 찾아보라는 말씀이세요?

   * …을 찾다: look for

2. 회사에서 저의 치료비를 지불하지 않을거란 말씀이십니까?

   * 의료비: medical bill

1. **Are you saying** I should leave this place and look for another job?
2. **Are you saying that** the company won't pay my medical bills?

B. Practice with the practical dialogue.

Man What do you think the main problem facing Korea will be in the months to come?

Woman I think the massive amounts of bad debt that the banks have on the record books will begin to take its toll.

Man 많은 수의 은행들이 파산할 수도 있다는 말인가요?

남자: 향후 몇달 동안 한국이 직면하게 될 큰 문제가 무엇이라고 생각하세요?

여자: 장부에 기록되어 있는 어머어마한 금액의 악성 부채 때문에 은행들이 앞으로 곤경에 처하게 될 거라고 생각합니다.

남자: **Are you saying that** a large number of banks could go under?

101 Do you mean~? …라는 말인가요?

상대방이 한 말을 잘 알아듣지 못하여 되묻거나 자신이 제대로 알아들었는지 확인하는 표현. Do you mean 다음에 (that) S + V의 절로 자신이 확인하고자 하는 내용을 적으면 된다. 또한 만연체 문장을 구사하거나 횡설수설하는 상대에게 「그러니까 네 말은 …라는 거니?」라며 필요한 정보만 요약 · 정리할 수도 있고, 경우에 따라서는 뜻밖의 소식에 대한 놀라움의 표현으로 사용하기도 한다. 굳이 의문문의 구색을 갖추지 않고 You mean~?이라고만 해도 의미는 충분히 통한다.

- ☐ **Do you mean** you think I'm wrong? 넌 내가 잘못했다고 생각한단 말이니?
- ☐ **Do you mean** you're bored? 지루하다는 말이니?

A. Translate the followings into English.

1. 네 말은 그 여자가 누군가 자기를 따라오고 있었다는 것을 몰랐다는 거니?

   * 따라오다: follow

2. 제가 하루 두번 이를 닦아야 한다는 말씀이세요?

   * 이를 닦다: brush one's teeth

1. **You mean** she didn't know she was being followed?
2. **Do you mean that** I have to brush my teeth twice a day?

B. Practice with the practical dialogue.

Woman Where did you put the account statement that the bank sent me yesterday?

Man 뭘 말씀하시는지 모르겠네요. 책상에 넣어두라고 주신 그 봉투 말인가요?

Woman Yes, that's it. I forgot that I told you to file it for me.

여자: 어제 은행에서 온 거래내역서 어디다 뒀죠?

남자: I don't know what you're talking about. **Do you mean** the envelope you gave me to put in the desk?

여자: 네, 그거요. 철해두라고 말했다는 걸 깜빡했어요.

102 Do you want me to + V? 제가 …할까요?

상대방이 원하는 바를 센스있게 미리 간파해서 선수를 치는 표현. 상대방에게 강하게 부탁하거나 명령의 의미를 갖는 I want you to + V(네가 …해주길 바란다) 구문을 의문형으로 변형시킨 것으로 상대방이 나에게 I want you to~라고 요구사항을 밝히기 전에 사용하는 것이 포인트. 예를 들어 상대가 도움이 필요해 보이면 먼저 Do you want me to help you?라고 물어보라는 말이다. 한편 상대가 나에게 원하는 것이 무엇인지를 묻고 싶다면 What do you want me to~?라 하면 된다.

- ☐ **Do you want me to** ask for another? 하나 더 주문할까요?
- ☐ **Do you want me to** get out of here? 제가 나갈까요?
- ☐ **Do you want me to** be your friend? 내가 네 친구가 되어줄까?

A. Translate the followings into English.

1. 편지로 보낼까요, 아니면 팩스로 보낼까요?

   * 팩스를 보내다: send out a fax

2. 제가 세미나 준비를 돕도록 월요일 일찍 출근할까요?

   * 세미나를 준비하다: prepare for the seminar

1. **Do you want me to** send out a letter or a fax?
2. **Do you want me to** come in to work early on Monday to help you prepare for the seminar?

B. Practice with the practical dialogue.

Man　I want you to have a handout ready to distribute at the meeting Monday. Do you think you can handle that?

Woman　물론이죠. 신제품군 계획을 포함시킬까요?

Man　No, that's all right. I'll handle that later.

남자: 월요일 회의에서 나누어 줄 유인물을 준비해 두길 바래요. 그것을 처리할 수 있겠어요?

여자: Sure, **do you want me to** include the plans for the new product line?

남자: 아뇨, 그건 괜찮아요. 그건 제가 나중에 알아서 처리하겠어요.

More Expressions

want sb to + V …가 ~하기를 바라다

My boss wanted me to do it(사장은 내가 그걸 하길 원했다)처럼 주어가 상대방에게 원하는 희망사항으로 강력한 부탁이나 부드러운 명령의 뉘앙스를 담고 있다.

A: John **wanted his wife to** meet him at the airport, but she couldn't make it so she asked me to go instead.

B: It's nice of you to help them out.

A: 존은 자기 아내가 공항에 마중왔으면 했는데 존의 아내가 자기가 갈 수 없다면서 나한테 대신 가달라고 부탁하더군.

B: 그 사람들을 도와준다니 친절하구나.

A: My mom **wants me to** get a better grade on this exam.

B: Why? I thought you did really well on your last one.

A: 우리 엄마는 내가 이번 시험에서 점수를 더 잘 받기를 바라셔.

B: 왜? 난 네가 저번 시험 정말 잘 봤다고 생각했는데.

103 Don't you think (that)~? …라고 생각하지 않니?

자신의 의견이나 생각을 강하게 전달하면서 상대방의 동의를 구하는 구문. 부정의문문이므로 대답에 주의해야 하는데, 답하는 사람의 입장에서 긍정이면 Yes, 부정이면 No로 대답한다. 예를 들어 Don't you think he is strange?(그 남자 이상하다는 생각 안드니?)라고 물었을 때 「이상하다」고 생각한다면 Yes, I do(=I think so), 아니라면 No, I don't(=I don't think so). 또한 자신의 의견을 장황하게 늘어놓고는 Don't you think (so)?를 덧붙여 「그렇게 생각하지 않니?」라고 상대의 의중을 떠볼 수도 있다.

☐ **Don't you think** Jordan knows that? 조던이 그걸 알거라고 생각하지 않아요?
☐ **Don't you think** he's trustworthy? 그 사람이 믿을 만하다고 생각하지 않나요?

A. Translate the followings into English.

1. 밤새도록 나가놀기엔 그 여자애들이 좀 어린 것 같지 않니?
   * 다소, 약간: a little * 밤새도록 나가놀다: stay out all night
2. 결국엔 모든 것이 잘 해결될 거라고 생각되지 않아요?
   * 결국에는: in the end * 모두 잘 해결되다: all work out

1. **Don't you think** the girls are a little young to be staying out all night?
2. **Don't you think** that it will all work out in the end?

B. Practice with the practical dialogue.

Woman Could you tell me what Hee-Joung's number is?
Man 그애가 그 편지를 받을 때까지 기다렸다가 전화해야 한다고 생각하지 않니? 지금은 너무 성급한 것 같아.
Woman No, I really want to call her right away, because I think she needs to talk to me about what happened.

여자: 희정이 전화번호 좀 가르쳐줄래?
남자: **Don't you think that** you should wait and call her after she gets the letter? Now might be too soon.
여자: 그렇지 않아, 나 정말이지 지금 당장 걔한테 전화하고 싶어. 왜냐하면 무슨 일이 있었는지 나에게 말하고 싶어할 거니까.

104 have a hard time (in) + ~ing …하느라 힘들다

쉬운 것보다는 어려운 것이 많은 이놈의 세상! 어쩔 수 없이 이 표현을 많이 사용할 수밖에 없지 않을까? 그러니 열심히 배워야지. 누가 알겠는가?(who knows?) 그럼 이놈의 갑갑한 세상이 조금이나마 가벼워질지도…(^.^;) time 뒤에 있는 전치사 in은 생략되는 경우가 흔히 있으며, hard 대신 difficult를 써도 같은 의미. hard time은 「힘들고 어려운 시기」라는 뜻으로 이때 hard 앞에 really나 extremely 등의 수식어를 붙이면 '어려움'의 강도를 더해줄 수 있다. 한편 give sb a hard time은 「…에게 힘든 시간을 주다」, 즉 「…를 힘들게 하다」라는 의미.

- ☐ **have a hard time in** sleep**ing** 잠자기가 힘들다
- ☐ **have a hard time** ask**ing** for help 도움을 청하느라 힘들다
- ☐ **have a hard time** stay**ing** in one place 한 곳에 머물러 있기가 힘들다

A. Translate the followings into English.

1. 그 사람들은 보고서를 출력할 때 너무 작은 글자를 쓰기 때문에 읽기가 힘들어.

   * 글자체: font

2. 그방 뒤쪽에 있는 컴퓨터가 너무 시끄워서 그 남자가 뭐라고 그러는지 알아듣기가 힘들어.

   * 시끄러운: noisy

1. **I have a hard time** read**ing** those reports because they use such a small font when they print them.
2. **I have a hard time** hear**ing** what he's saying because the computer at the back of the room is so noisy.

B. Practice with the practical dialogue.

Man 고속도로의 공항 표지판을 따라가는 게 힘들어.
Woman It's easy. But don't miss the airport turn-off!
Man I know. I missed it once and had to drive 40 miles to turn around.

남자: **I have a hard time** follow**ing** the highway signs to the airport.
여자: 쉬운데. 하지만 공항으로 갈라지는 곳을 놓치면 안돼.
남자: 맞아. 전에 한번 놓쳐서 40마일이나 갔다가 되돌아 왔어.

105 How come S + V? 어째서 …하는가?

이유를 묻는 구문으로 의문문임에도 불구하고 주어 · 동사의 도치없이 S + V의 어순이 유지된다는 점에서 영어를 외국어로 배우는 우리에겐 Why~? 보다 부담없이 쓸 수 있는 표현. 여기서 동사 come은 「…이 발생하다」(happen)란 뜻으로 How can it be that~?, How did it happen that~? 등으로 바꿔 쓸 수도 있다. 그냥 간단히 How come?이라고만 해도 「어째서?」(How did that come about?, Why?)라며 사건의 연유를 묻는 훌륭한 useful expression!

☐ **How come** we can't see her? 왜 우리가 그 여자를 못 만나는 거야?
☐ **How come** he looks so sad? 그 남자는 왜 그렇게 슬퍼보이는 거야?

A. Translate the followings into English.

1. 왜 비행기 운항이 취소된 거지? 그리고 어째서 항공사에서는 승객들에게 대안책을 마련해주지 않는 거니?
   * 대안책: alternate arrangements
2. 어째서 그 사람만 새 랩탑 컴퓨터를 받고 다른 사람은 전부 못받는 거야?
   * 그밖에 딴 사람은 아니다[못하다]: no one else

1. **How come** the plane is cancelled and they haven't made some kind of alternate arrangements for the passengers?
2. **How come** he gets a new laptop computer and no one else does?

B. Practice with the practical dialogue.

Man 이번 주말에 뉴욕에서 열리는 회의에 어째서 안오려고 하는 거야?
Woman I have to attend a funeral and a memorial service for a former colleague.
Man I'm sorry to hear about your friend.

남자: **How come** you aren't coming to the conference that we are having in New York this weekend?
여자: 회사 동료였던 사람의 장례식과 추모식에 가봐야 하거든.
남자: 네 친구 이야기를 듣고 보니 안됐구나.

106 I can't wait to + V 빨리 …하고 싶다

뭔가를 너무나 하고 싶어서 안달이 났을 때 사용하는 표현으로 부정의 형태를 띠고 있지만 내용은 강한 긍정. 글자 그대로 해석해서 「기다릴 수 없다」라고 촌스럽게 옮기기 보다는 can't에 액센트를 주어 「어서 빨리 …하고 싶어 도저히 참을 수 없다」, 즉 「…하고 싶어 못견디겠다」, 「…하기를 손꼽아 기다린다」로 이해해야 한다. 물론 to 뒤에는 동사원형이 따라오며 유사표현으로 I'm very excited to + V, I'm anxious to + V, I'm dying to + V(…하고 싶어 죽겠다) 등이 있다.

- ☐ **I can't wait to** see your face 널 빨리 만나고 싶어
- ☐ **I can't wait to** get there 빨리 거기 가고 싶어
- ☐ **I can't wait to** eat lunch 빨리 점심 먹고 싶어

A. Translate the followings into English.

1. 어서 빨리 이 회사를 떠나 어디 돈을 더 많이 주는 직장을 구하고 싶어.

   * 돈을 더 많이 주는 직장: a better paying job

2. 월말에 빨리 휴가 갔음 좋겠어. 거의 10년 동안 한번도 휴가를 못갔거든.

   * 휴가를 가다: go on vacation

1. **I can't wait to** leave this company and find a better paying job somewhere else.
2. **I can't wait to** go on vacation at the end of the month because I haven't had one in almost ten years.

B. Practice with the practical dialogue.

Woman 그 사람 얼굴 표정이 어떨지 궁금해 죽겠어. 우리가 자기 은퇴기념 회식자리를 이렇게 성대하게 마련했다는 걸 알면 말야.

Man Do you think anybody has told him?

Woman I'm pretty sure they've kept it a secret.

여자: **I can't wait to** see the look on his face when he finds out that we planned a huge retirement party for him.

남자: 그 사람에게 누가 말했을까?

여자: 다들 틀림없이 비밀을 지켰을 거야.

107 I agree that~, but~ …에는 동의해요. 하지만…

이미 배운 I'd love to, but~이 상대방의 제안을 정중히 거절하는 효과적인 방법이라면 I agree that~, but...은 상대방의 의견을 존중하면서 상대방과 다른 자신의 의견을 말하는 비법(?). 일단 동의(I agree) 하여 상대방을 안심시키고 나서 but이하에 자신의 견해를 피력하는 고도의 화법이다. 상대의 생각이 나와 다르다고 해서 무턱대고 「그게 아니야」하며 직설적으로 내뱉기보다는 상대방도 존중하도록 하자. 중요한 건 결과니까 말이다.

A. Translate the followings into English.

1. 저도 그 사람이 실수했다는 것에는 동의하지만, 그 일로 해고해서는 안 된다고 생각해요.

   * 해고하다: fire

2. 우리가 더 작은 회사라는 점에는 동의해요. 하지만 저는 우리가 그 일을 할 수 있다고 확신합니다.

   * 확신하는, 자신이 있는: confident

1. **I agree that** he made a mistake, **but** I don't think that we should fire him over it.
2. **I agree that** we are a smaller company, **but** I am confident that we can do the job.

B. Practice with the practical dialogue.

Man 그 사람이 그 일을 훌륭히 잘 해냈다는 데에는 동의하지만, 그렇다고 해서 공로가 모두 그 사람에게 돌아가야 된다고는 생각지 않아요.

Woman You've got a point there.

Man He wouldn't have come this far without his team.

남자: **I agree that** he did a great job, **but** I don't think he deserves all the credit.

여자: 당신 말에 일리가 있어요.

남자: 팀 전체의 힘이 없었다면, 그 사람 혼자서 이 정도로 잘 할 수는 없었겠죠.

More Expressions

It seems reasonable (to + V), but~

(…하는 게) 일리가 있어 보이네요, 하지만~

역시 상대의 논리에 고개를 끄덕이는(It seems reasonable) 듯하다가 자신의 견해를 슬쩍 덧붙이는(but~) 고단수(?) 화법. It은 앞서 상대방이 말한 내용을 받는 대명사이지만 reasonable 뒤에 to 부정사가 붙어 진주어의 역할을 하게 되면 It은 가주어로 변신한다. 상대방이 언급한 내용에 대해 좀 더 추가하고 싶은 자신의 의견은 but 이하에 덧붙여주면 된다.

A: Do you think you can follow the new guidelines for our project?

B: **It seems reasonable, but** I'll have to think about it a little more.

A: 새로운 지침에 따라 우리 사업건을 추진해 나갈 수 있다는 생각이 드니?
B: 일리는 있어 보이지만 그것에 관해 좀 더 생각해 봐야겠어.

A: What do you think about the new policy concerning health insurance?

B: Well, **it seems reasonable, but** I think I preferred the old system.

A: 의료보험에 관련한 그 새로운 규정에 대해서 어떻게 생각해?
B: 글쎄, 일리는 있어 보이지만 이전 방식이 더 좋은 것 같아.

108 I was told that~ …라고 들었어요

주로 말한 사람을 정확히 찍어 밝힐 필요가 없을 때 쓰는 표현. 「배웠다」(learn)는 의미를 갖는 be taught와 마찬가지로 I was told 역시 'be + p.p.' 형태로 직역하면 「말해졌다」지만 실제로는 「들었다」, 즉 I heard와 비슷한 의미. 허나 자신보다 조금 윗사람에게 지시받는 내용을 말하는 뉘앙스가 있다는 점에서 I heard와는 차이가 있다. 따라서 I was told 뒤에는 다소 진지하고(serious) 공식적인(formal) 내용이 뒤따라오는 반면 I heard 다음에는 소문같은 비공식적이고 일상적인 내용이 나오는 것이 일반적이다.

A. Translate the followings into English.

1. 저는 내일 중에 그 의사와 약속을 할 수 있다고 들었거든요.
   * …와 약속하다: make an appointment with
2. 나는 프로젝트를 완성하려면 다음 주에 너를 도와 일할 사람이 하나 더 필요할 거라고 들었다.
   * …할 사람이 하나 더 필요하다: need another person to + V

1. **I was told that** I could make an appointment with the doctor for sometime tomorrow.
2. **I was told that** you need another person to work for you next week in order to complete the project.

B. Practice with the practical dialogue.

Man　Do you know what time the meeting begins tomorrow morning?
Woman　8시 30분에 시작한다고 들었는데요.
Man　Well, I'll probably show up a bit earlier to get ready.

남자: 내일 아침 회의가 언제 시작되는지 아시나요?
여자: **I was told that** it would start at eight-thirty.
남자: 그럼, 준비하려면 좀 더 일찍 나와야겠군요.

109 I'm looking forward to+~ing …하길 기대할게

간절한 소망과 희망을 표현하는 숙어. 「목 빠~지게 기다리다」란 뜻으로 뭔가를 기분좋고 들뜬 마음으로 기다리는(wait happily or excitedly for) 것을 말한다. 휴가나 월급날을 기다리는 직장인, 제대를 앞둔 말년 병장의 심정을 떠올려 보면 쉽게 이해가 될 듯. 특히 fax나 이메일 등에 「회답을 기다린다」(I'm looking forward to hearing from you)란 결구로 애용되는 표현. 이때 to는 전치사이므로 동사원형이 아니라 명사나 ~ing형이 따라온다는 점에 유의하자.

- ☐ **I'm looking forward to** see**ing** you 널 만나길 기대하고 있을게
- ☐ **I'm looking forward to** hear**ing** from you 너의 연락 기대하고 있을게
- ☐ **I'm looking forward to** visit**ing** again 다시 가게 될 때를 손꼽아 기다리고 있어요

A. Translate the followings into English.

1. 빌을 만날 날을 학수고대하고 있어. 거의 3년 동안 걔를 못봤거든.

   * 거의 3년 동안: in almost three years

2. 네 보고서 읽는 걸 기대하고 있을게. 나 월요일 아침에 오면 제일 먼저 그걸 할거야.

1. **I'm looking forward to** see**ing** Bill because I haven't seen him in almost three years.
2. **I'm looking forward to** read**ing** your report and I expect it first thing Monday morning.

B. Practice with the practical dialogue.

Woman 드디어 짐이 우리 지역으로 와서 만나게 될 날을 고대하고 있어.

Man When is he supposed to get here?

Woman He's coming on Thursday for a week-long business trip.

여자: **I'm looking forward to** see**ing** Jim when he finally arrives in town.

남자: 걔 언제 도착하기로 되어 있니?

여자: 일주일간 출장으로 목요일에 올거야.

110 Is it all right if~? …해도 괜찮을까요?

if 이하의 행위를 해도 될지 허가를 요청하거나 동의를 구할 때 사용하는 표현으로 all right 대신 OK가 와도 된다. 부탁할 내용은 if 이하에 S + V 형태로 이어주거나 Is it all right to use your cellular phone?(네 핸드폰 좀 써도 되니?)처럼 to + V를 써준다. 이때 대답으로는 허가할 경우엔 Sure, Yes, Of course, Certainly로, 허가하지 않을 때는 I'm afraid not, I don't think so 등으로 말할 수 있다. Would you mind if~?, May I~?, Can I~?, Could I~?, Is it possible to~? 등도 역시 허락을 구하는 표현이라는 점에서 맥을 같이 하는 표현들이다.

- ☐ **Is it all right if** I smoke? 담배 피워도 괜찮겠습니까?
- ☐ **Is it all right if** I call you? 전화 드려도 괜찮을까요?
- ☐ **Is it all right if** it is late? 늦어도 괜찮을까요?

A. Translate the followings into English.

1. 팜플렛에 넣을 건물 사진을 몇 장 찍어도 될까요?

   * 팜플렛, 소책자: brochure * 사진찍다: take a picture

2. 여기 있는 동안 그 사람들에게 건물을 잠깐 구경시켜도 괜찮을까요?

   * …에게 ~을 잠깐 구경시키다: give sb a mini tour of

1. **Is it all right if** I take a few pictures of the building to put in the brochure?
2. **Is it all right if** we give them a mini tour of the facility while they're here?

B. Practice with the practical dialogue.

Woman 휴가 동안 뉴욕에서 며칠 더 머물러도 괜찮아요?

Man It's okay, as long as you're back on Monday morning.

Woman Thanks very much.

여자: **Is it all right if** I stay in New York for a few more days for a vacation?

남자: 월요일 아침에 돌아온다면야 괜찮죠.

여자: 정말 고마워요.

111 It is + 형용사 + for sb to + V …가 ~하는 것은 …하다

소시적부터 달달 외워온 It is + 형용사 + to + V 구문. 이걸 모르는 사람이 어디 있으랴만 실제 원어민과의 대화에서 단 한번이라도 사용해본 사람은 과연 얼마나 될까? 가주어가 It이고 의미상의 주어가 뭐고… 등등의 문법적 분석은, 그리고 그 부질없는 암기는 다 집어치워라! 어른이 된 이제는 이 구문을 자기 이름처럼 입에서 절로 나오게 하고 그 다음 이를 토대로 다양한 상황을 가정하여 수백 수천의 문장을 만들어 보는 것이 백만배 천만배 중요하다는 사실을 깨닫자.

☐ **It's hard for you to** do the job 네가 그 일을 하기는 어려워

☐ **It's ridiculous for her to** wear that outfit 그 여자가 저런 복장을 하는 건 우스꽝스러워

A. Translate the followings into English.

1. 우리는 이 회사에서 20년간 근무했기 때문에 그만두기가 쉽지 않다.

   * 회사를 그만두다: leave a company

2. 넌 왜 항상 실수를 하고는 변명을 늘어놓는지 이해하기 힘들어.

   * …에 대해 변명을 하다: give an excuse for sth

1. **It's not easy for us to** leave this company because we've been here for twenty years.
2. **It's difficult for me to** understand why you always have to give an excuse for your mistakes.

B. Practice with the practical dialogue.

Woman 저에게 이 일을 다 하라니 불공평하네요.

Man I don't think so. We have a meeting with the company in just over a week, and we are not even close to being ready.

Woman Yes, but don't you think other people should help out too? I am not the only person working here.

여자: **It is unfair for you to** give me all this work to do.

남자: 전 그렇게 생각 안하는데요. 우린 일주일만 지나면 그 회사와 회의를 할건데 아직 준비조차 안되어 있잖아요.

여자: 그렇긴 하지만 다른 사람들도 도와줘야 한다고 생각하지 않으세요? 이 회사에 직원이 저 한 사람뿐인 건 아니잖아요.

112 make time for~[to+V] …할 시간을 내다

요즘 같이 바쁜 세상에서 「시간을 낸다」는 것은 빡빡한 일정 속에서 「시간을 만들어 내는 것」에 다름아닐 터. 그래서 time과 「만들어내다」란 동사 make가 결합한 이 표현은 누군가와 함께 보낼, 혹은 어떤 일을 하기 위한 「여유 시간을 마련하다」란 의미. 다음, 시간을 내는 구체적인 상황 내지는 연유는 for + N 혹은 to + V로 나타내면 된다.

- ☐ **make time for** fun 재밌게 놀 시간을 내다
- ☐ **make time for** the kids 아이들과 지낼 시간을 내다
- ☐ **make time for** movies 영화 볼 시간을 내다

A. Translate the followings into English.

1. 그 사람들은 회의할 시간을 낼 수 없는 게 분명해요, 그 사람들 빼고 회의를 진행해야 겠어요.
   * 계속 진행하다: go ahead
2. 우리 엄마는 혼자서 뭔가를 할 시간을 낼 필요가 있어. 스트레스를 많이 받아 지쳤거든.
   * 스트레스를 심하게 받아 지치다: be stressed out

1. It's clear they can't **make time for** a meeting, so we should go ahead without them.
2. My mother needs to **make time to** do things on her own, as she is so stressed out.

B. Practice with the practical dialogue.

Woman 이번 주에 저한테 시간 좀 내주실 수 있으세요?

Man I think so. How about doing dinner on Thursday night and going out for sushi?

Woman Great. I'll meet you downstairs in the lobby, and we can take my car to the restaurant.

여자: Can you **make time for** me sometime this week?

남자: 그러죠 뭐. 목요일 밤에 저녁식사로 생선초밥 먹으러 가는 건 어때요?

여자: 아주 좋죠. 아래층 로비에서 만나서 제 차로 그 레스토랑에 가도록 하죠.

113 let sb down …을 실망시키다

실망시키다하면 먼저 떠오르는 단어는 disappoint임을 부정할 수 없다. 실제 "너에게 실망했어"라고 할 때 "I'm disappoint in you"라고 많이 쓰이는 것을 봐도 알 수 있다. 하지만 일상회화에서 간단하게 let sb down의 형태로 sb를 실망시키다라는 의미로 많이 쓰인다. 의미는 거의 똑같다고 생각하면 된다. 특히 기대를 했는데 그에 못미쳐 실망을 했다는 뜻으로 let me down, let you down의 형태를 꼭 기억해 두어야 한다.

- ☐ I will not **let you down** 실망시키지 않을게
- ☐ Don't **let me down** 기대를 저버리지마
- ☐ You **let me down** this month, Chris. 크리스야, 넌 이번달 날 실망시켰어.

A. Translate the followings into English.

1. 네가 다른 사람을 의지하려고 할 때마다 넌 실망했어, 그러니 혼자해라.

   * 의지하다: count on * 혼자하다: go it alone

2. 너는 내가 만난 사람 중에서 날 실망시키지 않았던 첫번째 사람이야.

   * 만났던 사람중에서 첫번째 사람이다: be the first man I ever met

1. Every time you tried to count on someone, **they let you down**, so you go it alone.
2. You're the first man I ever met who didn't **let me down**.

B. Practice with the practical dialogue.

Woman You look like you are in a gloomy mood today.

Man I was supposed to have a date, but the girl didn't show up.

Woman 안됐다. 사람들 때문에 실망했을 때 정말 기분 더럽지.

여자: 너 오늘 기분이 좀 안 좋아 보여.

남자: 데이트 하기로 했는데, 여자가 나오지 않았어.

여자: I'm sorry to hear that. It sucks when people **let you down**.

114 That's why S + V 바로 그래서 …하다

「…하는 이유가 바로 그거다」(That's the reason that~)란 의미로 why 뒤에는 현재 이미 펼쳐진 행동 등 '결과'가 되는 내용이 와야 한다. 그리고 그 결과에 대한 '이유'는 That's why~를 말하기에 앞서 먼저 밝혀주도록 한다. 이유는 자신이 말해도 되지만 상대방이 말할 수도 있다. 예를 들어 상대방이 Jane is very gorgeous라고 하면 That's why I like her이라고 맞장구쳐 준단 얘기. 표현 중간에 exactly를 추가하여 That's exactly why~라고 하면 「바로 그거야」란 느낌이 좀 더 강조된다.

- ☐ **That's why** you go away 그래서 당신이 떠나시는 거군요
- ☐ **That's exactly why** she called 바로 그것 때문에 그 여자가 전화했던거야
- ☐ **That's why** the boss was angry 그래서 사장이 화가 났던거야

A. Translate the followings into English.

1. 그래서 아침 일찍 회의를 하기로 정했던 겁니다.

   * …하기로 결정하다: arrange to

2. 그래서 우리 컴퓨터 시스템에 쓸 새 소프트웨어를 구입하기로 결정했던 겁니다.

   * …에 쓰려고 ~을 사다: get sth for

1. **That's why** we arranged to have the meeting early in the morning.
2. **That's why** he decided to get new software for our computer system.

B. Practice with the practical dialogue.

Man　How do you usually commute to and from work?

Woman　Most of the time I take the Path Train, but sometimes I drive if I wake up really late. I prefer driving, but parking downtown costs an arm and a leg.

Man　그래서 내가 차를 집에 두고 전철을 타는 거야.

남자: 보통 출퇴근은 어떻게 해?

여자: 대개는 패스 트레인을 타지만, 때때로 아주 늦잠을 잤을 경우에는 차로 가. 차로 가는 게 더 좋지만 시내에 주차하려면 돈이 너무 많이 들어서 말야.

남자: **That's why** I leave my car at home and take the subway.

More Expressions

That's because S + V 그건 …때문이다

이번에 반대로 이미 펼쳐진 결과에 대한 '이유'를 밝히는 표현. That's why 뒤에는 앞서 벌어진 상황으로 인해 나타난 결과가 오는 반면, That's because 뒤에는 He left me. That's because he didn't love me anymore같이 그 결과가 일어난 '원인'이 온다는 차이를 확실히 구분해두자.

A: This building has been so hot all day.

B: **That's because** the heating system needs to be replaced.

A: 이 건물은 히루종일 너무 디워요.

B: 난방 장치를 교체해야 한다니까요.

A: The weather has been so unpredictable these last few years.

B: Well, **that's because** global warming has really been screwing up the earth's temperatures.

A: 지난 몇년동안 날씨가 도무지 예측불허야.

B: 그건 말야, 지구 온난화 현상으로 지구의 온도가 아주 높아졌기 때문이야.

115 There's no way that~ …할 방법이 없다, …일 수는 없다

말하는 이의 단호한 거절이나 부정을 나타내는(show strong refusal or opposition) 표현. '강력 부정'의 no way가 There's와 that절 사이에 와서 that 이하의 상황이 일어나기란 도저히 불가능하다는 뜻을 담고 있다. 현재 혹은 가까운 미래 상황에 대한 부정이므로 that 이하의 시제는 미래(be going to, will)가 온다. There's no way that corruption is going to disappear from Korean politics(한국 정치에서 부정부패가 사라질 수는 없다)처럼 애시당초 말이 안 되는 상황(-.-;)을 언급할 때 쓰면 된다. that 절 대신 to + V를 이용할 수도 있으며, 참고로 누군가에게 부탁을 받았을 때 No way!라고 대답하면 매우 단호한 거절의 표현.

- □ **There's no way that** we'll make it 해낼 방법이 없어
- □ **There's no way that** I'm leaving 내가 떠날 수가 없어
- □ **There's no way that** we'll be on time 시간에 맞출 방법이 없어

A. Translate the followings into English.

1. 그것이 진품인지 아니면 사실은 모조품인지 구별할 방법이 없다.

   * 모조품: fake * …인지 구별하다: tell if~

2. 올해 소득세를 지불할 수 있는 방법이 없어요.

   * 소득세: income tax

1. **There's no way to** tell if it is an original or if it is actually a fake.
2. **There's no way that** I'm going to be able to pay my income tax this year.

B. Practice with the practical dialogue.

Woman 그 사람이 우리 회사를 그만둘 리가 없어요.

Man Are you sure? I think his mind is made up. We'll just have to persuade him.

Woman That's easier said than done.

여자: **There's no way that** he's going to quit our company.

남자: 확실한 거예요? 그 사람 결심이 굳은 것 같던데요. 우리가 설득해야 돼요.

여자: 말이야 쉽죠.

More Expressions

There is no reason that~ …할 리가 없다

「…할 이유가 없다」라는 역시 강한 확신의 표현. 예를 들어 There is no reason that he can't come이라고 하면 「그 남자가 이곳에 못 올 리가 없다」 즉 「그 남자는 꼭 이곳에 올 거다」라는 확신을 나타낸다. that절 외에 There is no reason to worry처럼 to + V의 형태도 자주 사용된다. There is no~ that…은 「…하는 ~은 없다」라는 뜻으로 no 다음에 place, time, chance 등을 넣어 다양하게 활용해 보자.

A: **There is no reason that** the babysitter should need to call.

B: Well, let's hope you're right. I don't want to be disturbed by a phone call in the middle of the opera.

A: 애보는 사람이 전화를 해야 될 이유가 없어요.
B: 그 말이 맞으면 좋겠어. 오페라 보다가 중간에 전화로 방해받고 싶지 않아.

A: **There's no reason that** you should think he doesn't like you.

B: Well, it just seems like he has been making some unfriendly remarks to me lately.

A: 그 사람이 널 좋아하지 않는다고 생각할 이유가 없어.
B: 요즘 들어 그 사람이 나한테 불친절하게 말하는 것 같아서 하는 말이야.

116 What do you mean by + ~ing? …는 무슨 뜻이죠[의도죠]?

상대방의 말에 의문을 제기하거나 반박할 때 쓰는 표현. by 뒤에 상대방이 방금 한 말을 그대로 옮겨 붙여 「…라니 무슨 얘기죠?」, 또는 「…라니요?」하고 그런 말을 한 의도를 묻거나, 표면적인 의미가 아닌 그 진정한 의미가 무엇인지를 묻는 표현이다. 상대방의 말을 간단히 that으로 처리해 What do you mean by that?이라고 해도 되고 또한 아예 by 이하를 생략하고 그냥 What do you mean?이라고 말해도 된다.

☐ **What do you mean by** say**ing** so? 그런 말을 하는 의도가 뭐죠?
☐ **What do you mean by** ask**ing** that question? 그 질문을 한 건 무슨 의도죠?

A. Translate the followings into English.

1. 자기 일을 제시간에 끝내지 못하는 직원은 나밖에 없다고 말한 건 무슨 뜻이죠?
   * 제시간에 일을 끝마치다: get the work done on time
2. 공장이 일시적으로 문을 닫아야 할지도 모른다니 무슨 얘기죠?
   * 공장: plant 일시적으로: temporarily

1. **What do you mean by** say**ing** that I'm the only employee that doesn't get his work done on time?
2. **What do you mean by** say**ing** that the plant may have to temporarily close?

B. Practice with the practical dialogue.

Man 내가 내 일을 좋아하지 않는다고 모두에게 말하는 의도가 뭐야?
Woman Well, you never smile, so I just figured you were unhappy here.
Man Well, you figured wrong, okay?

남자: **What do you mean by** tell**ing** everyone that I don't like my job?
여자: 그건, 네가 전혀 웃지를 않으니까 여기서 만족하지 않는다고 생각했던 거야.
남자: 그럼, 네가 잘못 생각한 거야, 알겠어?

117 be the one who~ …하는 사람

상대방이나 제 3자에 대한 평가나 판단을 하면서 쓸 수 있는 표현. 형태는 sb be the person who~ 혹은 sb be the one who~ 라고 한다. 조금 더 응용하면 be the one to+V라고 써도 되며, 또 「…하는 최초의 사람이다」라고 표현하려면 be the first one to 혹은 be the first to~ 라고 하면 된다. 빈출표현인 I'm the one who~(…하고 싶은 사람은 나다), 그리고 You're the one who~(네가 …한 사람이야) 등은 입에 착 달라 붙도록 큰소리로 읽으면서 암기한다.

- ☐ **You're the one who** ended it, remember? 그걸 끝낸 건 너야, 알아?
- ☐ **I'll be the one who** laughs last 최종승자는 내가 될거야
- ☐ **I will not be the first one to** speak 내가 맨먼저 말하는 사람은 아닐거야

A. Translate the followings into English.

1. 그 여자는 화가 나면 완전히 제 정신을 잃고 불같이 성내는 타입이야.

   * 제정신을 잃고 불같이 화를 내다: lose one's temper

2. 내 생각에 그 사람은 네가 필요한 게 있기만 하면 널 도와줄 사람이야.

   * 네가 필요한 게 있기만 하면: if you needed something

1. **She's the type of person who** really loses her temper when she gets angry.
2. I think **he's a person who** would help you if you needed something.

B. Practice with the practical dialogue.

Man　저 친구는 돈이 좀 더 필요한 사람인 게 틀림없어.
Woman　Maybe we should offer him the job.
Man　That sounds like a good idea to me.

남자: **He's definitely a person who** could use a little extra money.
여자: 우리가 그 사람한테 이 일자리를 줘보면 어떨까?
남자: 거 괜찮은데.

118 While you're at it, ~ 그거 하는 김에…

「…하는 김에 ~도 해라」라는 식의 대화에서 유용하게 쓸 수 있는 표현. 이때 while은 「…하는 동안에」라는 뜻의 시간부사절을 이끄는 접속사이며 be at it은 be doing it 정도의 의미로 사용되었다. 하나의 숙어처럼 통째로 암기해서, 어떤 일을 하고 있는 상대방에게 덤으로 부탁할 것이 있을 때 「그거 하는 김에」라는 의미로 사용해 보도록 하자. 참고로 "네가 그거 하는 동안' 이라고 말하려면 while you do that이라고 하면 된다.

A. Translate the followings into English.

1. 그러는 김에 네가 책임자에게 전화해서 이번 금요일 오후에 약속을 정했으면 해.

   * 약속을 정하다: set up an appointment

2. 토마토와 감자를 사오고, 간 김에 다진 쇠고기도 함께 사라.

   * 다진 쇠고기: ground beef

1. **While you're at it,** I want you to call the manager and set up an appointment for this Friday afternoon.
2. Pick up some tomatoes and some potatoes and **while you're at it**, get some ground beef.

B. Practice with the practical dialogue.

Woman Good morning, sir. What can I do for you today?

Man 순도 높은 무연가솔린으로 가득 채우고, 하는 김에 엔진 부분과 오일을 점검해줘요.

Woman No problem. Will you be paying by credit card or with cash?

여자: 안녕하세요, 손님. 오늘은 어떻게 해드릴까요?

남자: Fill it up with high-octane unleaded gas and **while you're at it**, take a look under the hood and check the oil.

여자: 물론이죠. 카드로 결제하시겠어요 아니면 현금으로요?

119 I don't see why[how~] 왜[어떻게] …인지 모르겠어

세상살다보면 이해안되는게 부지기수. 이럴 때 사용할 수 있는 표현으로 I don't see why~는 「왜 …인지 모르겠어」라는 말이 되며, I don't see how~는 「어떻게 …인지 모르겠어"라는 의미. 또한 I don't see why는 「이유를 모르겠어」라는 말이며, 반대로 I don't see why not하면 「안될 이유가 없다」라는 의미로 반어적으로 긍정적인 답을 할 때 사용하는 표현. 한편 단독으로 상대방의 제안에 참고로 I don't see that(모르겠어, 그렇게 생각안해) 혹은 I don't see it that way(그렇게 생각안해)는 모른다라는 뜻이 아니라 「난 그렇게 생각하지 않는다」라는 뜻이 되니 비교해보면 머리 속에 팍팍 집어넣어보자.

- ☐ **I don't see how** that's possible 그게 어떻게 가능한지 모르겠어
- ☐ **I don't see why** he wouldn't do it again 왜 그걸 다시 하지 않으려는지 모르겠이
- ☐ **I don't see why not.** Shall I wait here, then? 안될 이유가 없지. 그럼 여기서 기다릴까?

A. Translate the followings into English.

1. 난 내가 왜 나를 여기로 끌고 내려 왔는지 모르겠어.

   * …을 끌고 내려오다: drag sb down

2. 이 질문들이 어떻게 너한테 도움이 될지 모르겠어.

   * 이런 질문들: these questions

1. **I don't see why** you had to drag me down here for this.
2. **I don't see how** these questions are going to help you.

B. Practice with the practical dialogue.

Woman The earthquake caused a lot of destruction.
Man 그래. 어떻게 누구 생존한 사람들이 있을지 모르겠어.
Woman They say that a few children were found alive.

여자: 지진으로 엄청 파괴되었어.
남자: I know. **I don't see how** anyone could have survived.
여자: 몇몇 생존 아이들을 발견했대.

120 What makes you think~? 왜 …라고 생각하시는거죠?

Why do you think~?와 같은 의미. 「왜?」, 「무엇 때문에?」, 「어째서?」가 모두 이유를 묻는 말인 것처럼 영어에서도 꼭 why가 아니더라도 '이유'를 물을 수 있다. 직역하면 「무엇이 너로 하여금 …라는 생각을 하게 만드느냐?」는 말인데, 이는 곧 「무엇 때문에 …란 생각을 하게 됐니?」라는 의미. How come you think~?도 같은 맥락의 표현이며 당연히 Why do you think~?로도 바꾸어 쓸 수 있다.

- ☐ **What makes you think** I know? 왜 내가 안다고 생각하시는거죠?
- ☐ **What makes you think** we're early? 왜 우리가 이르다고 생각하는거죠?
- ☐ **What makes you think** he's here? 왜 그 남자가 여기 있다고 생각하는거야?

A. Translate the followings into English.

1. 왜 내가 이 회사를 그만두고 싶어했다고 생각하는 거예요?

   * 회사를 그만두다: leave a company

2. 왜 너 혼자서 이 회의를 할 수 있다고 생각하는거야?

   * 혼자서: by oneself

1. **What makes you think that** I wanted to leave this company?
2. **What makes you think** you can do this meeting by yourself?

B. Practice with the practical dialogue.

Woman 왜 그 사람이 우리 회사에서 일하고 싶어 한다고 생각하시는거죠?
Man He said that he was looking for a change and he liked our company.
Woman We should track him down and interview him as soon as possible.

여자: **What makes you think that** he's interested in working for us?
남자: 그 사람은 뭔가 변화를 원하고 있고 우리 회사가 맘에 든다고 말했어요.
여자: 가능한 한 빨리 그 사람과 연락해서 면접해야겠어요.

More Expressions

What made you + V ? 왜 당신이 …하게 되었죠?

「무엇」이 그런 행동을 하게 만들었는지 그 '이유'나 '원인'을 묻는 표현. 비슷한 의미의 What was the reason for~? What did sb ~ for…? 등도 함께 기억해두자.

A: **What made you tell** the boss you were quitting?

B: I just couldn't stand the superior way she spoke to me anymore.

A: 사장님께 왜 그만두겠다고 말씀드린거죠?

B: 그 여자가 나한테 잘난 체하며 얘기하는 걸 더이상 견딜 수가 없어서요.

A: **What made you think** I wanted you to pay for dinner?

B: I don't know. Maybe the fact that you showed me your empty wallet.

A: 왜 내가 너더러 저녁식사 비용을 내줬으면 한다고 생각하는거야?

B: 나도 몰라. 아마도 네가 나한테 빈 지갑을 보여 줬기 때문일거야.

What brings you to + 장소 ? …에는 무슨 일로 오셨나요?

우리말에 「…에는 어쩐 일이세요?」에 해당하는 표현으로 What made you come~?으로 바꾸어 쓸 수 있다.

A: **What brings you to** the head office in the middle of your holidays?

B: I forgot to send an important package.

A: 휴가 중에 본사에는 어쩐 일이세요?

B: 중요한 소포를 보내는 걸 잊어서요.

A: Jane, what a surprise! **What brings you to** the grocery store so early today?

B: I have to buy some food for a dinner party I'm hosting tonight.

A: 제인, 어머 어쩜! 오늘 이렇게 일찍 식료품 가게엔 어쩐 일이세요?

B: 오늘밤 저희 집에서 열리는 저녁식사 파티에 쓸 음식을 좀 사야 해서요.

121 It's like~ …하는 것 같아

like는 전치사로 '…와 같은' 이라는 의미로 It's like~하면 「…와 같은 거네」, 「…하는 것 같아」, 「…하는 것과 같은 셈야」 등의 뜻. It seems 등이 외관상, 주관상 「…한 것처럼 보인다」라는 느낌인데 반해 It's like~는 바로 앞 대화에서 이야기하고 있는 사물이나 상황을 비유적으로 다시 한번 이야기할 때 쓰는 말이다. 네이티브들이 무척 즐겨 사용하는 It's like 다음에는 명사, ~ing, 절 등이 다양하게 올 수 있으며, 「…하는 것 같지 않아」라고 말하려면 It's not like+명사[~ing, 절]이라고 하면 된다. 응용해서 It's (not) like sb[sth] ~ing라는 형태를 활용해도 된다.

- ☐ **It's like** you don't believe it 너 믿지 않는 것 같아
- ☐ **It's like** work is becoming more difficult 일이 점점 더 힘들어지는 것 같아
- ☐ **It's like** ripp**ing** off this Band-Aid 반창고 떼어내는 것 같은거야
- ☐ **It's like** me feel**ing** happy with you 내가 너한테 만족하는 것 같아
- ☐ **It's not like** mak**ing** your mom angry 너희 엄마 화나게 하는게 아냐

A. Translate the followings into English.

1. 날 싫어하나봐. 세상이 끝나는 것 같아.
   * 세상의 끝: the end of an era
2. 린 서로 공통점이 전혀 없는 것 같지 않아. 말하자면 난 피자를 좋아하는데.
   * 공통점이 있다: have sth in common

1. **It's like** he hates me. **It's like** the end of an era.
2. **It's not like** we don't have anything in common. I mean I like uh, pizza.

B. Practice with the practical dialogue.

Woman Did Debbie send you an e-mail about the meeting?
Man No, she didn't. I never received anything from her.
Woman 이상하네. 걘 네가 오는 것을 원치 않았던 것 같아.

여자: 데비가 회의관련 이메일을 네게 보냈어?
남자: 아니, 보내지 않았어. 걔한테서 아무것도 받지 못했어.
여자: That's strange. **It's like** she didn't want you to come.

122 Speaking of~ …에 대해 말하자면

대화를 나누다 무슨 화제를 꺼내기 앞서 서두에 "Speaking of+화제~"를 먼저 시작하면 상대방이 훨씬 내가 하는 말을 이해할 수 있을 가능성도 커지고 대화도 잘될 가능성이 크다. 우리말로는 「…에 관해서 말하자면」에 해당되며, 일상 구어체에서 무척 많이 쓰인다. 특히 Speaking of which라는 표현이 있는데 이는 자기가 얘기하고 싶은 화제를 상대방이 꺼냈을 때 던지는 말로, 「말이 나왔으니 말인데」라는 표현이다. 대화를 하면서 일종의 연결사로 좋은 표현이니 많이 써보기로 한다.

- ☐ **Speaking of** Chris, I have some big news 크리스에 대해 말하자면, 빅뉴스가 있어
- ☐ **Speaking of which,** how are things with Nate? 말이 나왔으니 말인데, 네이트랑 어떻게 지내?
- ☐ **Speaking of** bills, we need to pay ours 청구서에 대해 말하자면, 우린 우리 청구서에 돈을 내야 돼

A. Translate the followings into English.

1. 말이 나왔으니 말인데, 책상 뒤의 귀여운 여자가 널 계속 쳐다보고 있어.

   * 계속 쳐다보다: track sb with one's eyes

2. 파티 얘기하자면, 이웃들이 금요일에 우리를 초대했어.

   * 이웃들: neighbors

1. **Speaking of which,** the cute girl behind the desk is tracking you with her eyes.
2. **Speaking of** party, the neighbors invited us over on Friday.

B. Practice with the practical dialogue.

Woman I watched TV for a few hours in my apartment today.

Man TV얘기가 나왔으니 말야, 너 어젯밤에 새로 시작한 버라이어티쇼 봤어?

Woman Yeah, it was great. I'm planning on watching again.

여자: 난 오늘 집에서 몇 시간 TV를 봤어.

남자: **Speaking of** TV, did you see the new variety show last night?

여자: 어, 대단했어. 다시 또 볼 생각이야.

123 Please make sure (that)~ 반드시 …하도록 해라, …를 꼭 확인해라

어떤 일을 반드시 하도록 신신당부할 때 애용되는 표현. 「잊지말고 …해라」라는 Don't forget to + V와 일맥상통하는 표현으로 당부하고자 하는 내용 앞에 살짝 붙이면 간곡한 느낌을 더할 수 있다. 즉, 그냥 Close the window(창문을 닫아라)보다는 Make sure you close~라고 하는 것이 그 일을 꼭 좀 해달라는 느낌이 더 강하다는 얘기. 반드시 해야 할 내용은 제목에 나온 것처럼 that을 쓰거나 to 부정사를 활용해 Please make sure to + V형태로 이어준다.

- ☐ **Please make sure that** the door is locked 문이 잠겼는지 꼭 확인해라
- ☐ **Make sure that** the radio is turned off 텔레비전이 꺼졌는지 꼭 확인해라
- ☐ **Make sure that** he has your number 그 남자에게 네 전화번호를 꼭 가르쳐 줘라

A. Translate the followings into English.

1. 퇴근하기 전에는 반드시 문을 잠그도록 하세요.

   * 잠그다: lock

2. 컴퓨터를 고치고 있을 때는 모니터가 꺼져 있는지 확인해라.

   * 고치다: fix * 꺼지다: turn off

1. **Please make sure** you lock the door before you go home.
2. **Make sure** the monitor is turned off when you are fixing the computer.

B. Practice with the practical dialogue.

Man When is the new line going to be available? I'm dying to see it.
Woman Not for a few more months. I'm still working on the colors.
Man 출시되면 나에게 꼭 알려줘.

남자: 신상품은 언제 이용할 수 있니? 보고 싶어 죽겠어.
여자: 몇달 지나야 할거야. 아직 색조작업 중이거든.
남자: **Make sure** you let me know when it comes out.

More Expressions

Be sure to + V 반드시 …해라

be동사를 이용한 명령문으로 Make sure~와 마찬가지로 상대에게 주의를 주는 표현. 부정형은 Don't be sure~가 아니라 Be sure not to~(…해서는 안돼요).

A: **Be sure to** call me when you arrive in England.

B: Okay, I'll give you a ring when I touch down.

A: 영국에 도착하면 꼭 전화해.

B: 알았어. 비행기에서 내리면 전화할게.

A: Hey, I'm going to the Super Bowl this year.

B: **Be sure to** buy me a souvenir at the game.

A: 있잖아, 나 올해 슈퍼볼 경기에 갈거야.

B: 경기장에서 나한테 줄 기념품 꼭 사와야 해.

124 make sb feel~ …의 기분을 …하게 하다

사역동사 make가 맹활약하는 공식으로 feel 동사와 연합하여 make sb feel~이라고 쓰이면 주어가 사람이든 어떤 상황이든, 그 때문에 sb의 기분이 어떻다라고 말할 때 사용하는 표현법. 어차피 살다보면 다른 상황에 의해 기분이 더러울 때, 좋을 때가 숱하게 있는 법이니 그때 이 공식을 사용해서 자기의 기분상태를 말하면 된다. 특히 자주 쓰이는 You make me feel (like)~는 「너 때문에 기분이 …해」(너 때문에 기분이 …한 것 같아)라는 뜻이다.

- ☐ You **made me feel** like an idiot 너 때문에 바보가 된 기분이야
- ☐ Why are you trying to **make me feel** bad? 왜 날 기분나쁘게 만드는거야?
- ☐ You **make me feel** much better 네 덕분에 기분이 한결 낫구나
- ☐ That **makes me feel** so good 그 소리를 들으니 기분이 좋군

A. Translate the followings into English.

1. 뭘 사도 내 기분이 더 좋아지지 않을 것 같아.
   * 뭐를 사는 것: buying something
2. 너 어제 식당에서 나 자신에 대해 내가 속상하게 느끼게 만들었어.
   * 속상하다: feel bad about oneself

1. Buying something is not going to **make me feel** any better.
2. You **made me feel** really bad about myself yesterday at the restaurant.

B. Practice with the practical dialogue.

Woman Why do you think Mary and Jim got married?
Man 짐이 그러는데, 메리가 자기를 항상 행복하게 해준대.
Woman What a lucky guy, I envy their relationship.

여자: 메리와 짐이 왜 결혼했다고 생각해?
남자: Jim says that Mary always **makes him feel** happy.
여자: 운도 좋구만, 걔네들 사이가 부러워.

125 I guess that means~ 그것이 의미하는 것은 …인 것 같다

먼저 I guess~은 '어떤 것에 대해 확실한 지식(definite knowledge)이 없어 확신할 수 없다' (can't be sure)는 것. 따라서 I guess (that)~는 상황을 추측할 때나 자신의 의견을 말하면서 단정적인 말투를 피하고 싶은 경우에 사용하면 좋다. 여기서 한 단계 더 응용하여 I guess (that) that means (that) S + V 란 표현을 만들 수가 있는데 that이 두 번씩이나 반복되는 공식. 이때 that means~는 「그것은 …를 의미한다」는 뜻으로 동사 means 앞에 있는 that은 접속사가 아니라 앞에서 한 말을 가리키는 지시대명사라는 점에 유의하자. I guess that means까지를 기계적으로 암기하여 그 부분이 입에서 나오는 동안 우리의 의식은 means 이하의 내용을 머릿속에서 열심히 영작하도록 하자.

A. Translate the followings into English.

1. 그건 우리가 저녁으로 빵을 먹을 거라는 얘기겠지.

   * 먹다: have

2. 그건 우리가 이번 크리스마스 때 보너스를 받지 못한다는 얘기일거야.

1. **I guess that means** we'll be having bread for dinner.
2. **I guess that means** we are not getting Christmas bonuses this year.

B. Practice with the practical dialogue.

Woman I can't believe the weather report is calling for snow in the middle of May.

Man It's true. They're expecting thirty centimeters of snow to fall overnight.

Woman 그럴 수가! 그럼 야구 경기를 취소해야 된단 말이잖아.

여자: 5월 중순에 눈이 온다고 일기 예보에서 그러던데 그게 말이 되니?

남자: 사실이야. 밤새 30cm 정도 눈이 내릴거래.

여자: Unbelievable! **I guess that means** my baseball game will be canceled.

126 Did you see any problems with~?
…에서 어떤 문제라도 발견했나요?

with 이하의 사항에 문제나 곤란한 사정이 있는지 확인하거나, 때로는 「…에 무슨 문제가 있다는거야?」라는 수사의문문으로 문제가 없음을 반문하는 용도로도 사용된다. 문제가 있는 대상은 problem 뒤에 with + N 혹은 with + ~ing로 써준다. 지금까지 설명한 다른 회화공식처럼 이 표현 또한 Did you see any problems with는 달달달 외우고 with 이하를 바꿔가며 훈련을 해보기 바란다.

☐ **Did you see any problems with** this computer? 이 컴퓨터에 무슨 문제가 있던가요?
☐ **Did you see any problems with** the proposal? 그 제안서에 무슨 문제라도 있나요?

A. Translate the followings into English.

1. 지난 주에 시제품을 시험했을 때 어떤 문제라도 발견했나요?
   * 시제품: prototype
2. 내일 오후 근무조를 저와 바꾸는 데 무슨 문제라도 있나요?
   * …와 근무조를 바꾸다: switch shifts with

1. **Did you see any problems with** the prototype when they were testing it last week?
2. **Did you see any problems with** switching shifts with me tomorrow afternoon?

B. Practice with the practical dialogue.

Woman 로비에 게시된 새 일정표에서 무슨 문제라도 발견했나요?
Man No I didn't, but you should check with the maintenance people to make sure they're not cleaning then.
Woman That's a good idea, I'll go and double-check with them right now.

여자: **Did you see any problems with** the new schedule posted in the lobby?
남자: 아니오, 하지만 관리실 직원들이 그때 청소하지 않도록 확실히 해둬야 할 거예요.
여자: 좋은 생각이에요, 지금 바로 가서 다시 한번 확인할게요.

More Expressions

Have you had any problems + ~ing?
…하는 데에 어떤 문제가 있었니?

have a problem + ~ing(…하는 데 어려움을 겪다)의 현재완료 의문문의 형태로 상대방이 경험한 불편사항을 물어보는 표현.

A: **Have you had any problems** adjus**ting** to your new life overseas?

B: Not really, if you don't include jet-lag!

A: 외국에 가서 새로운 생활에 적응하는 데 무슨 문제가 있었나요?
B: 시차적응만 빼면 별로 문제 없었어요!

A: **Have you had any problems** learn**ing** how to use this new computer system?

B: A few. Would you mind helping me out one of these afternoons after work?

A: 이 새 컴퓨터 시스템을 사용하는 법을 배우는 데 무슨 문제라도 있었습니까?
B: 조금요. 회사 끝나고 오후 중에 언제 한번 절 좀 도와주시겠어요?

I have no problem + ~ing …하는 데 아무 문제도 없다

I have a problem + ~ing의 부정형. 정반대로 얘기하려면 I have a big problem + ~ing(…하는 데 심각한 문제가 있다)라고 하면 된다.

A: If you need some extra help with your homework, **I have no problem** spend**ing** time with you tonight after class.

B: Thanks, that would really be great.

A: 숙제하는 데 도움이 좀 더 필요하면 수업 끝나고 오늘밤에 너랑 시간을 보내도 괜찮아.
B: 고마워, 그래주면 나야 정말 좋지.

A: **I have no problem** gett**ing** the software, but it's all pirated.

B: We can deal with that issue later.

A: 그 프로그램을 구하는 건 문제될 게 없지만, 전부 해적판입니다.
B: 그 문제는 다음에 얘기하도록 합시다.

127 Can you tell me who~? 누가 …한지 말해 주시겠어요?

모든 궁금증을 풀 수 있는 문형. 먼저 Can[Could] you tell me(…를 알려주시겠어요?)를 말한 다음 궁금한 사실을 간접의문문의 어순(의문사 + S + V)으로 이어주면 된다. 제목에 나온 표현은 사람에 관한 질문인 경우이며, 상황에 따라 어떤 의문사를 써도 무방하다. 물론 의문사 외에도 양자택일의 접속사 if를 써서 Can you tell me if~?(…인지 아닌지 말해주실래요?)라고 할 수도 있다.

☐ **Can you tell me who** wrote this? 누가 이걸 썼는지 말해줄래?
☐ **Can you tell me who** signed here? 여기에 누가 서명했는지 말해줄래?

A. Translate the followings into English.

1. 송장 관리를 누가 맡고 있는지 말해 줄래요?
   * 송장을 관리하다: take care of invoices
2. 그 빌딩에 강도가 들었을 때 야간 근무조가 누군지 말씀해 주시겠어요?
   * 야간 교대: night shift

1. **Can you tell me who** is responsible for taking care of the invoices?
2. **Can you tell me who** was working on the night shift when the building was robbed?

B. Practice with the practical dialogue.

Woman 실례합니다. 중소기업 대출을 받으려면 어느 분께 가야 하나요?

Man You'd better see the loan officer on the second floor. He's the one who approves loans.

Woman Thank you.

여자: Excuse me, **can you tell me who** I should see about getting a small-business loan?

남자: 2층 대부계 담당자를 만나보십시오. 대출 승인 담당자분이세요.

여자: 고마워요.

128 All I need is to + V 내가 필요한 것은 …하는 것밖에 없어

직역하면 「내게 필요한 전부는 …하는 것이다」, 결국 「…하기만 하면 된다」란 의미로 간절한 바램이나 희망사항을 나타내는 표현이다. All that I need is에서 목적격 관계대명사 that이 생략된 형태이며 to 이하가 주격보어로 사용되었다. to 부정사 이외에도 명사, that절 등 다양한 형태가 보어로 올 수 있다. 예를 들어 보어 자리에 you를 넣어 All I need is you라고 하면 「난 다 필요없고 너만 있으면 돼」라는 멋진 사랑의 고백이 된다.

- ☐ **All I need is to** take a 5-minute walk 난 그저 5분간 산책을 했으면 좋겠어
- ☐ **All I need is to** be alone 난 그저 혼자 있고 싶다구

A. Translate the followings into English.

1. 내가 하고 있는 이 연구에 보조금을 다시 한번 받기만 하면 돼.

   * 보조금을 받다: receive a grant

2. 내 수집품을 다 채우려면 카드가 한 장만 더 있으면 돼.

   * 수집(품): collection

1. **All I need is to** receive another grant for my research project.
2. **All I need is to** get one more card to finish my collection.

B. Practice with the practical dialogue.

Man — Jane, how's the report on the Fortune 500 companies coming? Are you finished yet?

Woman — 제가 보낸 설문지의 답변을 좀 더 받기만 하면 돼요. 그리고 나면 준비가 다 될 거예요.

Man — Excellent. As soon as you are finished, I will proofread your article, and we'll publish it.

남자: 제인, 포춘 지 선정 500대 기업 보고가 어떻게 되어가고 있나요? 끝났어요?

여자: **All I need is to** receive a few more replies from my questionnaire, and I should be ready.

남자: 잘했어요. 당신이 완성하자 마자, 제가 당신 기사를 교정해서 출판할 거예요.

129 Could you show me how to~? …하는 방법 좀 가르쳐 줄래요?

이번엔 좀 범위를 좁혀 상대방에게 to + V하는 구체적인 '방법'을 가르쳐 달라고 부탁하는 의문문을 배워보자. 여기서 show는 말로 알려주는 것뿐만 아니라 「시범을 통해 행동으로 보여주다」라는 의미까지 포함하는 동사. 하지만 실제 회화에서는 그저 「알려주다」, 「말해주다」 정도로 받아들이면 된다. Please let me know how to + V로 바꿔 말할 수도 있으며 바로 앞에서 배운 표현을 활용해 Can you tell me how to + V?라고 해도 된다.

- ☐ **Could you show me how to** get there? 거기 가는 방법 좀 가르쳐 주시겠어요?
- ☐ **Could you show me how to** format this disk? 이 디스크 포맷방법 좀 가르쳐 주시겠어요?
- ☐ **Could you show me how to** ice-skate? 스케이트 타는 법 좀 가르쳐 줄래?

A. Translate the followings into English.

1. 오늘 퇴근하기 전에 새 컴퓨터 시스템 사용 방법을 가르쳐 주시겠어요?
   * 퇴근하다: go home
2. 버스 터미널에서 쇼핑몰까지 가는 방법을 말씀해 주시겠어요?

1. **Could you show me how to** use the new computer system before you go home today?
2. **Can you tell me how to** get to the shopping mall from the bus terminal?

B. Practice with the practical dialogue.

Man 프린터를 컴퓨터에 연결하는 방법을 알려 주시겠어요?

Woman Sure, plug the cord from the printer into the printer jack at the back of the computer.

Man Now I see it, thanks.

남자: **Could you show me how to** connect the printer to the computer?

여자: 그럼요, 프린터에서 나온 코드를 컴퓨터 뒷면의 프린터 단자에 연결하면 돼요.

남자: 이제 알겠어요, 고마워요.

130 Do I have time to + V, before~? …전에 …할 시간이 있나요?

어떤 일을 앞두고 뭔가 다른 일을 할 「시간적 여유」가 있는지를 묻는 표현. to 이하에는 자신이 먼저 하고자 하는 일을, before 다음에는 나중에 하기로 예정되어 있는 일을 각각 쓰면 된다. 빠듯하게 돌아가는 일정 속에서 효과적인 시간활용을 위해 알아두면 요긴한 표현이다.

A. Translate the followings into English.

1. 리차드 씨를 공항에 가서 태워오기 전에 이 보고서 등을 갖다놓을 시간이 되겠습니까?
   * …을 어디에다 전달하다: drop sth off
2. 점심 먹으러 가기 전에 그 프로그램을 인터넷에서 다운받을 시간이 될까?
   * …하러 가다: go for

1. **Do I have time to** drop these reports off **before** I go to the airport to pick up Richard?
2. **Do I have time to** download the software from the Internet **before** we go for lunch?

B. Practice with the practical dialogue.

Man	가기 전에 커피 한잔 마실 시간이 있을까요?
Woman	If you're really quick you should have time.
Man	Do you want anything from the coffee shop?

남자: **Do I have time to** get a coffee **before** we go?
여자: 아주 빨리만 하면 시간이 있어요.
남자: 커피숍에서 사왔으면 하는 게 있나요?

131 hang out with sb …와 시간을 보내다

「매달리다」 혹은 「교수형에 처하다」라는 hang의 기본 의미만 생각했다가는 큰 코 다칠 표현. hang out은 빨래줄에 널린 옷가지를 떠올려 보면 상상이 가듯이 특별히 하는 일 없이 어떤 장소에서 노상 시간을 보낸다(stay in a particular place for no particular reason or spend a lot of time there)는 뜻으로 「죽치고 있다」, 「빈둥거리다」 정도의 의미. 함께 빈둥거리는 사람이 있다면 with sb를 덧붙여서 표현한다. 참고로 hangout으로 붙여 쓰면 「자주 들르는 장소」(a place that a person often visits)라는 명사가 된다는 점도 알아두자.

- ☐ **hang out with** my friends 내 친구들과 시간을 보내다
- ☐ **hang out with** each other at the movies 함께 영화를 보며 시간을 보내다

A. Translate the followings into English.

1. 퇴근하고 길 아래 식당에서 우리와 시간을 보내는 게 어때?

   * …하는 게 어때?: Why don't you~?

2. 나는 매일 한 시간 가량 아래층 술집에서 시간을 보낸다.

1. Why don't you **hang out with** us after work at the restaurant down the street?
2. I **hang out** in the bar downstairs everyday for about an hour.

B. Practice with the practical dialogue.

Man Do you want to join us at the bar after work tonight?

Woman 실은 나 조하고 시간을 보내기로 약속을 했거든.

Man Okay, maybe tomorrow then.

남자: 오늘밤 퇴근하고 바에서 우리와 같이 지낼래?

여자: Actually, I promised Joe that I'd **hang out with** him.

남자: 좋아, 그럼 내일 하자구.

132 have every right to+V …할 만하다

「…할 권리가 있다」는 뜻의 have a right to~에서 부정관사 a 대신 every를 사용한 경우. right을 무한정(無限定) 강조하는 것으로 「…할 모든 권리를 갖는다」, 즉 「…하는 것은 너무나 당연하다」라는 의미가 된다. right을 reason으로 바꿔치기 해서 have good[every] reason to~라고 해도 의미는 마찬가지. 반대로 have no right to~는 「…할 권리가 전혀 없다」는 뜻으로 「…해서는 안된다」라는 should not과 같은 맥락의 표현.

- ☐ **have every right to** know 아는 게 당연하다
- ☐ **have every right to** do the job 그런 일을 할 만하다
- ☐ **have every right to** ask for it 그것을 요구하는 게 당연하다

A. Translate the followings into English.

1. 화내시는 건 당연합니다. 하지만 제발 정학은 시키지 말아 주세요.

   * 정학시키다: suspend

2. 날 증오하는 것도 당연해.

   * …를 증오하다: hate

1. **You have every right to** be angry, but please don't suspend me.
2. **You have every right to** hate me.

B. Practice with the practical dialogue.

Woman 내가 그런 짓을 했으니 네가 날 쫓아내는 것도 당연해.

Man Well, I'm glad you are taking it well. I thought you would fight about it.

Woman I decided that it was better if I accepted it and started to look for a new apartment as soon as possible.

여자: **You have every right to** kick me out after what I've done.

남자: 그런가, 난 네가 잘 이해해줘서 고마운걸. 그것 때문에 싸울 거라고 생각했거든.

여자: 그 사실을 받아들이고 가능한 빨리 다른 아파트를 알아보기 시작하는 편이 더 낫겠다고 결정했어.

133 Do you have enough to+V? …할 것이 충분히 있나요?

have enough to + V라고 하면 어떤 것이 to + V할 만큼 충분히 있다는 의미. 뭐가 충분히 있는지 콕 찍어서 말하려면 enough 뒤에 money, time 등 해당하는 명사를 추가하면 된다. 다시말해, Do you have enough money to~?(…할 돈이 충분히 있니?), Do you have enough time to~?(…할 시간 충분하니?) 등으로 응용할 수 있다는 얘기. 한편 enough가 「형용사 + enough to + V」의 형태로 쓰이는 경우엔 「…할만큼 충분히」란 뜻의 부사라는 사실도 기억하자.(Level 2. 69 참고)

☐ **Do you have enough to** eat? 먹을 것이 충분한가요?
☐ **Do you have enough to** sit on? 앉을 자리가 충분한가요?

A. Translate the followings into English.

1. 이 사람들 모두에게 내일 점심과 저녁을 먹일 만큼 음식이 충분한가요?
   * …를 먹이다: feed
2. 오늘밤 네가 마신 술값을 다 지불할 돈이 있는거야?
   * …의 대금을 지불하다: pay for

1. **Do you have enough to** feed all these people lunch and dinner tomorrow?
2. **Do you have enough to** pay for all the drinks you've had tonight?

B. Practice with the practical dialogue.

Woman 요즘 같은 철에 할 일이 충분히 있나요?
Man Well, winter is always slow, but I do have a few jobs.
Woman If it gets too slow, you could work part-time for me.

여자: **Do you have enough to** work on, this time of year?
남자: 글쎄요, 겨울은 항상 불경기죠, 하지만 몇 가지 하는 일은 있어요.
여자: 상황이 너무 안좋아지거든 내게 와서 아르바이트를 하도록 해요.

134 Don't let sth[sb] + V …가 ~하지 못하게 해

사역동사 let을 활용한 표현으로 주의를 주거나 충고할 때 쓰면 아주 유용하다. 예를 들어 상사에게 성희롱(sexual harassment)을 당했다며 울고 있는 동료에게 Don't let him bother you라고 하면 「그 남자가 널 괴롭히도록 허용하지마」, 즉 앞으로는 함부로 못 대하게 「본때를 보여줘」란 의미. 한편 바람피다 발각돼 용서를 구하는 애인에게 이번엔 봐줄테니 「다신 이런 일 없도록 해」란 의미로 던지는 Don't let it happen again!은 엄한 경고의 말.

- ☐ Hey Jude, **don't let** me down 이보게 쥬드, 날 실망시키지 말게
- ☐ **Don't let** them be late 그 사람들이 지각하지 못하게 해

A. Translate the followings into English.

1. 그 사람들이 네게 그 땅을 밟지 말라고 얘기하지 못하게 해, 그 땅은 네 거잖아.

   * 땅, 토지: property

2. 이렇게 눈 내리는 날씨라고 해서 집에만 쳐박혀 있지마.

   * 눈이 내리는: snowy * …에 머무르다: stay at

1. **Don't let** them tell you that you can't go on the property, for it is yours.
2. **Don't let** this snowy weather make you stay at home.

B. Practice with the practical dialogue.

Man 조쉬가 네 신경을 건드리지 못하게 해.

Woman He is making me so angry. Why does he always pick on me and say things about me to other people?

Man I think he's afraid, and that is his way of protecting himself. It's childish, isn't it?

남자: **Don't let** Josh get on your nerves.

여자: 그애 때문에 정말 화가 나. 왜 항상 날 괴롭히고 나에 관해서 다른 사람들에게 떠들어대는거야?

남자: 두려워서 그러는 것 같아. 그 애는 그런 식으로 자기 스스로를 보호하는 거지. 유치하지 않니?

135 have sb + V[p.p.] …가 ~하도록[되도록] 하다

능동사 have가 '사역'의 의미로 쓰인 경우. have + O + OC의 5형식 구조로 목적어 자리에 사람이 와서 그 사람에게 어떤 일을 시킨다는 의미이다. have가 사역동사이므로 목적보어로는 동사원형이 와야 한다. 단 목적어와 목적보어가 수동관계일 때는 목적보어로 과거분사가 온다. 무슨 말인고 하니 아래 나오는 have her fired의 경우 her는 해고하는 주체가 아니라 해고당하는(She is fired) 대상이기 때문에 fired라는 과거분사를 쓴다는 얘기다. 문법시간 단골 메뉴로 친숙하지만 실제 대화에서 그 이상으로 많이 쓰이는 표현이니 부지런히 활용해보기 바란다.

☐ **have** her **fired** 그 여자를 해고하다
☐ **have** Jones **promoted** 존스를 승진시키다

A. Translate the followings into English.

1. 접수담당자더러 노조대표에게 조문 카드를 보내라고 해 주십시오.
   * 조문 카드: condolence card
2. 나는 네가 처벌받기를 바라지만, 부서장이 추문을 일으키고 싶어하지 않아.
   * 야기하다: cause

1. Please **have** the receptionist **send** a condolence card to the union leader.
2. I want to **have** you **punished**, but the manager does not want to cause a scandal.

B. Practice with the practical dialogue.

Woman 택배 서비스의 폴에게 전화해서 짐을 들고 갈 사람을 보내라고 해요.
Man Is it a local delivery or will you be shipping it out of the city?
Woman I've got a package to send off to Korea and it has to be there before Friday.

여자: Please call up Paul at the courier service and **have** him **send** over a runner to pick up a package.
남자: 시내 배달인가요, 아니면 시외로 발송할 건가요?
여자: 한국으로 보낼 짐이 하나 있는데 금요일 이전에 거기 도착해야 합니다.

More Expressions

get sb to + V …에게 ~하게끔 시키다

get 역시 '사역'의 의미를 갖는 동사. 의미는 have와 같지만 목적보어로 to 부정사를 취한다는 차이가 있다. 단, have sb + p.p.와 마찬가지로 sb와 목적보어 사이의 관계가 수동인 경우에는 get sb[sth] + p.p. 형태를 써야 한다.

A: Please try to **get** your coworkers **to** cooperate more on future projects.
B: Okay, but that's much easier said than done.

A: 앞으로 하게 될 사업건에는 네 동료들에게 더 많이 협조해달라고 해.
B: 알았어, 하지만 말이 쉽지 실제로는 힘들어.

A: We should try to **get** Anderson **to** let us throw him a birthday party.
B: Yeah, fat chance. He hates parties if I remember correctly.

A: 앤더슨에게 우리가 그애 생일 파티를 열게 해달라고 해봐.
B: 아이구, 어림없는 소리. 내 기억이 맞다면 그앤 파티를 싫어해.

136 I didn't mean to+V …하려던 게 아니었어요

본의 아니게 폐를 끼쳤거나 뜻하지 않은 결과가 나타난 경우 자신의 의도는 그런 게 아니었음을 밝히며 상대방의 오해를 푸는 표현. 즉, I'm sorry, I didn't mean to hurt you(미안해, 네 맘을 상하게 하려던 게 아니야)같이 이미 지나간 자신의 행동을 설명 내지는 변명할 때 요긴하게 사용된다.

- ☐ **I never meant to** hurt you 너에게 절대 상처를 주려던 게 아니야
- ☐ **I didn't mean to** say so 너에게 그렇게 말할 생각이 아니었어
- ☐ **I didn't mean to** yell 소리지를 생각은 아니었어

A. Translate the followings into English.

1. 미안해, 모두 보는 앞에서 너한테 소리 지르려고 한 건 아니었어.

   * …에게 고함치다: yell at

2. 내가 널 친구 이상의 감정으로 좋아한다는 생각을 심어주려던 게 아니었는데.

   * …에게 ~라는 생각을 심어주다: give sb the idea that~

1. I'm sorry, **I didn't mean to** yell at you in front of everyone.
2. **I never meant to** give you the idea that I liked you as more than a friend.

B. Practice with the practical dialogue.

Man 너를 이렇게 집에서 멀리 떨어진 곳에 데려가려는 의도는 아니었는데 말야.

Woman I know. Actually, I am very happy to be here, experiencing the natural beauty of Sorak-san.

Man I'm so glad that you like it. Maybe tomorrow we can go to Sokcho and visit Naksan-sa.

남자: **I didn't mean to** take you so far away from home.

여자: 알아. 실은 나도 이곳에 와서 아름다운 설악산의 자연미에 흠뻑 젖는 게 너무 좋아.

남자: 네가 좋다니 나도 기뻐. 우리, 내일은 속초에 가서 낙산사에 들르자.

More Expressions

That's not what I meant to + V

그건 내가 …하려고 의도했던 게 아니야

「그것은 (바로) …하는 것이다」라는 의미의 That's what~을 이용해 I didn't mean to + V를 변형한 것. That은 자신이 앞서 저지른 행동을 받는 대명사.

A: Why did you come home so late last night?

B: **That's not what I meant to** do. It was a mistake.

A: 지난 밤에 왜 이렇게 집에 늦게 들어온거니?
B: 일부러 늦은 게 아니고 어쩌다 실수로 그런 거예요.

A: You made it seem like I had no idea what you were saying.

B: **That's not what I meant to** say. It just seemed like you weren't paying attention.

A: 너는 네가 무슨 말을 하는지 내가 전혀 모르고 있다는 식으로 말했어.
B: 난 그런 의도로 말한 게 아냐. 네가 주의를 기울이지 않고 있다고 한 것 뿐이야.

That doesn't mean that~ 그것이 …라는 의미는 아니야

뒷쪽의 that 이하에 상대방이 오해하고 있는 내용을 언급하고 이를 doesn't mean으로 부정하여 상대방이 잘못 파악하고 있는 사항을 바로잡아 주는 구문.

A: My teacher told me that my paper is awful.

B: **That doesn't mean that** he thinks you are stupid.

A: 선생님께서 내 레포트가 형편없다고 말씀하셨어.
B: 그렇다고 선생님이 널 바보로 생각한다는 의미는 아니야.

A: The office just returned my application in the mail.

B: **That doesn't mean that** you made a mistake though.

A: 그 사무실에서 방금 내 신청서를 우편으로 반송했어.
B: 그렇다고 네가 실수를 했다는 의미는 아냐.

137 Do you mind if~? …해도 괜찮을까요?

I was wondering if~, I'd like you to~ 등과 함께 대표적인 부탁 표현 중 하나. 어떤 행동을 하기 전에 상대방에게 허가나 동의를 구하는(seek sb's permission or agreement) 정중한 표현. mind는 「…하기를 꺼리다」(be opposed to or dislike)란 뜻의 동사로 「…하는 게 싫으세요?」, 「…하면 폐가 될까요?」라는 부정의 의미를 포함하는 의문문. 따라서 대답은 우리말과 반대로 해야 한다. 즉 부정으로 대답해야 「아니, 난 괜찮아」(I don't mind if~)란 승낙의 뜻이 되고 Yes, Of course 등의 긍정의 대답은 「그래, 싫어」라는 거절의 답변이 된다.

- ☐ **Do you mind if** I excuse myself? 자리를 떠도 될까요?
- ☐ **Do you mind if** I smoke here? 담배 피워도 될까요?
- ☐ **Do you mind if** I ask a favor? 부탁 하나 해도 괜찮겠니?

A. Translate the followings into English.

1. 시간 내에 이 일을 끝낼 수 있게 저 좀 도와주시면 안될까요?
   * …를 도와주다: give some support to sb
2. 내일 오후에 해변에 갈 때 샘이 우리와 함께 가도 괜찮을까요?
   * …와 함께 가다: come with

1. **Do you mind** giv**ing** me some support on this project so that I can finish on time?
2. **Do you mind if** Sam comes with us to the beach when we go tomorrow afternoon?

B. Practice with the practical dialogue.

Man 주말마다 너희 어머니 집에 가는 거 괜찮니?

Woman Yes, I do. I don't have any time to myself, and I'm starting to feel very bored and unhappy over there.

Man Have you thought of taking her over to your house? You could do your own thing and visit at the same time.

남자: **Do you mind** go**ing** to your mother's house every weekend?

여자: 아니. 내 자신을 위해 쓸 시간이 없어서 거기 가는 게 엄청 지겹고 따분해지기 시작했어.

남자: 너희 집에 엄마를 모시고 오는 건 생각해 본 적 있어? 네 일도 하면서 동시에 엄마를 보러가는 셈이 되니까 말야.

138 How long does it take to~? …하는 데 얼마나 걸립니까?

특정 행위의 소요 시간을 말할 때 사용하는 It takes + 시간 + (for sb) to + V 구문(Level 3. 86 참고)의 의문형. 시간명사가 의문사 How long으로 대체되면서 문장의 제일 앞으로 나온 형태이다. 예를 들어 It takes about three hours to get there(거기 도착하려면 3시간쯤 걸린다)에서 소요시간에 해당하는 about three hours에 대해 물어보려면 How long does it take to get there?라고 하면 된다. 현재 시제를 미래로 바꾸어 How long will it take to~?라 응용해도 된다.

☐ **How long does it take to** get there? 거기 가는 데 얼마나 걸릴까요?
☐ **How long does it take to** finish it? 그걸 끝내는 데 얼마나 걸릴까?

A. Translate the followings into English.

1. 교통이 혼잡할 때 너희 고향에 가려면 얼마나 걸리니?
   * 혼잡한 교통: a lot of traffic
2. 다른 나라에 살면서 외국어를 배우는 데 얼마나 걸릴까?
   * 제 2 공용어: a second language

1. **How long does it take to** get to your hometown when there is a lot of traffic?
2. **How long does it take to** learn a second language when you are living in another country?

B. Practice with the practical dialogue.

Man: 김치 담그는 데 얼마나 걸리세요?

Woman: Well, it isn't very complicated. I guess I usually finish a batch in about three hours, but I make a lot of it.

Man: Maybe some day you could show me how to make it. I want to impress my friends with my excellent kimchi.

남자: **How long does it take for** you **to** make kimchi?

여자: 글쎄요, 아주 복잡하지는 않아요. 보통 한 번 담그는 건 3시간 정도 걸리는 것 같은데 전 아주 많이 담그거든요.

남자: 언제 저한테 김치를 담그는 방법을 알려주세요. 김치를 아주 맛있게 담가서 친구들에게 자랑하고 싶거든요.

139 Have you heard that~? …라는 소식 들었니?

글자 그대로 소식을 들었는지 여부를 확인하고자 할 때, 또는 다음에 언급할 내용에 대해 상대방의 호기심을 유발코자 사용되는 표현. 수다쟁이 아줌마들이 모여 「…란 얘기 들어봤수?」라며 화제를 던지는 장면을 상상해보면 이해가 빠를 것이다. 현재완료 대신 과거형 Did you hear that~?이라고 해도 별 차이가 없다. heard 다음에 바로 명사를 쓰려면 전치사를 이용하여 Have you heard of~? 혹은 Did you hear about~? 등으로 말하면 된다.

- ☐ **Have you heard that** Jane broke her arm? 제인 팔이 부러졌다는 얘기 들었어?
- ☐ **Have you heard that** tomorrow's a day off? 내일 하루 휴가라는 소식 들었니?

A. Translate the followings into English.

1. 데이빗이 미국에 출장간다는 얘기 들었니?
   * 출장가다: go on a business trip
2. 이번 주말 발레공연이 취소될 거라는 얘기 들었니?
   * 취소하다: cancel

1. **Have you heard that** David will go to the States on a business trip?
2. **Have you heard that** the ballet will be cancelled this weekend?

B. Practice with the practical dialogue.

Man 포드 社가 조립공장 두 군데를 폐쇄할 거라는 소식 들었어요?
Woman Do you think it will affect us?
Man I certainly hope not, but a lot of workers at Ford will be laid off.

남자: **Have you heard that** Ford will shut down two of its assembly plants?
여자: 우리한테 영향을 미칠까요?
남자: 물론 아니길 바라지만, 포드 社 근로자들이 많이 해고당하겠죠.

More Expressions

Didn't you hear about~ who...?

…한 ~(사람)에 대해 들어 보신 적 없나요?

소문의 주인공, 즉 about 뒤에 나오는 명사를 who가 이끄는 관계대명사절이 수식하는 문형. 언급하려는 소문의 내용이 사물에 관한 것이라면 관계사를 which, that 등으로 바꿔야 한다.

A: **Didn't you hear about** the guy **who** won the contest?

B: No, I was away on vacation at the time.

A: 그 대회에서 우승한 사람에 대해 들어보신 적 없으세요?
B: 예, 그때 전 휴가를 떠났었거든요.

A: **Didn't you hear about** the man **who** ran away from the institution?

B: Actually, I don't read the newspaper much.

A: 그 정신병원에서 도망친 남자 얘기 들어본 적 없니?
B: 실은 난 신문을 그다지 많이 안보거든.

140 I doubt if[that]~ …인지 의심스럽다[모르겠다]

어떤 일의 진실성 또는 가능성에 대해 의구심을 나타내는 표현. I doubt은 「의심하다」 또는 「가능성이 없다」라는 뜻으로 반신반의한다기 보다 그렇지 않을 거라고 거의 확신하는 것으로 I don't think~의 의미. 목적어로는 주로 if[whether] S + V나 that절이 오게 된다.

- ☐ **I doubt that** you're telling the truth 네 말이 사실인지 의심스러워
- ☐ **I doubt if** he is an American 난 그 사람이 미국인인지 의심스러워
- ☐ **I doubt** he knows my name 그 사람이 내 이름을 아는지 모르겠어

A. Translate the followings into English.

1. 듣지 못했겠지만, 저는 사장님이 신문에 광고낸 그 자리에 지원할 생각이에요.

   * …에 지원하다: apply for

2. 우리 회사와 경쟁사 가운데 한 회사가 합병할 것 같지는 않아요.

   * 합병: merger

1. **I doubt if** you heard, but I am thinking of applying for the position that the boss is advertising in the paper.
2. **I doubt if** there would be a merger between our company and one of our competitors.

B. Practice with the practical dialogue.

Woman 알아채지 못했겠지만, 정문 로비에 새 가구를 들여 놓았어요

Man No, I didn't notice, but I do think we needed some.

Woman Yeah, the old furniture was pretty ugly, wasn't it?

여자: **I doubt if** you noticed, but we got brand-new furniture in the front lobby.

남자: 그래요, 몰랐어요. 하지만 필요하다고 생각하긴 했었어요.

여자: 그래요, 예전 가구들은 너무 보기 흉했어요, 그렇지 않았어요?

More Expressions

There is no doubt about~ …에 대해서는 의심의 여지가 없다

우리말의 「의심의 여지가 없다」(It cannot be doubted), 「명백하다」(It is obvious)에 해당되는 말. no doubt 하면 「거의 확실한」(almost certain)이란 뜻으로 위의 표현 말고도 have no doubt of [that]~(…을 확신하다), No doubt!(틀림없어!) 등으로 다양하게 활용된다.

A: Jake is definitely the best player on our team.

B: **There's no doubt about** that. He's hit a home run every game so far this season.

A: 제이크는 명실공히 우리 팀 최고의 선수라니까.

B: 그건 의심할 여지가 없어. 걔 이번 시즌 내내 매 게임마다 홈런을 하나씩은 쳤잖아.

A: **There is no doubt about** the effectiveness of this diet.

B: Yeah, I'm hoping that it works for me.

A: 이 식이요법의 효과에 대해선 의심의 여지가 없군요.

B: 그렇군요, 나한테도 효과가 있었으면 좋겠는데.

I suspect that~ …인 것 같다

doubt이 어떤 일의 진실성 또는 가능성에 대해 「…이 아니라고 의심하다」의 뜻이라면 suspect는 「…라고 의심하다」라는 의미. 따라서 that 이하에는 범죄나 다른 사람에게 해를 끼치는 것 같은 뭔가 바람직하지 않고 부정적인 사항이 온다.

A: Why is Jason acting so depressed this morning?

B: **I suspect that** he had another fight with his mother.

A: 제이슨이 오늘 아침에 왜 저렇게 의기소침할까요?

B: 어머니랑 또 싸워서 그런 것 같아.

A: Why do you think Julie keeps arriving late for work lately?

B: **I suspect that** she hasn't found a good short cut to avoid traffic in the morning.

A: 요즘 들어 줄리가 왜 계속 늦게 출근한다고 생각하니?

B: 아침에 교통 혼잡을 피할 수 있는 괜찮은 지름길을 찾아내지 못해서 그런 것 같아.

141 I'd like to let you know~ …을 알려드리려구요

이때 let you know는 「네가 알게 하다」란 뜻으로, 즉 말하는 이(I)가 상대방(you)에게 뭔가를 「말해주겠다」(I'll tell you), 「알려주겠다」(I'll inform you)라는 의미. 여기에 「…하고 싶다」는 바램을 공손히(politely) 내비치는 I'd like to 구문이 결합한 형태로 뭔가 자기가 하고 싶은 말을 부드럽게 꺼낼 때 그 서두(序頭)를 장식하기에 적합한 표현이다.

- ☐ **I'd like to let you know** my goals 내 목표를 알려주고 싶어
- ☐ **I'd like to let you know** how he made money 그 남자가 어떻게 돈을 벌었는지 말해줄게

A. Translate the followings into English.

1. 어제 네 연설이 매우 훌륭했다는 사실을 알려주고 싶어서.

   * 잘 되다, 성공하다: go well

2. 다른 회사에서 일하기로 했다는 걸 이제 알려드리려구요.

   * 다른 회사에서 일하기로 하다: accept a job with another company

1. **I'd like to let you know that** your speech went very well yesterday.
2. **I'd like to let you know now, that** I've accepted a job with another company.

B. Practice with the practical dialogue.

Man　How can I help you?
Woman　곧 휴가를 좀 내야 할 것 같아서 미리 알려드리려고요.
Man　Okay, there are some forms for you to fill out.

남자: 어떻게 도와드릴까요?
여자: **I'd like to let you know** in advance **that** I'll need some time off soon.
남자: 좋아요. 서류를 좀 작성하셔야겠는데요.

142 I'd love to, but~ 저도 그러고 싶지만…

모든 사람이 "예"라고 할 때 혼자 "아니오"라고 할 수 있는 용기는 갸륵하다. 하지만 세치 혀에 목숨이 왔다갔다하는 세상인데 "아니오"라고 거절하더라도 후환을 조금이라도 없애기 위해서는 기꺼이 자그마한 '쌩쇼' 라도 해야 하지 않을까? 이 표현은 별로 내키지 않는 제안을 적당히 둘러대며 정중하게 거절할 때 효과 만점으로, 무턱대고 I don't want to~나 I don't like to~라 하기보다는 「저도 정말 그러고 싶긴 한데요」 (I'd love to, but~)라는 식으로 완곡하게 거절하는 것이 대화의 분위기를 한결 부드럽게 해준다. 단, 너무 남발하면 거짓말쟁이로 찍히는 수도 있으니 주의할 것. 물론 진심으로 그러고 싶지만 상황이 안되는 경우에도 쓰이는 것은 물론이다.

- ☐ **I'd love to, but** I'm tied up 그러고 싶긴 한데, 너무 바빠서요
- ☐ **I'd love to, but** I have other plans 하고 싶긴 하지만 다른 계획이 있어서요

A. Translate the followings into English.

1. 저도 그러고 싶지만 처남이 우리집에 와서 저녁식사를 하기로 되어있기 때문에 지금 바로 집에 가봐야 해요.

   * 처남, 매부, 시동생 등 결혼해서 생긴 남자 형제: brother-in-law

2. 저도 그러고 싶지만 비가 올 것 같으니 그냥 집에 가서 편안히 쉴래요.

   * 편안히 쉬다: relax

1. **I'd love to, but** I have to get home right now, since my brother-in-law is joining us for dinner.
2. **I'd love to, but** I think it's going to rain so I think I'll just go home and relax.

B. Practice with the practical dialogue.

Woman　Why don't you join us for a drink after the meeting later on tonight?
Man　저도 그러고 싶지만 유감스럽게도 제 친구들과 이미 약속을 했어요.
Woman　That's all right. Maybe we can do it another time.

여자: 회의 끝나고 이따 밤에 같이 술 한잔 하러 가실래요?
남자: **I'd love to, but** unfortunately I have made other arrangements with my friends.
여자: 괜찮아요, 다음에 한잔 할 시간이 생기겠죠.

143 It has been+시간+since~ …한 지 ~나 됐다

현재완료시제를 활용한 대표적인 회화구문으로 특정 행위의 발생시점으로부터 얼마만큼의 시간이 경과했는지 설명하는 표현이다. since 이하에는 과거시제나 현재완료시제가 나온다. 이 표현 또한 시제나 주어를 달리해 다양하게 변형시킬 수 있는 것으로 유명한데, 예를 들어 It has been 3 years since he was kidnapped(그가 납치된 지 3년이 지났다)라는 문장은 시간을 주어로 하여 Three years have passed since~라고 하거나 과거시제로 He was kidnapped 3 years ago로 바꿔쓸 수 있다.

A. Translate the followings into English.

1. 네가 세미나나 연수회에 마지막으로 참석한 지도 꽤 됐어.

   * 상당히 경과된 시간: quite some time

2. 사무용품을 주문한 지가 2달이 넘었는데 아직도 못받았어요.

   * 사무용품: (office) supplies

1. **It has been quite some time since** you have attended any seminars or workshops.
2. **It has been over two months since** we ordered the supplies and we still haven't received them.

B. Practice with the practical dialogue.

Man 내가 고등학교 졸업한 지도 10년이 넘었구나.

Woman Really? I find that hard to believe. You seem like you are only twenty years old.

Man I may look young, but my body feels like it's about eighty years old. I am getting old.

남자: **It has been over ten years since** I graduated from high school.

여자: 정말? 난 도무지 믿어지지가 않아. 넌 겨우 스무살 정도로 밖엔 안 보여.

남자: 어려보일진 몰라도 내 몸은 거의 여든 살은 된 것 같아. 난 점점 나이가 들고 있다고.

144 stay out of …에 가까이 하지 않다

stay out of는 out of로부터 멀리 떨어져 있다, 즉 간섭하거나 방해하지않다라는 뜻. 「좀 비켜주라」, 「간섭마라」라고 할 때는 You stay out of this!, 그리고 「문제일으키지 말고 지내라」라고 할 때는 Stay out of trouble이라고 하면 된다. 또한 stay away from 역시 「…에서 떨어지다」, 「멀리하다」라는 의미로 구어체 문장을 자주 쓰려면 꼭 알아야 되는 표현들.

- ☐ I asked you to **stay out of** this 이거에 끼어들지 말라고 했을 텐데
- ☐ **Stay out of my way!** 내 앞에서 꺼져!
- ☐ **Stay away from me!** 꺼져!
- ☐ **Stay away from me!** Don't touch me! 꺼져! 내게 손대지마!

A. Translate the followings into English.

1. 이건 네가 상관할 바가 아니야. 그러니 제발 간섭하지마.

   * 상관할바 아니다: be none of one's business

2. 제시카에 가까이 가지마. 걘 이거와 아무런 상관이 없었어.

   * 아무런 상관이 없다: have nothing to do with

1. This is none of your business. So just please just **stay out of it**.
2. **Stay away from** Jessica. She had nothing to do with this.

B. Practice with the practical dialogue.

Woman Barney and Wendy have been arguing all week.
Man 끼어들지마. 걔네들 사적인 일이야.
Woman But I think I can help them work things out.

여자: 바니와 웬디는 일주일 내내 다투고 있어.
남자: **Just stay out of it.** It's their private business.
여자: 그래도 걔네들이 상황을 해결하는데 도와줄 수 있을 것 같아.

145 I can't say~ …는 아니지

말을 할 수 없다는 말로 단독으로 I can't say하면 상대방의 물음에 자신없게 혹은 조심스럽게 「몰라」라고 말하는 것으로 I can't say~하면 직역은 「…라고 말할 수 없다」, 즉, 「…는 아니지」라는 뜻으로 부정적인 답변을 조심스럽게 하는 표현법이다.

- ☐ **I can't say** I love you 널 사랑한다는 것은 아니야
- ☐ **I can't say** I blame him 걔를 비난하는 것은 아니지
- ☐ **I can't say** I'm surprised 놀라지는 않았지

A. Translate the followings into English.

1. 네가 무엇을 겪는지 이해한다고 말할 수는 없지.

   * 경험하다, 겪다: go through

2. 걔가 무엇을 생각하고 있었는지 확실히는 모르지.

   * 확실히: with certainty

1. **I can't say** I understand what you're going through.
2. **I can't say with certainty what** he was thinking.

B. Practice with the practical dialogue.

Woman Have you chosen what subject you're going to study?

Man 아직 못했어. 내가 대학에서 뭘 할지 확실히 모르겠어.

Woman Most people ask an advisor to help plan their future.

여자: 네가 전공할 분야 골랐어?

남자: Not really. **I can't say that** I know what I'll do at university.

여자: 대부분 사람들은 대학 카운슬러에게 미래계획을 세우는데 도움을 부탁해.

146 Don't tell me (that)~ 설마 …라는 건 아니겠지?

영어표현을 무조건 한단어 한단어 그대로 의미를 살려 번역하려는 못된 습관은 영어를 못하는 지름길이다. 영어도 언어라는 점을 인식하여 축어적이고 교과서적인 번역보다는 살아있는 우리말처럼 생동감있고 과감하게 옮겨야 한다. 이 경우도 무슨 말을 못하게 하려는 것이 아니라 상대방의 말을 부정하거나 일축할 때 애용되는 표현으로, 경우에 따라 문자 그대로 「…라고 내게 말하지마」라는 해석은 지양해야 한다. 예를 들어 Don't tell me you never felt like that이라고 하면 「그렇게 느낀 적이 없다고 말하지마」라고 하기 보다는 「너도 그렇게 느꼈잖아」라고 하는 것이 훨씬 자연스럽다.

A. Translate the followings into English.

1. 설마 없어진 부품들을 지난 주에 주문하는 걸 잊은 건 아니겠지!

   * 없어진 부품: missing part

2. 설마 우리하고 쇼핑하러 안가겠다는 건 아니지.

   * 쇼핑하러 가다: go shopping

1. **Don't tell me that** you forgot to order the missing parts last week!
2. **Don't tell me** you will not go shopping with us.

B. Practice with the practical dialogue.

Man　나더러 크리스를 초대하지 말라고 얘기하려는 건 아니겠죠?

Woman　I told you before that if you didn't do your homework, you wouldn't be able to have Chris over.

Man　I think that's unfair. I'm going to tell Dad that you are being mean to me.

남자: **Don't tell me that** I don't get to invite Chris.

여자: 전에 숙제를 안하면 크리스를 여기 데리고 올 수 없다고 말했잖니.

남자: 그건 불공평하다고 생각해요. 아빠에게 엄마가 나를 못살게 군다고 말씀드릴거예요.

147 Have you thought about+~ing? …에 대해 생각해 본 적 있어?

단순히 about 이하를 생각해 보았는지의 여부를 묻는다기 보다는 「…해볼 생각있어?」라며 상대에게 about 이하의 행위를 제안 · 권유하는 문형. 현재완료 '경험' 용법으로 you와 thought 사이에 ever를 써서 강조해줄 수도 있다. 전치사 about 뒤에는 당연히 명사나 동명사 등 명사 상당어구가 와야하며, 절이 오는 경우에는 Have you thought that S + V?의 형태로 써주면 된다.

☐ **Have you thought about** dy**ing** your hair? 머리 염색해 볼 생각있어?
☐ **Have you thought about** travel**ing** overseas? 해외여행갈 생각있어?

A. Translate the followings into English.

1. 영화 보러 가는 거 생각해 봤니?
   * 영화보러 가다: go to the movies
2. 외환에 투자해 보는 것에 대해 생각해 보셨나요?
   * 외환: foreign currency

1. **Have you thought about** go**ing** out to the movies?
2. **Have you thought about** invest**ing** in some foreign currency?

B. Practice with the practical dialogue.

Man 계획안을 시(市)정부에 제출하는 것에 관해 생각해 보셨나요?

Woman I have, but it doesn't seem like a good idea. I have more work to do before I can get any paperwork in.

Man Well, if you want some help, I am always around. Give me a call next week and let me know what you're doing.

남자: **Have you thought about** submitt**ing** a plan to the city government yet?
여자: 네, 그렇지만 좋은 생각같진 않아요. 서류를 제출하기 전에 해야 할 일이 더 있거든요.
남자: 뭐 그럼, 도움이 필요하시면 언제든 불러주세요. 다음 주에 전화해서 어떻게 하실 건지 알려주시구요.

More Expressions

I would have never thought that~
…일 거라고는 생각도 못했어요

전혀 예상치 못한 일이 벌어졌을 때 전혀 의외임을 화들짝 나타낼 때 쓰는 표현. 가정법 과거완료를 활용한 구문으로 「그것에 대해 생각해 봤더라도 …라고는 꿈에도 예상하지 못했을 것이다」라는 어감을 갖는다. 각종 시상식장에서 「이 상을 받게 되리라곤 꿈에도 생각 못했어요」(I would have never thought that I would win the award)라는 수상자의 매너성 멘트로도 인기높은 표현.

A: **I would have never thought that** I would win the contest. I'm just a beginner.

B: I guess you got lucky. Let's go celebrate with some pizza and beer.

A: 내가 그 경연대회에서 우승할 줄은 생각도 못했어. 난 생초짜인데.
B: 행운을 잡은 거 같아. 피자랑 맥주로 축하하러 가자.

A: **I would have never thought that** she could lift that weight. She is really strong.

B: She's been lifting for three years now, and is stronger than most guys at the gym.

A: 그 여자가 그 역기를 들어올릴 수 있으리라곤 생각도 못했어. 그 여자 진짜 힘 세더라.
B: 3년동안 역기를 들어 지금은 그 체육관에서 운동하는 웬만한 남자보다 훨씬 힘이 세다구.

148 How often do you~? 얼마나 자주 …하나요?

often으로 알 수 있듯 어떤 일을 일정기간 동안 얼마나 자주 반복하는지 '빈도'를 묻는 표현. 대답은 Once a week 식으로 행위를 반복한 횟수(once)에 단위가 되는 기간 (a week)이 따라 나오기 마련. 만약 상대방이 「얼마나 자주」 커피를 마시는지 알고 싶다면 How often do you drink coffee?라고 물으면 되고 대답으로 「하루에 세 번 마신다」고 하려면 (I drink coffee) Three times a day라 하면 된다. 또한 「얼마나 빨리 …할 수 있냐」고 물어볼 때는 How soon can~?라는 공식을 쓰면 된다.

- ☐ **How often do you** see your friends? 친구들과 얼마나 자주 만나세요?
- ☐ **How often do you** go out with Jack? 잭이랑 얼마나 자주 데이트하니?
- ☐ **How soon can you** be here? 여기에 얼마나 빨리 오실 수 있죠?
- ☐ **How soon can we** get there? 우리가 얼마나 빨리 그곳에 도착할 수 있죠?

A. Translate the followings into English.

1. 출장가느라 집을 비울 때 아버님께 얼마나 자주 연락해요?
   * 사업상[업무상]의 일로 집을 떠나다: be away from home on business
2. 얼마나 빨리 우리한테 주문서를 보내주실 수 있으세요?
   * 주문서: order

1. **How often do you** talk to your father when you are away from home on business?
2. **How soon can you** send the order to us?

B. Practice with the practical dialogue.

Woman 얼마나 자주 학위논문 작업을 하시죠?

Man Right now I am spending over four hours a day on it, but the time I spend on it varies greatly.

Woman Good luck with it. I once tried to get a doctoral degree, but gave up after one year.

여자: **How often do you** work on your dissertation?

남자: 지금은 하루에 4시간 넘게 논문을 쓰고 있지만, 제가 거기에 쏟는 시간은 경우에 따라 굉장히 다양해요.

여자: 잘 되길 바래요. 나도 한번 박사 학위를 따려고 해봤는데 1년 하다가 포기했어요.

149 I know better than to+V …할 정도로 어리석진 않다

know better than to + V는 「…하는 것보다는 잘 안다」, 즉 「…할 만큼 어리석진 않다」(I'm not such a fool to~)라는 반어적 의미를 띠는 표현. 그 행동을 하면 안된다는 걸 알 만큼 충분히 철이 들고 경험이 있다는 의미이므로 to 이하에는 당연히 「바람직하지 않은 일」(something wrong to do)이 나와야 할 것이다. I know better than you처럼 than 다음에 사람이 오면 그 사람보다 경험(experience), 지식(knowledge), 정보(information)등이 더 많다는 말.

- ☐ **I know better than to** ask you for help 너한테 도움을 청할 정도로 어리석진 않아
- ☐ **I know better than to** say "No" 아니라고 말할 정도로 어리석진 않아
- ☐ **I know better than to** fall in love 사랑에 빠질 만큼 어리석진 않아

A. Translate the followings into English.

1. 전 이사 회의 중일 때 그 사람의 말을 가로막을 만큼 어리석진 않아요.

   * 이사 회의: board meeting * 방해하다: interrupt

2. 회사가 손해를 보고 있을 때 임금 인상을 요구할 만큼 어리석진 않아요.

   * 임금 인상을 요구하다: ask for a raise

1. **I know better than to** interrupt him during a board meeting.
2. **I know better than to** ask for a raise when the company is losing money.

B. Practice with the practical dialogue.

Man Why don't you ask Clinton to help you?

Woman 그 사람에게 도움을 청할 만큼 어리석진 않아요, 그 사람은 저보다 아는 게 없어요.

Man Maybe you should ask Mary.

남자: 클린턴에게 도와달라고 하지 그래요?

여자: **I know better than to** ask him for help, he knows less than I do.

남자: 그럼 메리에게 물어보세요.

150 If you were~, would you~? 네가 …라면, …하겠니?

소시 적부터 우리의 골머리를 썩여 왔던 가정법 구문 중 하나인 If you were..., you would~를 의문형으로 변형시킨 것. 적절한 가정의 상황을 상대방에게 던져주고 「만일에 그렇다면 넌 어떻게 하겠니?」라며 상대의 의중을 떠보는 용도로 쓰인다. 특히 자신이 처한 난감한 상황 때문에 어떻게 해야 할지 막막한 상황이라면 If you were me, would you~?(네가 나라면 …하겠니?)의 형태로 상대방의 자문을 구할 수도 있겠다.

☐ **If you were** rich, **would you** buy a car? 네가 부자라면, 차를 살거니?
☐ **If you were** fat, **would you** go on a diet? 네가 뚱뚱하다면, 다이어트할거니?

A. Translate the followings into English.

1. 네가 나라면, 사장한테 가서 임금인상을 요구할거니 아님 올려줄 때까지 기다릴거니?
   * 임금인상을 요구하다: ask for a raise
2. 네가 나라면 팀원 모두와 그 제안서를 검토하겠니?
   * 검토하다: go over

1. **If you were me, would you** go to the boss and ask for a raise, or wait?
2. **If you were me, would you** go over the proposal with the whole team?

B. Practice with the practical dialogue.

Woman 네가 백만장자라면, 자선기관에 네 돈을 기부하겠니?
Man It depends on how much I had. I would definitely donate a lot of it if I didn't need it.
Woman I think I would keep it all for myself, and live a life of quiet luxury and opulence.

여자: **If you were** a millionaire, **would you** give away money to charities?
남자: 내가 가진 돈이 얼마나 많은가에 달려 있지. 만약 나한테 돈이 필요없다면 아주 많은 액수를 선뜻 기부하겠지.
여자: 나라면 그 돈을 모두 가지고 있으면서 아주 화려하고 풍족하게 살거야.

More Expressions

if you were in my shoes 네가 내 입장이라면

be in sb's shoes(…의 입장이 되다)란 숙어를 이용한 if you were 가정법 구문. 「신발」이라고 굳게 믿어온 shoes가 여기에선 「처지」, 「입장」이란 뜻으로 쓰였다. shoe(s)자리에 position이나 place가 와도 의미는 마찬가지이며, 간단하게는 앞에서 방금 배운 예문에서처럼 if you were me라고 해도 무방하다.

A: **If you were in my shoes,** I don't think you'd make that remark.

B: Maybe so, but I'm not in your shoes, am I?

A: 네가 내 입장이라면, 그런 말은 하지 않았을거야.

B: 아마도 그럴테지, 하지만 난 네가 아니잖아, 안그래?

A: I don't think you should have made that comment about her bad hairstyle.

B: **If you were in my shoes,** you would have said the same thing. It was the worst hair I'd ever seen!

A: 그 여자의 이상한 헤어스타일에 대해 그런 말은 하지 말았어야 했다고 생각해.

B: 네가 내 입장이었더라도 나랑 똑같이 말했을거야. 내가 지금까지 본 중에서 최악의 머리였거든!

151 What did you do with~ ? …을 어떻게 했니[어디다 두었니]?

with 이하의 「명사를 어떻게 했는지」(take action with regard to something)를 묻는 표현. 물건이 오면 그 물건을 어떻게 처리했는지, 혹은 그 물건을 어디에 두었는지 묻는 말. 예를 들어 What did you do with this letter?라고 하면 「그 편지 어디다 두었냐?」란 질문.

☐ **What did you do with** my briefcase? 내 서류 가방 어디다 뒀어요?
☐ **What did you do with** our passports? 우리 여권 어쨌니?
☐ **What did you do with** my keys? 내 열쇠 어디 뒀니?

A. Translate the followings into English.

1. 작년에 내가 네 생일 선물로 준 펜 어쨌어?
   * 생일선물로 주다: give sb for sb's birthday
2. 토요일 오후에 리버사이드 공원에 갔을 때 민이를 어떻게 한거야?
   * …의 공원에 가다: go to ~ park

1. **What did you do with** the pen that I gave you for your birthday last year?
2. **What did you do with** Min when you went to Riverside Park on Saturday afternoon?

B. Practice with the practical dialogue.

Man 오늘 제출하기로 되어있던 작문숙제 어떻게 된거니?
Woman I tried to print it, but my printer broke. Then I took it to school, and all the computers were busy.
Man Those are some interesting excuses. However, I don't believe a word you are saying.

남자: **What did you do with** the essay you were supposed to turn in today?
여자: 출력하려고 했는데 프린터가 고장났어요. 그래서 학교에 가져갔는데 학교에 있는 컴퓨터가 모두 사용 중이라서.
남자: 그거 참 흥미로운 변명이구나. 하지만 나는 네가 하는 말 하나도 안 믿는단다.

152 I'm not gonna let sb+V …가 …하도록 내버려 두지 않을거다

누군가에게 특정 행동을 금지시키겠다는 주어(I)의 강력한 의지가 드러난 표현으로 gonna는 going to를 일상회화에서 발음나는 대로 표기한 것. 사랑과 이별을 노래하는 수많은 팝송 가사에서 떠나는 연인을 향해 읊조리는 대표적인 가사 I'll never let you go(널 떠나보내지 않겠어)가 바로 이 표현과 맥을 같이 하는 경우라고 할 수 있다.

- ☐ **I'm not gonna let** you go 너를 보내지 않을거야
- ☐ **I'm not gonna let** you stop me 네가 날 가로막게 내버려 두진 않을거야

A. Translate the followings into English.

1. 네가 내 발표회를 또 망치도록 놔 두지는 않을거야.

   * 발표회: presentation

2. 네가 이 일을 저지르고도 그냥 빠져나가게 내버려 두지는 않을거야.

   * (잘못 등을 저지르고 벌받지 않고) 넘어가다: get away with sth

1. **I'm not going to let** you ruin another one of my presentations.
2. **I'm not gonna let** you get away with this.

B. Practice with the practical dialogue.

Woman 누구도 이 그림조각 퍼즐을 망치지 못하게 할거야.

Man How are you going to prevent people from stepping on it? It is sitting right on the floor.

Woman I'm gonna put a barricade around it, and put a sign out for people to beware.

여자: **I'm not gonna let** anybody ruin this jigsaw puzzle.

남자: 사람들이 그걸 밟고 지나가는 걸 무슨 수로 막을 거니? 바닥에 그냥 놔두고선 말야.

여자: 퍼즐 주위에 장벽을 쌓아놓고 사람들이 주의하도록 표지판을 걸어두면 돼.

153 I'd say that~ 아마 …일 걸요

조동사 would를 이용한 가정법 표현. 아마도(probably, maybe) 그럴 거란 화자의 조심스런 추측을 담고 있는 구문으로 that 이하의 내용을 100% 확신할 수 없을 경우에 사용하는 서술법. would가 붙어서 그냥 I say라고 하는 것보다 덜 단정적이면서 보다 부드럽고 정중한 어감을 갖기 때문이다.

☐ **I'd say that** the boy would do it 아마 그 소년이 그것을 했을걸
☐ **I'd say that** the traffic would be heavy 아마 교통혼잡이 대단할걸

A. Translate the followings into English.

1. 그 사람들은 우리가 부른 부동산 가격에 아주 근접한 액수를 제시할 것 같아요.
   * 파는 사람이 부르는 가격: asking price
2. 아마도 지난 해에 비해 이번 분기에는 예산을 훨씬 초과할 거예요.
   * 분기: quarter * 예산: budget * 훨씬: way

1. **I'd say that** their offer is going to be very close to the asking price for the property.
2. **I'd say that** we are going to be way over budget in this quarter compared to last year.

B. Practice with the practical dialogue.

Woman 그 사람들이 자금난에 처해있는 것 같아요.
Man I agree. Their latest marketing campaign has a desperate tone.
Woman I notice that, too. They got too big too fast.

여자: **I'd say that** they are in financial difficulty.
남자: 나도 그렇게 생각해요. 그 사람들이 최근에 펼치고 있는 마케팅을 보면 절박한 느낌이 들어요.
여자: 나도 그런 느낌을 받았어요. 그 사람들은 너무 빨리 너무 컸어요.

More Expressions

I'd have to say that~ …라고 말할 수밖에 없네요

「…인가 봐요」. that 이하의 사실이 기대했던 것과 다를 때 인정하며 쓰는 표현. I must admit that~, I must accept that~등과 비슷한 뉘앙스이나 I would say와 마찬가지로 조동사 would가 붙어 어감이 좀 더 완곡해졌다.

A: What do you think about the issue of terrorism in America?

B: **I'd have to say that** the whole situation is very tragic.

A: 미국에서 일어난 테러 사태에 관해 어떻게 생각하세요?
B: 모든 상황이 아주 비극적이라고 밖엔 말할 수가 없군요.

A: What would you say has been your most embarrassing moment?

B: **I'd have to say that** my most embarrassing moment was when I woke up after a night of drinking too much and didn't know where I was.

A: 네가 살면서 가장 창피했던 순간이 있었다면 그게 언제니?
B: 전날 밤에 과음하고 다음 날 일어났는데 내가 어디에 있는지 모르겠던 그때가 내가 살면서 가장 창피했던 순간이었던가 봐.

I must say that~ …라고 말하지 않을 수가 없군요

꼭 말해야겠다는 필요성이 강하게 느껴지는 표현.

A: **I must say that** your behavior comes as a shock to me. Why would you criticize me like that in front of my friends?

B: I disagreed with what you were saying. Sorry, I didn't mean to make you look bad.

A: 네가 그런 식으로 행동한 게 나한텐 충격적이라고 밖에 할 수가 없어. 왜 내 친구들 앞에서 그런 식으로 날 비난하려는거야?
B: 네 말에 찬성할 수 없어서 그랬어. 미안해, 네 체면을 깎으려고 그런 건 아니었어.

154 What I would like to know is~ 내가 알고 싶은 건 …이다

바쁜 세상, 쓸데없는 시간낭비 없이 원하는 엑기스 정보만을 재빨리 얻기 위해 아주 유용한 표현. 유난히 앞사설이 긴, 혹은 묻는 말엔 대답 안하고 자꾸 곁다리 짚는 얘기만 하는 상대에게 내가 알고 싶은건 바로 이거라고 콕 집어주는 말. is 이하에는 원칙적으로 「의문사[what/why/how] S + V」의 간접의문문이 오지만 제멋대로 노는 구어체에서는 What I would like to know is, what did he die of?와 같은 직접의문문의 형태가 올 수도 있다.

A. Translate the followings into English.

1. 내가 궁금한 건 **왜 그 남자의 임금이 올라서 새 차를 샀느**냐 하는거야.

   * 임금인상: a raise

2. 내가 알고 싶은 건 **그 사람이 왜 죽었느**냐는 겁니다.

   * …로 인해 죽다: die of

1. **What I would like to know is** why he got a raise and a new car.
2. **What I would like to know is,** what did he die of?

B. Practice with the practical dialogue.

Man　I heard that the diver was found on the shore, unconscious.

Woman　내가 알고 싶은 건 왜 그 바다에 그 남자 혼자만 나왔냐는거야. 다른 사람들이랑 같이 잠수한 거 아니었어?

Man　No, he had gone out there by himself, and probably hit his head on a rock.

남자: 그 잠수부가 의식불명인 채로 해변가에서 발견되었다고 들었어.

여자: **What I would like to know is** why he was out in the ocean all alone. Wasn't he diving with someone else?

남자: 아니, 그 사람 혼자만 거기 갔던거래. 아마도 바위에 머리를 부딪혔나봐.

155 When was the last time (that)~? 마지막으로 …한 게 언제였죠?

어떤 일을 가장 최근에 해본 게 언제였는지 묻는 표현으로 When was the last time that we met?(우리가 마지막으로 만난 게 언제였지?)와 같이 that 뒤의 시제는 과거형이 오게 된다. 이와는 반대로 「맨처음 …를 해본 게 언제였어요?」라고 묻고 싶다면 last만 first로 잽싸게 바꾸어 When was the first time (that)~?이라고 하면 된다.

A. Translate the followings into English.

1. 마지막으로 휴가를 간 게 언제야?

   * 휴가를 갖다: have a holiday

2. 너하고 빌이 서로 마지막으로 본 것이 언제지?

1. **When was the last time** you had a holiday?
2. **When was the last time that** you and Bill saw each other?

B. Practice with the practical dialogue.

Man 네가 타미를 마지막으로 찾아간 게 언제지?

Woman I went down to Kwangju about a year ago to see him. He was really happy to see me.

Man Maybe it's time to go down there again. He might be feeling a bit lonely now.

남자: **When was the last time that** you visited Tommy?

여자: 일년 전쯤에 그앨 만나러 광주로 내려갔었지. 그애는 나를 보고 정말 기뻐했었어.

남자: 이제 다시 내려갈 때가 된 거 같아. 그애는 지금 약간 외로울지도 몰라.

156 **move on** 다음 단계로 넘어가다, 잊다, 잊고 나아가다

역시 좀 낯설게 느낄 수도 있겠지만 move on하면 지나간 안좋은 경험이나 일은 이제 그만 잊고서 다음 단계로 넘어가다라는 아주아주 많이 쓰이는 표현. 문맥에 따라 단순히 다음 단계로 넘어가다라는 뜻이 될 수도 있고 아니면 그만 잊다라는 의미도 될 수 있으니 문맥에 따라 잘 파악해야 한다. 비슷한 표현인 let it go는 그냥 넘어가다, 잊다라는 의미이다.

- ☐ I'm trying to **move on** 잊으려고 하고 있어
- ☐ We both feel badly. Now let's **move on** 우리 둘 다 기분이 꿀꿀하니 그만 잊자
- ☐ We all make mistakes, let's **move on** 우리 모두 다 실수를 하잖아, 그만 잊자고
- ☐ I said I'm sorry. Can't you please **let it go**? 미안하다고 했으니 그만 좀 넘어갈래?

A. Translate the followings into English.

1. 네가 날 용서하고 집에 돌아와, 우리 어른처럼 새롭게 삶을 계속할 수도 있어.
   * 용서하다 forgive * 새로운 삶을 시작하다: move on with one's lives
2. 크리스, 그만 징징대, 넌 기회가 있었지만, 잡지 못했잖아. 그냥 잊고 넘어가.
   * 징징대다 whine * 기회가 있다 have one's chances

1. You could forgive me and come home and we could **move on with** our lives like adults.
2. Stop whining Chris, you had your chance; you didn't take it. **Move on.**

B. Practice with the practical dialogue.

Woman I heard that the Butlers lost all their money.
Man It's true. They don't even have a house to stay in.
Woman 그 상황에서 극복하기가 정말 어렵겠다.

여자: 버틀러네가 돈을 다 날렸다며.
남자: 맞아. 기거할 집도 없어.
여자: It must be really hard to **move on from** that.

157 I can't stand~ …을 못참겠어

I can't stand~는 「…을 못 참겠다」라는 표현. 상대방 혹은 자신의 행동이나 어떤 현상에 더 이상 참을 수 없다고 짜증이나 화를 내면서 쓸 수 있는 표현으로 일상생활에서 무척 많이 쓰이는 표현이다. 주의할 점은 stand 다음에는 ~ing 형 또는 명사가 와야 한다는 점이며 또한 한단계 응용하여 「…가 …하는 것을 못참겠다」라고 할려면 I can't stand sb ~ing이라고 하면 된다.

- ☐ **I can't stand** her 난 걔를 참을 수가 없어
- ☐ **I can't stand** it any longer 난 그걸 더 이상 못참아
- ☐ **I can't stand** it when people touch my body 난 사람들이 내 몸을 만지는 것을 못참겠어

A. Translate the followings into English.

1. 난 지고는 못 사는데, 내기에서 진 게 이번주만 세번째야.

   * (내기 따위에서) 지다: lose a bet

2. 여름철에 고용된 임시 종업원들을 모두 여기서 이런 식으로 취급하는 건 참을 수가 없어.

   * 여름철 임시 종업원들: summer employees * 이런 식으로 취급하는 것: the way (that) they treat

1. **I can't stand** los**ing** and it's the third time this week that I've lost a bet.
2. **I can't stand** the way that they treat all of the summer employees at this place.

B. Practice with the practical dialogue.

Man 이렇게 줄서서 기다리는 건 못 참겠어.

Woman Me, neither, do you want to leave?

Man Yeah, let's go to the restaurant around the corner from here.

남자: **I can't stand** wait**ing** in lines like this.

여자: 나도 그래. 다른 데로 갈래?

남자: 응, 이 근처 모퉁이에 있는 식당에 가자.

158 **talk sb into** 설득해서 …하게 하다

우리는 설득하다하면 문뜩 떠오르는 단어는 persuade이다. 하지만 일상 구어체에서는 talk sb into~를 무척 즐겨 사용한다. 또한 반대로 말로 「설득해서 …하지 못하게 하다」라고 할 때는 talk sb out of~라 하면 된다. 물론 persuade가 전혀 안쓰이는 것은 아니지만 훨씬 구어체인 talk sb into~와 같은 많은 공식표현들에 익숙해지고 자연스럽게 말을 할 수 있도록 노력해본다.

- ☐ You **talked** me **into** it 네가 날 설득해서 그걸 하게 했어
- ☐ I'm not trying to **talk** you **into** anything 널 설득해서 아무것도 하게 하지 않을거야
- ☐ You want me to **talk** you **out of** it? 네가 널 설득해서 이걸 하지 않게 원하는거야?

A. Translate the followings into English.

1. 제니퍼가 널 설득해서 그걸 못하게 했어? 걘 토니가 널 꼬득여 그걸 못하게 했다고 하던대.

   * …라고 하다: sb told sb that~

2. 네가 날 설득해서 그걸 하게 할 수 없어.

   * …할 수 없어: there's no way S+V

1. Jennifer **talked** you **out of** it? She told me that Tony **talked** you **out of** it.
2. There's no way you're going to **talk** me **into** this.

B. Practice with the practical dialogue.

Woman I heard you've been trying to find a date for Sally.

Man Yeah, it's true. Do you think your brother would go out with her?

Woman 내가 오빠한테 그러라고 해볼 수는 있겠지만 안될거야.

여자: 네가 샐리 데이트 상대를 찾고 있다며.

남자: 어 맞아. 네 오빠가 샐리와 데이트를 할 것 같아?

여자: There's no way I'd be able to **talk** him **into** doing that.

159 That's not how S+V ···는 그렇게 하면 안된다

That's how~는 「그것이 ···하는 방법이다」, 즉 「그런 식으로 ···을 하는 것이다」라는 뜻. 이때 That's와 how사이에 not을 넣어주면 「···는 그렇게 하면 안된다」, 「그런 식으로 ···하지 않는다」는 뜻이 되어 상대방의 잘못된 방식을 지적하여 충고하거나 혹은 잘못 알고 있는 정보를 바로 잡아줄 때 쓰는 표현이 된다. how 대신에 why를 넣으면 why 이하를 하게 된 「이유」를 설명하는 구문이 된다.

A. Translate the followings into English.

1. 기업문화에 대한 회사지침에 따르면 당신은 부서를 그렇게 운영해서는 안됩니다.

   * 운영하다: run

2. 여기서는 그렇게들 안해. 우리식에 적응하든가 아니면 다른 직장을 찾아봐.

   * ···에 익숙해 지다: get used to

1. **That's not how** you should run your department according to the company's handbook on corporate culture.
2. **That's not how** we do things around here. You'd better get used to our ways or look for another job.

B. Practice with the practical dialogue.

Man Hey, pull up to that girl walking down the road. I want to ask her for her phone number.

Woman 우리 캐나다에선 그렇게 안해. 이태리에선 다르겠지만 그래도 새로운 환경에 적응을 해야지.

Man I'll try.

남자: 야, 저기 길따라 걸어가는 여자애 쪽으로 차를 세워봐. 전화번호 좀 알려달라고 하게.

여자: **That's not how** we do things in Canada. I know it's different in Italy, but you have to adapt to your new surroundings.

남자: 그렇게 해볼게.

160 The real problem is that~ 정말로 문제가 되는 것은 …이다

「문제가 되는 것은~」(The problem is~)이라고 운을 떼어 듣는 이들의 이목을 집중시킨 다음 that 이하에 문제의 내용을 서술하는 방식이 상당히 직설적이다. 의사전달 효과가 만점이라는 말씀. 제목에 나온 것처럼 problem 앞에 강조 형용사 real을 삽입하면 상황의 심각성을 부각시키는 데에 한결 효과적이다. 가주어 it을 사용하여 It is a real problem that~이라고 변형해도 된다.

☐ **The real problem is that** I'm lazy 정말 심각한 문제는 내가 게으르다는거야
☐ **The real problem is that** we're out of time 정말 문제가 되는 건 우리에게 시간이 없다는거야

A. Translate the followings into English.

1. 정말로 심각한 건 새로 부임한 사장은 너무나 많은걸 바꾸고 있다는거야.
2. 정말로 문제가 되는 건 그 일을 모두 다 해낼 만큼 직원이 충분하지 않다는거야.

* 그 일을 모두 다 하다: do all the work

1. **The real problem is that** our new boss is changing too many things.
2. **The real problem is that** there aren't enough employees to do all the work.

B. Practice with the practical dialogue.

Man I feel so depressed nowadays. I don't know what is wrong with me.
Woman 정말 심각한 문제는 네가 인터넷에 너무 많은 시간을 보낸다는거야. 건강에 안좋은 버릇이야.
Man Yeah, but I can't seem to stop. It feels like an addiction that I can't escape.

남자: 요즘 아주 우울해. 나한테 무슨 문제가 있는지 나도 잘 모르겠어.
여자: **The real problem is that** you spend too much time on the Internet. It is not a healthy habit.
남자: 그런가봐, 하지만 그만둘 순 없을 것 같아. 벗어날 수 없는 무슨 중독증에 걸린 것 같아.

161 make oneself clear …에게 자신의 말을 이해시키다

make oneself clear는 자신의 생각 · 입장을 상대방에게 명확하게 전달하여 이해시킨다는 의미로 make oneself understood와 같은 의미. 예를 들어 Do I make myself clear?는 상대방에게 뭔가를 설명해 준 다음 「내 말 이해가니?」라고 확인차 묻는 질문인데, 말귀를 지독히도 못 알아듣는 사람에게 사용하면 「이제 내말 알아듣겠어?」라는 짜증섞인(showing annoyance) 면박이 되기도 한다. 또한 I can't make myself any clearer라고 하면 「나 자신을 더 이상 이해시킬 수 없다」 즉, 「이 정도면 내 생각을 충분히 전달했다」는 의미.

☐ **Do I make myself clear?** 내 얘기 제대로 이해했어?
☐ Please **make yourself clear to** me 내가 이해할 수 있도록 얘기해봐

A. Translate the followings into English.

1. 넌 그 경기보러 못가. 내 말 알아 듣겠니?
2. 더이상 방해받고 싶지 않다는 내 입장을 이해시키려고 했다.

* 더이상 …않다: not ~ anymore　* 방해하다: interrupt

1. You cannot go to the game. **Do I make myself clear?**
2. I tried to **make myself clear** that I didn't want to be interrupted anymore.

B. Practice with the practical dialogue.

Man　너한테 그 돈을 빌려줄 수 없다는 내 말 알아들은거야?
Woman　I don't understand why you are being so tough about it. I am in a bad situation right now, and I need your help.
Man　Yes, but I don't want to give you cash to go and gamble in Kangwon-do. That is wrong.

남자: **Do I make myself clear** when I say that I can't lend you the money?
여자: 돈 좀 빌려주는 것 가지고 왜 이리 빡빡하게 구는 건지 이해가 안돼. 지금 내 사정이 말이 아니라서 도움이 필요하단 말이야.
남자: 그래, 하지만 네가 강원도에 가서 도박하려는 데 돈을 대주고 싶진 않다구. 그건 잘못된 일이야.

162 What do you say if~? …라면 (그것에 대해) 어떻게 생각해?

어떤 일이 예상과 다르게 돌아가면 어떻게 하겠느냐고 묻는 표현으로 if 다음에는 만약의 경우 일어날 수 있는 돌발적인 상황을 말하면 된다. 이때의 if는 앞서 나온 I'll ask sb if~처럼 「…인지 아닌지」란 의미가 아니라 「만약 …라면」의 '가정' 의 접속사. 「어떻게」라는 말에 현혹되어 How do you say if~?라고 하지 않도록 유의하자. 한편 What do you say?는 Hello, how are you?에 해당하는 가벼운 인사말 대용으로도 쓰이며, 때로는 뭔가를 제안하고 나서 「어때?」, 「(제안에 대해) 어떻게 생각해?」라며 상대의 답변을 요구할 때도 사용된다.

☐ **What do you say if** we meet tomorrow? 우리 내일 만나는 거 어때?
☐ **What do you say if** we change the time? 시간을 변경하면 어떨까?

A. Translate the followings into English.

1. 그 사람들이 정해진 계약 규정을 따르지 않으려고 한다면 어떻게 할 생각이야?
   * 정하다: set out * …(안)하려고 하다: be (not) willing to
2. 우리가 그 여자와 고용계약을 갱신하기 전에는 잔업을 조금도 안하려고 하면 넌 어쩔 생각이니?
   * (계약을) 갱신하다: renegotiate * 잔업: extra work

1. **What do you say if** they're not willing to follow the rules of the contract that were set out?
2. **What do you say if** she's not going to do any of the extra work until we renegotiate her contract?

B. Practice with the practical dialogue.

Woman 그 사람이 회사를 그만둔다고 결정한다면 넌 그점에 관해서 어떻게 생각하니?
Man I would say that it's better for the company that he leaves on his own terms.
Woman I guess you're right.

여자: **What do you say if** he decides to quit?
남자: 제발로 걸어서 회사를 나가는 게 회사를 위해서는 더 좋다고 생각해.
여자: 네 말이 맞는 것 같아.

163 I've never known sb to + V …가 ~하는 것을 본 적이 없어

know의 목적어가 to 이하 하는 것을 본적이 없다는 뜻으로 상대방 혹은 제 3자의 의외의 행동에 대한 놀라움을 표현하는 구문이다. 여기서 know는 see 또는 hear와 같은 의미. 과거부터 지금까지 몰랐던 사실이니까 시제는 부정의 현재완료. 예를 들어 사무실에선 한없이 무게만 잡던 사장님이 직원들과의 회식자리에서 말춤을 췄을 때 I've never known him to dance라고 하면 낯선 행동에 대한 어색함 내지는 놀라움을 표현할 수 있다.

A. Translate the followings into English.

1. 나는 로스가 어울리지 않게 옷을 입는 것을 본 적이 없어.

   * 어울리지 않게: inappropriately

2. 나는 하워드가 불필요한 모험을 하는 것을 본 적이 없어.

   * 위험을 무릅쓰다[모험을 하다]: take a risk

1. **I've never known** Ross **to** dress inappropriately.
2. **I've never known** Howard **to** take unnecessary risks.

B. Practice with the practical dialogue.

Woman Have you seen Jeannette this morning?

Man No, she phoned in to say she'll be out the entire day. She's not feeling well.

Woman 괜찮아야 할텐데. 늘 같이 일을 해왔지만 그애가 병가를 내는 건 못봤어.

여자: 오늘 아침 자넷 봤니?

남자: 아니, 전화로 통화해 봤는데 오늘 하루종일 없을 거래. 컨디션이 아주 안좋데.

여자: I hope she's okay. In all the time I've worked with her **I've never known** her **to** take a sick day.

164 It doesn't matter (to me) wh- ~ …해도 저는 상관없어요

이 경우에 matter는 「중요하다」, 「상관이 있다」의 뜻으로 It doesn't matter하면 앞서 말한 내용에 대해 「그건 아무래도 상관없다」(It is not important to me)라는 말. 예를 들어 「누가 …하든 상관없다」라고 하고 싶으면 who + V를 이용해 긴 주어를 뒤로 빼고 가주어를 써서 It doesn't matter who~하면 된다. who 대신 when, where, how 등 다양한 의문사들을 써서 「언제[어디서/어떻게] …하든 상관없다」라고 활용해보자. 한편 의문사절 대신 whether절이 오면 「…이든 아니든 상관없다」란 의미. 같은 맥락의 표현인 I don't care if~ 도 함께 알아두자.

- ☐ **It doesn't matter whether** you come or not 네가 오든지 말든지 난 상관없어
- ☐ **It doesn't matter when** he came back 그 사람이 언제 돌아오든 상관없어
- ☐ **I don't care if** it's raining 비가 오든 말든 상관없다
- ☐ **I don't care if** he leaves 그 사람이 떠나든 말든 관심없다
- ☐ **I don't care if** you hate me 네가 나를 미워한다 해도 난 상관없어

A. Translate the followings into English.

1. 빨리만 간다면 저녁 먹으러 어디로 가든 저는 상관없어요.
   * …하는 한: as long as
2. 짧은 비행이니까 1등석이나 2등석 어느 쪽도 저는 상관없어요.
   * 1등[2등]석: first[coach] class

1. **It doesn't matter to me where** we go for dinner as long as we go soon.
2. **It doesn't matter to me whether** we fly first class or coach because it's a short flight.

B. Practice with the practical dialogue.

Man 저녁식사를 이번 주에 하든 다음 주에 하든 저는 괜찮거든요.
Woman I would rather have it next week.
Man Then let's have it next week.

남자: **It doesn't matter to me if** we have the dinner this week or next week.
여자: 다음 주가 더 좋겠어요.
남자: 그러면 다음 주에 하도록 하죠.

More Expressions

It makes no difference to me~ 난 상관 없어

자신이 무척 융통성있는(flexible) 사람임을 알릴 때 꼭 필요한 표현. 「차이를 낳다」, 즉 어떤 것에 대해 특별히 반대하거나 괘념치 않는다는 기분을 말할 때 사용한다. 앞서 공부한 I don't care~, It doesn't matter to me~와 이 표현은 모두 무늬는 달라도 「상관없다」라는 의미의 닮음꼴 표현들.

A: As I said, I'm not going to go with you.

B: **It makes no difference to me** if you come or not.

A: 내가 말했다시피 난 너와 함께 가지 않을거야.

B: 네가 가든지 말든지 나하곤 상관없어.

A: How should I pay, cash or credit?

B: **It makes no difference to** me.

A: 어떻게 지불할까요, 현금으로 낼까요, 신용카드로 결제할까요?

B: 어느 쪽이든 전 상관없습니다.

I don't care if~ 난 상관안해

「…이든 아니든 괜찮다[관심없다]」는 의미로 if 이하의 상황 여부에 관심없다는 의미로 경우에 따라 문맥에 따라 '백지(?)허락' 혹은 if 이하의 내용에 「난 알 바 없다」라는 심한 '무관심' 내지는 '짜증스런 면박'을 뜻할 수도 있다.

A: What do you think about the situation?

B: **I don't care if** we go on strike or not.

A: 이 상황에 대해 어떻게 생각해?

B: 파업을 하든 말든 난 상관없어.

165 would rather ~ than~ …보다는 …가 좋을 듯하다

「…하는 것보다 오히려 ~하는 게 더 좋다」라는 뜻으로 두 가지 중 어떤 것을 선호하는지(prefer to do something) 밝힐 때 사용한다. 더 선호하는 것을 would rather 뒤에, 나머지 하나를 than 이하에 말해 주면 된다. 기억해야 할 것은 would rather 뒤와 than 이하에 둘 다 동사원형이 온다는 사실. 아울러 had better의 부정형이 had better not이듯, would rather의 부정 역시 would rather not이라는 사실도 확인해 두자.

☐ **I'd rather** win **than** lose 지는 것보단 이기는 게 좋지
☐ **I'd rather** give help **than** ask for help 도움을 청하는 것보단 도움을 주는 쪽이 좋지

A. Translate the followings into English.

1. 그 자료를 택배 편으로 보내느니 차라리 그 여자에게 직접 주는 편이 더 낫겠어요.
   * 택배 편으로: by courier * 직접: personally
2. 고객에게 아침 일찍 연락하는 것보다는 오늘밤 9시 전에 전화하는 게 더 나을 것 같군요.
   * …에게 연락하다: get sb

1. **I would rather** give her the information personally **than** send it by courier.
2. **You would rather** phone the client before 9:00 p.m. tonight **than** try to get her early in the morning.

B. Practice with the practical dialogue.

Woman 래리랑 데이트하느니 차라리 혼자 있는 게 나을 거 같아.

Man Come on, Larry is a great guy. You should give him a chance before you decide you don't like him.

Woman I already thought about it, and I am quite sure that he is not the man for me.

여자: **I would rather** be alone **than** go out with Larry.
남자: 무슨 소리야, 래리는 정말 괜찮은 남자라구. 걔에게도 기회를 한번 주고 나서 싫다는 결정을 내려도 내려야지.
여자: 나도 이미 그런 거 생각해 봤는데 그앤 나랑 정말 안 맞아.

166 put sb through …가 어려움을 겪게 하다

조금은 낯설게 보일 수도 있으나 put sb through sth하게 되면 sb가 원하지 않은 힘들고 어려운 일을 겪게 하도록 하다라는 의미이다. 수동태로 쓰이면 sb be put through sth이라고 하면 된다. go through는 주어가 그냥 어떤 어려운 상황을 겪다라는 의미인 반면 put sb through는 주어가 sb에게 어려운 일을 겪게 한다는 차이가 있다.

☐ Why do you **put me through** this? 왜 이렇게 힘들게 하는거야?
☐ I'm sorry you had to **go through** that 네가 그 일을 겪게 돼서 안됐어

A. Translate the followings into English.

1. 미안해, 난 절대로 네가 이런 어려움을 겪는 걸 원치 않았어.
   * 난 전혀 …을 원치 않았다: I never wanted to~
2. 네가 날 어떤 어려움에 처하게 했는지 알기나 해? 내 인생을 거의 망쳐놨다고.
   * 인생을 망치다: ruin one's life

1. I'm so sorry, I never wanted to **put you through** this.
2. Do you have any idea what you **put me through**? You almost ruined my life.

B. Practice with the practical dialogue.

Woman Why did you quit working at your old job?
Man My boss was a jerk. He was saying that I was an idiot.
Woman 놀랍네. 그런 일을 겪다니 안됐어.

여자: 옛날 직장에서 왜 일을 그만뒀어?
남자: 사장이 또라이야. 나보고 멍청하다고 말하는거야.
여자: That's shocking. I'm sorry that he **put you through** that.

167 What is the best thing to do for~?

…에 최선의 방법은 무엇입니까?

당면과제에 대한 최선의 방책을 구하는 질문. 주로 특정 질병과 관련해 가장 좋은 치료약이나 처방을 묻는 경우에 많이 쓰이는데 긍정문으로 ~ is the best thing to do for…라고 하면 「…에는 ~이 특효다」라는 약장수 멘트. 여기서 do for는 「(나쁜 상황을) 호전시키다」, 「…에 좋게 작용하다」(have a positive effect on)라는 의미. 전치사 for 뒤에는 각종 질병 등 현재 닥친 골칫거리에 해당하는 명사가 온다.

A. Translate the followings into English.

1. 두통에 가장 좋은 것은 무엇입니까?

   * 두통: headache

2. 콧물이 흐르고 열이 날 때 가장 좋은 치료법이 뭘까?

   * 콧물이 흐르는 코: a runny nose

1. **What is the best thing to do for** a headache?
2. **What's the best thing to do for** a runny nose and fever?

B. Practice with the practical dialogue.

Woman 불면증에 가장 좋은 게 뭘까요? 수면제는 좋지 않다고 들었는데요.

Man That's true. Sleeping pills have many side effects and can be addictive. You should try exercising before bedtime. It works for me.

Woman All right. I'll try it, but if it doesn't work, I'm going to have to ask you to give me a prescription for some sleeping pills.

여자: **What is the best thing to do for** insomnia? I heard that sleeping pills were not a good idea.

남자: 맞아요. 수면제는 부작용이 많고 중독될 수도 있어요. 잠자기 전에 운동을 해보세요. 나는 효과가 있더군요.

여자: 좋아요, 해 보죠. 하지만 그래도 효과가 없으면 수면제를 처방해 주셔야겠어요.

168 make it happen …하게 하다

영어가 모국어가 아닌 우리로서는 좀 뭐라 해석하기가 난감한 표현일 수도 있다. 사역동사 make를 활용한 것으로 관용적으로 make it happen하면 그것이 일어나게 하다, 즉 「그렇게 하도록 하다」라는 의미가 된다. 문맥에 따라서는 그것을 「성공적으로 하게 하다」라는 뜻으로도 쓰일 수 있다.

- ☐ You work for me. You will **make it happen!** 넌 내 직원인데 하라면 해!
- ☐ Don't just want it. **Make it happen** 그냥 바라지만 말고 그렇게 하도록 해
- ☐ I am going to **make it happen** 그렇게 되도록 할게

A. Translate the followings into English.

1. 여기 깨끗이 하기를 바래, 그러니 그렇게 하도록 해.

   * 깨끗이 하다: clean up

2. 아무도 내가 하버드에 들어갈거라 생각못했지만 내가 해냈어.

   * (학교에) 들어가다: attend+학교명

1. I want this place cleaned up, so **make it happen.**
2. No one thought I would attend Harvard, but I **made it happen.**

B. Practice with the practical dialogue.

Woman What kind of help does your uncle need?
Man He has a lot of debt and must get money to pay it off.
Woman 은행에서 돈을 빌려서 갚아야겠구나.

여자: 네 삼촌은 어떤 종류의 도움을 필요로 하는거야?
남자: 빚이 많아서 갚아야 할 돈이 있어야 될거야.
여자: He'll have to get a loan from the bank to **make that happen.**

169 What's the point in + ~ing if~?
…할 거라면 (도대체) ~를 하는 의의가 뭐죠?

if 이하의 상황이라면 in + ~ing하는 게 무슨 의미가 있느냐고 반문하는 표현. 이때 point는 「목적」(purpose), 「이점」(advantage), 「용도」(use)란 뜻으로 쓰였으며 전치사 in 다음에는 동명사가 오게 된다. 또한 What's the point of locking the door if~?에서 볼 수 있듯이 전치사는 in 대신 of도 애용된다.

A. Translate the followings into English.

1. 임금인상도 안되고 승진도 안된다면 도대체 그렇게 열심히 일하는 의의가 뭐죠?
   * 임금인상: raise * 승진: promotion
2. 언제 갈지 확실시 않다면 미리 비행기를 예약하는 게 무슨 의미가 있죠?
   * 미리: in advance * 예약하다: book

1. **What's the point in** work**ing** so hard **if** you never get a raise or a promotion?
2. **What's the point in** book**ing** your flight in advance **if** you aren't sure when you should be there?

B. Practice with the practical dialogue.

Man: Chuck has decided to practice Starcraft eight hours a day.

Woman: 그거 해서 돈을 벌 수 있는 게 아니라면 스타크래프트 게임하느라 그렇게 많은 시간을 쏟는 게 무슨 의미가 있을까?

Man: Starcraft is a very important game, and if you played it more, you would understand that.

남자: 척이 하루에 8시간씩 스타크래프트 게임을 하기로 했대.

여자: **What's the point in** spend**ing** so much time playing Starcraft **if** you can't make any money at it?

남자: 스타크래프트는 아주 괜찮은 게임이야, 그러니까 너도 좀 더 해보면 그 이유를 알게 될거야.

170 I'm (not) telling you (~) 말하지 않을거야, 정말이야

자신이 말하는 내용을 강조하여 상대방의 주의를 강하게 끌고자 할 때 사용하는 공식. I'm telling you 다음에 S+V의 절을 붙여 강조하고 싶은 내용을 말하면 된다. 다시 말해 I'm telling you는 「…라니까」, 「정말 …이야」에 해당되는 부가어이다. 단독으로 I'm telling you라고도 쓰이는데 역시 앞이나 뒤에서 자신이 말하는 내용을 강조하는 어구로 「정말이야」라는 의미. 부정 형태인 I'm not telling you~는 「…라고 말하는게 아냐」라는 뜻으로 자신의 진의가 왜곡됐을 때 혹은 상대방이 말귀를 못알아들을 때 정정해주면서 하는 말.

- ☐ **I'm telling you** I had no choice 정말이지 난 기회가 없었어
- ☐ **I'm telling you** I'm quitting! 정말 그만 둔다니까!
- ☐ That's funny. **I'm telling you** 거 재미있군. 정말이야
- ☐ **I'm telling you that** he took the money 그 사람이 돈을 가지고 간 것이 틀림없어

A. Translate the followings into English.

1. 정말이지 존은 너를 이용해 나에게 복수하려는거야!

   * 이용해서 …하다 use sb to~ * 복수하다 get back at sb

2. 이봐, 친구들 나 정말이지 아무도 죽이지 않았어.

   * 이봐 Look,

1. **I am telling you that** John is using you to get back at me!
2. Look, **I'm telling you guys,** I didn't kill anybody.

B. Practice with the practical dialogue.

Woman Maybe I shouldn't have let Pete borrow my computer.

Man 누가 아니래, 갠 다 엉망으로 만들거야.

Woman Oh my God, what if he erases all of the files I saved?

여자: 피트에게 내 컴퓨터를 빌려주는게 아니었는데.

남자: **I'm telling you,** he's going to screw everything up.

여자: 맙소사, 내가 저장한 파일들을 삭제하면 어떻하지?

171 That's what I want (~) 바로 그게 내가 …하고 싶은거야

That's what I want~은 「바로 그게 내가 …하고 싶은거야」라는 의미로 뭔가 강조할 때 쓰는 구문. 좀 강조해서 「그게 바로 내가 원하는거야」라고 하려면 That's exactly what I want, 그리고 더 좀 구체적으로 말하려면 That's what I want(ed) to~라고 쓰면 된다. 이를 활용하여 「그게 바로 내가 하는 말이야」는 That's what I said라 하면 된다. 또한 All I want to~는 「내가 바라는 것은 …하는 것뿐이야」라는 뜻으로 자기가 원하는 것을 강조하는 표현. (Level 4. 187 참고)

- ☐ **That's not what** I said 그건 내가 말한게 아냐
- ☐ **Is that what you want?** 그게 네가 바라는거냐?
- ☐ **Is that what you**'re thinking? 그게 네가 생각하는거야?
- ☐ **That's what I wanted to** know 바로 그게 내가 알고 싶었던거야.

A. Translate the followings into English.

1. 실은 **그것에 관해 얘기**하려고 해.

   * …에 관해 …와 이야기하다: talk to sb about sth

2. 내가 원했던 건 **걔가 시카고로 이사하는 것을 도와주**고 싶은 거였어.

   * …가 이사하는 것을 도와주다: help sb move to~

1. Actually, **that's what I want to** talk to you about.
2. **All I wanted to do** was help her move to Chicago.

B. Practice with the practical dialogue.

Woman Someone has to finish our group's report tonight.

Man 내가 너에게 말하려던게 바로 그거야. 네가 할 수 있어?

Woman Me? No, I have to attend classes until 9 pm.

여자: 누군가 우리 그룹의 레포트를 오늘 밤에 끝내야 돼.

남자: **That's what I want to** talk to you about. Can you do it?

여자: 내가? 아니, 나 9시까지 계속 수업이 있어.

문장 끝의 though

일반적으로 though는 「…이긴 하지만」이라는 의미의 접속사로 쓰인다. 이때는 Though it's hard work, I enjoyed it(어렵긴 하지만, 난 그 일이 재미있었어)에서와 같이 절(clause)의 맨 앞에 놓이게 되고, although나 even though 등으로 바꿔 쓸 수 있다. 여기까지는 흔히들 알고 있는 though에 관한 상식! 하지만 though에는 이 상식을 뛰어넘는(?) 용법이 있으니, 바로 "S + V~, though"라는 형태이다. 문법책만 달달 외운 사람에게는 좀 낯설겠지만, 영미인의 대화를 듣다 보면 그야말로 툭툭 튀어나올 정도로 많이 쓰는 단골 표현이다. 예를 들어, It's hard work; I enjoyed it, though라는 문장 끝에 붙은 though는 「그래도」, 「그러나」의 의미로 전체적으로 "그 일은 어려워. 나한텐 재미있었지만 말야"라는 뜻이 되는 것이다. 이러한 though의 용법은 영화나 드라마 등에서 자주 듣게 되는 표현이니 꼭 알아둔다.

Examples – I like traveling to different countries, though it can be tiring.
(피곤한 일이긴 하지만, 난 여러 다른 나라에 가보는 것을 좋아해.)

– We had a great weekend hiking; it rained the whole time, though.
(지난 주말에 우리는 등산가서 재밌게 지냈지. 내내 비가 오긴 했지만 말야.)

even though vs. even if

그냥 지나갈 만도 한 것을 굳이 '피같은' 지면을 할애하여 even though와 even if를 비교하는 자리를 마련한 것은 이들 표현을 똑같은 표현으로 오해하는 경우가 많기 때문이다. '헐~ 그럼 아니란 말인가?' 라고 생각한 사람이라면 이제부터 정신 바짝차리기 바란다.even though와 even if가 공통적으로 「비록 …일지라도」라는 '양보'의 접속사구라는 건 주지의 사실. 그렇다면 뭐가 다르길래 시작이 이리도 거창할까? 차이점을 확인하기 위해서는 불가피하게 '가정법'이란 잣대를 들이대야 하는데, '가정법'이란 말만 듣고 괜시리 앨러지 반응(I'm allergic to the subjunctive mood)부터 일으키지 말고, 우선 아래 예문을 살펴보기 바란다.

1. Even if it's raining, I have to go there.
2. Even though it's raining, I have to go there.

두 문장은 though와 if를 제외하면 완전히 같은 문장. 번역 또한 두 문장 모두 「난 비가 오더라도 거기에 가겠다」 정도면 큰 무리는 없다. 하지만 그런 무성의한(?) 해석 뒤에는 아주 중요한 사실 하나가 간과되고 있다. 우선 1번 예문에서 even if가 이끄는 절의 의미는 「비가 올지 안 올지 모르겠다. 하지만 혹시 온다고 하더라도」(Whether it is raining or not~)에 해당한다. 즉 알 수 없는 미래에 대한 '가정'의 뉘앙스가 포함된다는 말씀. 반면에 2번 예문의 even though가 이끄는 절은 「밖을 보니 지금 비가 오는구나. 하지만 그래도」(It is raining now, but~)란 얘기. 따라서 그곳으로 떠나기 직전 빗방울이 떨어지는 것을 보고 「비가 와도 가겠다」라는 고집을 보여주려면 Even if it rains~가 아니라 Even though it rains~라고 해야 정확한 표현이 된다. 결론적으로 even if는 아직 벌어지지 않은 상황에 대한 '가정'의 뜻을 내포하는 반면 even though는 '양보'의 접속사 though 앞에 even이 붙어 그 의미가 좀 더 강조된 것일 뿐 「가정의 의미와는 전혀 무관한 존재」라는 사실을 명심하도록 하자.

Level 4

나만이 쓸 수 있는 표현들

172 You don't want to+V …해선 안될 것 같은데요

'쌩기초' 단어로만 이루어진 표현이지만 실제로는 엉뚱하게 해석하기 쉽다. 「당신은 …하기를 원치 않는다」로 직역되는 이 표현은 조금 생소하지만 실은 You should not~의 완곡어법으로 「…하지 않는게 좋을 것 같다」는 의미. 상대방에게 뭔가를 하지 말라고 조언해주는(advising somebody not to do something) 표현이다.

- ☐ **You don't want to** know 알아선 안 될 것 같다
- ☐ **You don't want to** ask 물어봐선 안될 것 같다

A. Translate the followings into English.

1. 그쯤에서 그만하라구. 내 아내에 대해 인신공격은 하지 않는게 좋을거야.

   * …에 대해 인신공격하다: make personal remarks about sb

2. 점심 특별메뉴는 주문하지 않는게 좋아, 내가 먹어봤는데 형편없더라구.

   * 시도해보다: try

1. Stop right there, **you don't want to** make personal remarks about my wife.
2. **You don't want to** order the lunch special, I tried it and it's terrible.

B. Practice with the practical dialogue.

Woman What did you think of the presentation?
Man 내 의견은 듣지 않는 게 좋을거다.
Woman It couldn't have been that badly prepared, could it have?

여자: 그 발표 어땠어?
남자: **You don't want to** hear what I have to say about it.
여자: 그렇게 준비가 엉망이었을 리는 없는데, 안 그래?

173 Isn't there any way to+V? …할 방법이 없나요?

to 이하를 할 수 있는 방법이 있는지 여부를 부정문의 형태로 강하게 반문하는 표현. 「…할 방법이 없을까요?」란 의미로 「…할 수 있는 방법을 알려달라」(Let me know how I can~)는 부탁의 뉘앙스를 담고 있다. 「수단」, 「방법」(method)을 뜻하는 way 뒤에 붙는 to 부정사는 앞에 나온 way를 수식하는 형용사적 용법으로 「…하는 방법」이란 뜻.

- ☐ **Isn't there any way to** speed this up? 이것의 속도를 높일 방법이 없나요?
- ☐ **Isn't there any way to** make her smile? 그 여자를 웃길 방법이 없나요?
- ☐ **Isn't there any way to** fix the problem? 그 문제를 해결할 방법이 없나요?

A. Translate the followings into English.

1. 그 디스크에 수록된 정보를 검색할 수 있는 방법이 없나요?
   * 검색하다: retrieve
2. 연말 전에 제품 보증을 받을 수 있는 방법이 없나요?
   * 제품 보증을 받다: get the product certified

1. **Isn't there any way to** retrieve the information from the disk?
2. **Isn't there any way to** get the product certified before the end of the year?

B. Practice with the practical dialogue.

Woman 보다 이른 항공편으로 떠날 수 있는 방법이 없나요?
Man I've checked with all the airlines and no one has space.
Woman I guess we'll just have to wait.

여자: **Isn't there any way to** leave here on an earlier flight?
남자: 제가 항공사에 모두 연락해 봤는데 빈 좌석이 있는 곳이 하나도 없대요.
여자: 기다리는 수밖에 없겠군요.

More Expressions

Is this the only way to + V?

…하는 데 이 방법 밖엔 없습니까?

현재의 방식이 맘에 안 들어 뭔가 다른 대안을 찾는(find another way to + V) 의문문으로 Isn't there another way to + V?로 바꿀 수 있다.

A: **Is this the only way to** get the photocopier to work?

B: Well, it is for now, until the repairman gets here.

A: 꼭 이렇게 복사기를 사용할 수밖에 없는 거예요?
B: 글쎄, 수리공이 여기에 도착할 때까지 당분간은 요.

A: **Is this the only way to** make a direct call on this public phone?

B: Yes. Unless you have a phone card, in which case you don't need to use coins.

A: 이 공중 전화로는 직통 전화를 이렇게 밖에 걸 수 없는 거예요?
B: 네, 전화카드가 없으면 그렇죠. 전화카드가 있다면 동전을 쓸 필요가 없지만요.

A: **Is this the only way to** submit the report? It's so difficult.

B: We can also do it on the computer, if you like.

A: 보고서를 꼭 이렇게 제출해야 되나요? 너무 힘들어요.
B: 컴퓨터로 제출해도 돼요, 그게 좋다면요.

174 It's hard (for me) to+V (내가) …하기는 힘들어

앞서 배운 It is + 형용사 + for sb to + V 구문(Level 3. 111 참고)의 대표적인 활용형. 「난 …못해」(I can't~)에 비해 「…하기는 어렵겠는데」라며 조금 완곡하게 표현하는 방법. '애로사항'의 구체적인 내용은 to 다음에 이어주면 된다. 실제로 자신이 행하기엔 어려운 문제에 대해 언급할 때도 쓰이지만, 경우에 따라서는 「내가 하기는 힘들겠는데…」라며 상대방의 부탁을 완곡하게 거절하는 용도로도 애용된다.

- ☐ **It's hard for me to** say I'm sorry 미안하다는 말을 하기가 힘들어요
- ☐ **It's hard for me to** forgive you 난 너를 용서하기가 힘들어
- ☐ **It's hard for me to** admit that 그걸 인정하는게 힘들어

A. Translate the followings into English.

1. 그 사람들은 말을 너무 빨리 해서 무슨 얘길 하는지 이해하기 힘들어요.
   * 너무 빨리: so fast
2. 일주일도 안 되는 기간에 내가 그 지역 고객들을 다 방문하기는 힘들어요.
   * 일주일도 안 되는 기간에: in less than a week

1. **It's hard for me to** understand what they are saying because they speak so fast.
2. **It's hard for me to** visit every one of our clients in the area in less than a week.

B. Practice with the practical dialogue.

Woman 전화상으로 사용법을 설명하긴 어렵습니다.

Man Do you think that you could come over and teach me how to use the program?

Woman I'll try and make some time for you early next week in the morning.

여자: **It's hard for me to** explain how to use it over the phone.

남자: 그럼 방문하셔서 프로그램 사용법을 가르쳐주실 수 있으신가요?

여자: 다음 주 초 오전 중에 시간을 내도록 노력해볼게요.

More Expressions

It is really hard to say how~
어떻게 …하는지 정말 모르겠어

how의 의미에 따라 쓰임새가 다르다. 우선 how가 의문사로 '방법'을 뜻하는 경우엔 말 그대로 「…하는 방법을 이야기하기란 쉽지 않다」는 얘기. 하지만 how가 바로 뒤에 붙은 형용사나 부사를 수식하게 되면 「얼마나 …한지 말도 못해」란 뜻으로, 정도가 아주 심하다는 것을 강조하는 표현이 되기도 한다.

A: John looks so tired. He must have stayed late at work again last night.

B: **It's really hard to say how** he does it. It seems like every night he stays late.

A: 존이 피곤해 보이더라. 어제밤에도 늦게까지 일을 한게 분명해.
B: 어떻게 그렇게 하는지 정말 모르겠어. 매일밤 늦도록 일하는 것 같은데.

A: How difficult do you think the exam will be tomorrow?

B: **It's really hard to say how** difficult it'll be. I think we'd better start studying.

A: 내일 있을 시험이 얼마나 어려울 것 같니?
B: 얼마나 어려울지는 말하기가 정말 어려워. 지금부터 공부해야 될거야.

175 Let's say (that)~ …라고 가정해 보자

본격적으로 말하고자 하는 주제에 들어가기에 앞서 이해를 돕기 위해 가정한 상황을 언급하는 표현. 생김새로만 따지자면 「…라고 말하자」라고 해석해야 할 이 표현이 실용회화에서는 「…라고 치자」, 「…라고 가정해 보자」라는 의미로 쓰인다. 가정의 내용은 that 이하에 절의 형태로 이어주는데, 현재 사실과는 무관한 가정의 상황을 언급하는 것이므로 that절 속의 시제는 과거형(가정법 과거)으로 나타낸다.

A. Translate the followings into English.

1. 네가 문서를 팩스로 보냈는데 통화 중이었다고 가정해 보자.

   * 통화 중이다: the line is busy

2. 네가 휴대폰을 잃어 버렸는데 그것을 찾고 싶어한다고 치자.

   * 휴대폰: cell phone

1. **Let's say** you faxed your document, but the line was busy.
2. **Let's say** you lost your cell phone and you want to find it.

B. Practice with the practical dialogue.

Woman 랠프가 그 일자리를 구했다고 칩시다. 그 상황에서 우리는 어떻게 대처하면 될까요?

Man Well, we could reorganize our system, and move some people to different positions.

Woman That might work in the short term, but our productivity over the long term would be hurt significantly.

여자: **Let's say that** Ralph took the job. What would we do in that situation?

남자: 글쎄, 회사 구조를 재편성해서 일부 직원들을 인사 이동시키면 될겁니다.

여자: 그렇게 하면 단기적으로는 효력이 있겠지만, 장기적으로는 우리 생산성이 막대한 타격을 입을 텐데요.

176 We'll be all right if~ …한다면 우리 괜찮을거다

뭔가 좀 걱정이 되는 상황에서 「염려할 것 없어, 괜찮을거야」(Don't worry, we'll be OK)라며 위로하는 표현. 단 무작정 하는 위로가 아니라 if절을 이용하여 「…(하기만) 한다면」이라고 구체적인 단서를 달아주는 방식이다. 물론 주어는 we 대신 다양하게 활용할 수 있으며, if 대신 「…하는 한」, 「…하기만 한다면」이란 의미의 접속사구 as long as를 써도 동일한 의미이다.

☐ **We'll be all right if** you help us 네가 도와준다면 우리 괜찮을거야
☐ **We'll be all right if** you stay calm 네가 조용히만 하면 우리 괜찮을거야

A. Translate the followings into English.

1. 우리가 무엇을 하고 있는지 아무도 알아내지 못한다면 우리 무사할거야.
   * 알아내다: find out
2. 그 회의에서 자리를 예약해둔 사람들이 나타나기만 한다면 우리 괜찮을거야.
   * 예약하다: reserve

1. **We'll be all right if** nobody finds out what we are doing.
2. **We'll be all right** as long as the people who reserved seats at the conference show up.

B. Practice with the practical dialogue.

Woman We have just two hours to address and seal all of these envelopes. We'll never be finished by the deadline.
Man 우리가 함께 일한다면 문제 없을거야. 넌 봉투에 주소 라벨을 붙이고, 난 스폰지로 봉투를 봉하는거야.
Woman Okay, let's get started.

여자: 이 봉투들에 모두 주소를 쓰고 봉하는 데는 2시간 밖에 없어. 절대 마감시간까지 끝낼 수가 없을 거라구.
남자: **We'll be all right if** we work together. You put the address labels on the envelopes and I'll seal them with a sponge.
여자: 좋아, 시작해 보자.

177 I'd appreciate it if~ …해주시면 감사하겠습니다

가정법 형식을 이용하고 있는 이 표현은 외관상 '감사'의 형태지만 앞서 공부한 I was wondering if you could~(Level 4. 198 참고)와 함께 '공손 科'에 속하는 부탁표현의 대표. 정중히 부탁하는 상황이라면 언제든 써먹을 수 있는 활용도 만점 표현이다. 구체적인 부탁 내용은 if 이하에 완전한 절(clause)의 형태로 이어지는데, if you would~나 if you could~ 등 과거시제 조동사나 그냥 과거형 동사가 등장하는 게 보통이다. 더 자세한 내용은 오른쪽에 나오는 'appreciate의 정체'를 참고하세용~!

A. Translate the followings into English.

1. 내가 이 보고서를 끝마치는 몇시간 동안 나를 방해하지 말아줬으면 좋겠어요.

   * 방해하다: disturb

2. 오늘 밤 퇴근할 때 저를 집에 데려다 주시면 감사하겠습니다.

   * …를 차로 데려다 주다: give sb a lift

1. **I'd appreciate it if** you didn't disturb me for the next few hours while I finish this report.
2. **I'd appreciate it if** you could give me a lift home after work tonight.

B. Practice with the practical dialogue.

Man 나와 함께 이 수치들을 검토해주면 고맙겠습니다.

Woman I have to finish something right now, but I'll come by after I'm done.

Man I'll be in my office.

남자: **I'd appreciate it if** you could go over these figures with me.

여자: 지금 당장 끝내야 할 게 좀 있거든요. 하지만 이걸 마치면 들를게요.

남자: 사무실에 있을게요.

Woman 내가 아직 읽지 않은 대본은 버리지 말았으면 좋겠어요.

Man I'm sorry, I thought you were not interested in them. Where would you like me to leave them for you?

Woman How about on my desk, in the file cabinet. That way, they will be easy to reach.

여자: **I'd appreciate it if** you would not throw away transcripts that I haven't read yet.

남자: 미안해요, 당신은 관심이 없는 줄 알았어요. 어디에 놓아 두면 좋겠어요?

여자: 내 책상 위에 있는 파일 보관함에 넣어두면 어떨까요? 거기다 두면 쉽게 꺼내볼 수 있거든요.

appreciate의 정체

사전(dictionary)이라는 골방에 쳐박혀있는 단어 'appreciate'에 생기를 불어넣어(incarnation) 보자. 학창시절 강세 시험문제의 단골손님으로서가 아니라 실생활에서 자주 쓰이는 VIP(Very Important Phrase?)로 모시자는 얘기이다. 학습목적상 appreciate의 구문을 유형화해보자.

1. I (really) appreciate + 상대방의 도움(your help)
2. 상대방 도움내용을 내가 말하고 + I (really) appreciate that
3. 상대방이 도움을 주겠다고 한 경우, 내가: (Thanks) I'd (really) appreciate that
4. I'd appreciate it if you could~

1번은 공식대로 appreciate 뒤에 도움내용을 말하면 되니까 아주 간단하다. 2번은 먼저 고마움의 내용을 말하며 시작한다. 돈을 빌려줘서 고맙다면 Thanks a lot for lending me money, I really appreciate it 이라 하면 된다는 말씀. 3번의 I'd appreciate that은 상대방이 호의를 베풀겠다고 나섰을 때 할 수 있는 말로 「그래주시면 감사하겠습니다」라는 뜻이다. 예를 들어 거래처 미국인과 전화중에 상대방이 "If you'd like, I can send you our latest catalog"라 하면 나는 "Thanks, I'd appreciate that"이라고 하면 된다.마지막으로 방금 배운 I'd appreciate it if you could~ 구문은 회화나 이메일에서 상대방에게 정중히 요청할(requesting) 때 자주 애용되는 표현이다. 실제 활용빈도에 비해 아는 사람들은 매우 적은 편. if 이하의 문장에 상대방에게 요구하는 내용을 내가 먼저 밝히면서 그래주시면 고맙겠다고 말하기 때문에 앞서 말했듯이 '감사' 보다는 '부탁' 내지 '요청'의 표현으로 분류된다.

178 I don't know about you, but~ 넌 어떨지 모르겠지만,

상대방과 다른 의견을 말할 때 혹은 제안을 꺼낼 때 조심스럽게 먼저 서두에 하는 말. 단독직입적으로 상대방과 다른 의견을 말하는 것보다는 I don't know about you, but~ 하고 자기의 의견을 말하면 훨씬 부드러운 표현법이 될 수 있다. 의미는 「너는 어떨지 모르겠지만, 난 …하다」라는 말. 좀 생소하게 보일 수도 있으나 실제로는 무척 많이 쓰이는 표현이니, 이제 뭐 네이티브가 별건가라는 도전의식으로 무장한 채 과감하게 써보도록 해본다.

- ☐ **I don't know about you, but** in my house, there're rules 넌 어떨지 모르겠지만 우리집엔 룰이 있어
- ☐ **I don't know about you but** I'm tired of waiting 넌 어떨지 모르겠지만 난 기다리는데 지친다

A. Translate the followings into English.

1. 넌 어떨지 모르겠지만 난 내 살을 먹느니 굶어죽겠어.

   * 굶어죽다: die of starvation

2. 넌 어떨지 모르겠지만 우리들은 멋진 시간을 보냈어.

   * 멋진 시간을 보내다: have a wonderful time

1. **I don't know about you, but** I would rather die of starvation than eat my own hand.
2. **I don't know about you, but** the rest of us have been having a wonderful time.

B. Practice with the practical dialogue.

Woman Did you hear that noise? I think someone broke a window.

Man Thieves have been breaking into apartments around here.

Woman 넌 어떨지 모르겠지만, 경찰을 불러야겠어.

여자: 저 소리 들었어? 누가 창문을 깬 것 같아.

남자: 이 주변 아파트에 도둑들이 들었대.

여자: **I don't know about you, but** I think we should call the cops.

179 시간 + after S_1 + V_1, S_2 + V_2 …하고 나서 …(시간)후에…

두 가지 행위가 이루어지는 중간에 어느 정도의 시간 간격이 존재할 때 사용하는 표현. 예를 들어 「…한 후에 ~하다」라는 뜻이라면 After S_1 + V_1, S_2 + V_2 정도로 충분히 표현할 수 있지만, 「…하고 나서 10분 후에 ~하다」라고 하려면 Ten minutes after S_1 + V_1, S_2 + V_2라고 표현해야 한다는 말씀. 쌩기초 단어 after를 모르는 사람도 드물지만 이 정도 간단한 활용을 자연스럽게 구사할 수 있는 사람은 더욱 드물다.

A. Translate the followings into English.

1. 그 사람이 전화하고 나서 두 시간이 지나자 **건물 전체가 완전히 타버렸다.**

   * 전소하다: burn to the ground

2. 그 사람이 떠나고 일주일 후에, **부인이 편지로 이혼을 요구해왔다.**

   * 이혼: divorce

1. **Two hours after he called,** the entire building burned to the ground.
2. **A week after he left,** his wife wrote and asked for a divorce.

B. Practice with the practical dialogue.

Woman 그 남자는 말다툼을 하고 나서 몇분 후에 직장을 때려치웠어.

Man Geez, that's a bit crazy. He should have thought about it first before making such a big decision.

Woman It seemed like he was ready to do it. He had collected all his things on his desk before getting into the argument.

여자: **A few minutes after he got in the argument,** he quit.

남자: 세상에, 그거 좀 미친 짓 아냐. 그런 큰 결정을 내리기 전에 먼저 생각을 해봤어야지.

여자: 그만 둘 생각을 하고 있었던 것 같아. 말다툼을 하기 전에 책상 위에 자기 물건들을 모두 정리해 놓았거든.

180 There's no other way~ …할 다른 방법이 없다

way는 방법, 방식이라는 의미로 way to+V하게 되면 '…하는 방법' 이나 '방식' 을 말한다. 이를 바탕으로 다양한 회화공식문구를 만들어내는데, 「…할 다른 방법이 없다」라고 할 때는 There's no other way to~, 반대로 「…하는 다른 방법이 있다」라고 하려면 there's another way to~, 그리고 「…하는 다른 방법이 있냐」고 물어볼 때는 Is there another way to~?라고 하면 된다. 또한 find the way to~나 figure out the way to~ 등의 형태로도 자주 쓰인다.

- ☐ **There's another way to** survive this competition 이 경쟁에서 살아남는 방법이 한 가지 더 있다
- ☐ **There's got to be another way to** fix this 이걸 고치는 다른 방법이 분명히 있을거야
- ☐ **Is there another way to** get downtown? 시내에 가는 다른 방법이 있어?
- ☐ **There's no other way to** finish 끝낼 수 있는 다른 방법이 없어

A. Translate the followings into English.

1. 네 돈을 훔친 도둑을 찾을 방법이 없어.

   * …의 돈을 훔치다: steal one's money

2. 사업을 시작할 때 성공할 수 있는 다른 방법이 있어?

   * 사업을 시작하다: start a business

1. **There's no other way to** find the thief who stole your money.
2. **Is there another way to** become successful when starting a business?

B. Practice with the practical dialogue.

Woman I hate spending every night studying English textbooks.

Man 쉽지 않지만 국제적인 직업을 얻으려면 다른 방법이 없어.

Woman I know. I have to work hard if I want to be successful.

여자: 매일 밤 영어책으로 공부하는게 정말 싫어.

남자: It's tough, but **there's no other way to** get an international job.

여자: 알아. 성공하고 싶으면 열심히 공부해야 되지.

181 Rumor has it that~ …라는 소문이 있어

「소문」으로 유명한 명사 rumor를 이용한 관용표현으로 「소문에 …라고들 하던데요」란 의미. 진위(眞僞)에 관계없이 떠돌고 있는 이야기에 대해 언급할 때 사용하며 소문의 구체적인 내용은 that 이하에 언급해 주면 된다. 참고로 People are saying that~, It is said that~ 등도 관련표현으로 기억해 두자.

A. Translate the followings into English.

1. 걔가 회사를 그만 둘 거라는 소문이 있어요. 우리 경쟁 회사에서 더 좋은 자리를 주겠다고 했대요.

   * 더 좋은 자리를 주겠다고 하다: offer a better position

2. 이번 달 우리에게 주어진 할당량을 맞추지 못하면 일부 직원들을 정리해고해야 할 거라는 소문이 있어요.

   * 할당량: quota * 해고하다: lay off

1. **Rumor has it that** she's going to quit her job because she was offered a better position with our competition.
2. **Rumor has it that** we are going to have to lay off some of the staff unless we meet our quota this month.

B. Practice with the practical dialogue.

Woman What's the news?
Man 10%의 임금 인상이 있을 거라는 소문이 있던데요.
Woman That's the best rumor I've heard all year.

여자: 무슨 일이죠?
남자: **Rumor has it that** we are going to get a ten-percent raise.
여자: 제가 일년 내내 들어왔던 소문 중 제일이네요.

182 Let me see if I can~ 내가 …할 수 있는지 한번 볼게

각종 질문이나 요구 사항에 대해 잠시 확인할 시간을 달라(give me some time to check if~)는 의미로 즉석에서 바로 대답하기 힘들 때 생각할 여유를 얻을 수 있는 표현이다. 여기서 see는 「확인하다」, 「알아보다」(try to find out)란 의미. see의 목적어는 if I can~ 이외에도 what I can~(내가 할 수 있는 게 뭔지), when I can~(언제 내가 …할 수 있는지) 등 다양하게 변형될 수 있다. 또한 그냥 Let me see라고만 해도 「어디 한번 보자…」라며, 명확한 대답 전에 뜸을 들이는 용도로 쓰는 훌륭한 회화표현.

- ☐ **Let me see if I can** do it 내가 그걸 할 수 있는지 알아볼게
- ☐ **Let me see if I can** go with you 내가 너랑 갈 수 있는지 알아볼게

A. Translate the followings into English.

1. 네가 말하는 그 보고서를 찾을 수 있는지 봐야겠어.

   * …에 대해 말하다: talk about

2. 금요일날 우리 모두를 일찍 퇴근시켜달라고 부장을 설득할 수 있을지 볼게.

   * 납득시키다: convince

1. **Let me see if I can** find the report that you are talking about.
2. **Let me see if I can** convince the manager to let us all go home early on Friday.

B. Practice with the practical dialogue.

Man Susan, can you meet with me tomorrow morning to discuss our portfolio selection process?

Woman 9시에 약속이 있는데 조정할 수 있나 보고, 그게 가능하면 만나도록 하자.

Man Thanks, Susan. I really need to talk with you before the annual shareholders' meeting.

남자: 수잔, 내일 아침에 만나서 우리가 어떤 금융 자산에 투자해야 할지 얘기할 수 있을까?

여자: **Let me see if I can** reschedule the appointment I have at 9:00. If I can, I'll meet with you.

남자: 고마워, 수잔. 연례 주주총회 전에 꼭 너와 의논해봐야 하거든.

183 It will not be long before~ 머지 않아 …할거다

「…하기 전에 시간이 오래 안 걸릴거다」, 즉 「머지않아 …할거다」란 의미의 관용구. 따라서 중간의 not이 빠진 it will be long before~가 「…하려면 시간이 오래 걸릴 거다」란 뜻이 되는 건 당연지사. 두 가지 표현 모두 시간 경과를 나타내는 대표구문 It takes~(Level 3. 86 참고)를 활용하여 It will (not) take a long time for sb to + V의 형태로 바꿔쓸 수 있다.

A. Translate the followings into English.

1. 우리는 머지않아 목적지에 도달할 겁니다.

   * 도착하다: arrive at + 장소

2. 그 남자는 머지않아 그 경험을 깡그리 잊게 될 거예요.

   * 잊다: forget about~

1. **It will not be long before** we arrive at our destination.
2. **It will not be long before** he forgets about the whole experience.

B. Practice with the practical dialogue.

Man 머지않아 우편으로 수표를 받아볼 수 있겠지.

Woman Just be sure you don't try and spend all that money in one place. Remember, we talked about saving it for the future.

Man I know, but I haven't had any extra money in years, and I really want to buy a new car.

남자: **It will not be long before** I get that check in the mail.

여자: 그 돈을 모두 한 군데다 펑펑 써버리면 안돼. 잊지마, 미래를 위해 돈을 저축하자고 했잖아.

남자: 알아, 하지만 오랫동안 돈을 여유있게 써본 적이 없었는데, 난 정말 새 차를 뽑고 싶단 말야.

184 Is there anyone else who~? …인 다른 누구 있습니까?

「…이 있다[없다]」란 의미로 달달 외웠던 There is (no)~를 의문형으로 활용한 것. 필요한 사람이 자리에 없거나, 있는 사람이라도 상황 해결에 별 도움이 안 되어, 새로운 해결자를 찾는 경우에 쓸 수 있는 표현이다. anyone else를 수식하는 who 이하의 주격 관계사절 속에 필요로 하는 사람의 자격이나 능력 따위를 서술해주면 된다. 아마도 한국에 온 외국인이 가장 빈번히 사용하게 될 표현이 바로 이 구문을 이용한 Is there anyone else who can speak English?가 아닐까?

☐ **Is there anyone else who**'s ready to go? 갈 준비가 된 사람 누구 또 없나요?
☐ **Is there anyone else who** can handle the device? 장비를 조작할 수 있는 사람 누구 더 없어요?

A. Translate the followings into English.

1. 당신이 없는 동안 그 일을 할 수 있는 다른 누군가가 있나요?
   * 부재중이다: be away
2. 컴퓨터에 접속하는 암호를 알고 있는 사람이 누구 더 없나요?
   * (컴퓨터에) 접속하다: log on

1. **Is there anyone else who** could do the job while you're away?
2. **Is there anyone else who** knows the password to log on to the computer?

B. Practice with the practical dialogue.

Man: There's a man on line three who wants to speak to someone in charge of hiring.
Woman: Put him through to Joan in the human resources department. Her extension is 1222.
Man: 조앤은 이번 주에 휴가예요. 거기에 당신이 아는 다른 사람이 누구 더 있나요?

남자: 3번 전화에 고용 담당자와 통화하고 싶어하는 사람의 전화가 와 있어요.
여자: 인력관리부의 조앤에게 연결시켜 줘요. 내선번호는 1222예요.
남자: Joan is on vacation this week. **Is there anyone else there that** you know?

More Expressions

Is there anything that I should~?

제가 …해야 할 것이 있습니까?

that 이하 관계사절이 anything을 수식하는 형태로 누가 시키기 전에 적극적으로 자신이 할 일을 찾아서 할 때 필요한 표현. I should~ 대신에 you want to~를 넣어 Is there anything that you want to~?(…하고 싶은 게 있니?)라고 하면 상대의 심중을 헤아리는 '배려'의 표현이 된다.

A: **Is there anything I should** know before I start this job?

B: Yeah. Never disagree with the boss.

A: 이 일을 시작하기 전에 제가 알아야 할 게 있을까요?
B: 네, 절대 사장님 의견에 반대하지 마세요.

A: Welcome to Seoul! **Is there anything special** you want to do while you're here?

B: I just want to eat as much Korean food as possible.

A: 서울에 오신 걸 환영해요! 여기 머무는 동안 특별히 하고 싶은 게 있나요?
B: 그저 한국 음식들을 가능한 많이 먹어보고 싶어요.

A: **Is there anything that** you want to tell me?

B: Well, I am the one that stole the money.

A: 나한테 하고 싶은 말 있어요?
B: 저기, 그 돈을 훔친 사람이 저예요.

185 Don't bother to + V 굳이 …할 필요 없어

이 표현에서 bother는 스스로 불편을 겪어가면서(causing inconvenience to oneself) 뭔가를 한다는 의미. 따라서 Don't bother to + V는 「(불편을 겪어가면서) 굳이 그럴 필요 없다」는 뜻으로 상대방의 내키지 않는 호의나 제안 따위를 완곡하게 거절할 때 쓰는 표현이다. to 부정사 대신 Don't bother picking me up at the airport처럼 ~ing 형태를 사용하기도 한다.

- ☐ **Don't bother to** pick me up at the airport 굳이 공항에 날 데리러 올 필요 없어
- ☐ **Don't bother to** call her 굳이 그 여자에게 전화할 필요는 없어
- ☐ **Don't bother to** fix the copier 굳이 복사기를 고칠 필요는 없어

A. Translate the followings into English.

1. 일부러 공항에 카 씨를 데리러 가지 않아도 돼. 비행기가 취소돼서 내일 도착할거니까.
   * …를 태우러 가다: pick up
2. 레포트를 오늘 제출하지 않아도 돼요. 월요일까진 검토할 여유가 없으니까.
   * 제출하다: hand in

1. **Don't bother to** pick up Mr. Carr at the airport, because his plane was cancelled and he will arrive tomorrow.
2. **Don't bother to** hand in that report today because I won't get a chance to look at it until Monday.

B. Practice with the practical dialogue.

Woman 사장님 기분이 안좋으니까 봉급인상에 대해선 굳이 물어보지 마세요.
Man Why is he so angry?
Woman He just lost a huge deal.

여자: **Don't bother to** ask him about your raise because he's in a bad mood.
남자: 사장님이 왜 그렇게 화가 났어요?
여자: 방금 엄청나게 큰 계약건을 놓쳤거든요.

186 I haven't seen ~ like that before
나는 전에 저런 …를 본 적이 없어

'경험' 을 나타내는 현재완료(…한 적이 있다)가 사용된 구문으로 문미의 before는 접속사가 아니라 「이전에」란 뜻으로 단독 사용되는 부사. 우리말 실력이 어지간한 사람이라면 이미 감을 잡았겠지만 단순히 경험의 유무를 말하려는 게 아니라 아주 생소한 물건이나 상황에 대한 감탄 내지는 놀라움을 표현하는 방법이다. 따라서 I haven't seen a thick-skinned man like that before(난 저렇게 뻔뻔스런 인간을 본 적이 없어) 같은 문장은 감탄문을 이끄는 what을 이용하여 What a thick-skinned man!(정말 뻔뻔스런 놈이구먼!)이라고 바꿔 말할 수 있다.

A. Translate the followings into English.

1. 난 그렇게 빠른 컴퓨터를 본 적이 없습니다.
2. 난 다 자란 어른이 저렇게 불평하는 건 처음 봐.

* 다 자란: grown

1. **I haven't seen** a fast computer **like that before**.
2. **I haven't seen** a grown person complain **like that before**.

B. Practice with the practical dialogue.

Man: 전에는 저런 그림을 본 적이 없어요. 어디서 구하신 건가요?

Woman I got it while I was in France. I was told it was painted in the eighteenth century, and that the painter is not well known.

Man It must have been very expensive. If you ever want to sell it, I am always interested.

남자: **I haven't seen** a painting **like that before**. Where is it from?

여자: 프랑스에 있을 때 수집했죠. 18세기 때 그려진 작품이라고 들었는데 화가는 그다지 유명하지 않답니다.

남자: 아주 비쌌겠네요. 팔고 싶으시면 언제든 제게 알려주세요.

187 That's exactly what S + V 그게 바로 …예요

자신이 지금 막 하려는 말이 상대방에게서 흘러나올 때, 마치 자신의 심중을 꿰뚫은 듯한 이심전심(以心傳心)의 상황에서 무릎을 탁 치면서 던질 수 있는 말이다. 특히 자신이 원하던 뭔가를 상대방이 알아서 해결해 줄 때는 That's exactly what I want to do!(그게 바로 내가 바라는거야)라고 맞장구를 쳐주면 된다. 여기서 what은 의문사가 아니라 「…하는 것」이란 의미의 선행사를 포함하는 관계대명사. 간편한 걸 좋아하는 미국인들의 일상회화에서는 이것저것 다 잘라내고 그저 That's it! 혹은 Exactly!만으로 표현하는 것도 흔히 볼 수 있다.

- ☐ **That's exactly what** I thought 내가 생각한 게 바로 그거야
- ☐ **That's exactly what** Joseph said 조셉이 말한 게 바로 그거야
- ☐ **That's exactly what** I heard on the news 내가 뉴스에서 들은 게 바로 그거야

A. Translate the followings into English.

1. 그게 바로 내가 휴가 때 해보고 싶다고 오랫동안 생각하던 거예요.

   * 오랫동안 원해왔다: have long wanted

2. 그게 바로 네가 거기에 들어가려면 해야 할 일이야.

   * 받아들여지다: get accepted

1. **That's exactly what** I have long wanted to do on my vacation.
2. **That's exactly what** you have to do in order to get accepted.

B. Practice with the practical dialogue.

Woman Does this apartment come furnished?

Man No, it is semi-furnished.

Woman 잘됐네요! 내가 찾는 게 바로 그런 데예요.

여자: 이 아파트엔 가구가 갖추어져 있나요?

남자: 아니요, 일부만 갖추어져 있습니다.

여자: That's great! **That's exactly what** I'm looking for.

188 How's it going with~? …는 어때?

상황이나 상태가 어떠냐고 물어보는 표현으로 가장 간단한 것은 How's+명사?를 쓰면 되지만 How did it go~처럼 어떻게 되어가냐고 물어보는 go를 써서 How's it going with~? 혹은 How's[How are] N going의 형태로 물어볼 수 있다. 물로 How's it going?은 친숙한 인사말 표현으로 「잘 지내?」, 「요즘 어때?」라고 물어보는 표현이 된다.

- ☐ **How's it going with** the divorce? 이혼은 어떻게 돼가고 있어?
- ☐ **How's everything going with** your dad? 네 아빠하고는 어때?
- ☐ **How are things going with** Paul? 폴하고는 어때?

A. Translate the followings into English.

1. 네 차 수리작업은 어떻게 돼가?

   * 차수리: repair work on one's car

2. 네 반의 새로운 학생들은 어떻게 지내?

1. **How's it going with** the repair work on your car?
2. **How are the things going with** the new students in your class?

B. Practice with the practical dialogue.

Woman I joined a health club and started dieting a few months ago.
Man 정말? 더 건강해지려는 네 계획은 어떻게 되어가고 있어?
Woman It's great. I feel like I have a lot more energy than before.

여자: 난 헬스클럽에 가입해서 몇 달전부터 다이어트하고 있어.
남자: Is that right? **How's it going with** your plan to be more healthy?
여자: 아주 좋아. 전에보다 훨씬 힘이 넘치는 것 같아.

189 What I'm trying to say is (that)~ 내가 말하려는 것은 …야

말하려는 내용을 언급하기 전에 「내가 하려는 애기는 …야」이라며 주의를 환기시키는 표현. 뭔가 이야기를 시작하려고 말문을 열 때, 또는 하고자 하는 애기를 요약 · 정리하여 언급할 때 아주 유용하다. 관계대명사 what이 이끄는 절(what ~ say)이 전체 문장의 주어이며 that절 이하의 내용이 실제 말하려는 내용에 해당한다. 허접같은 영어실력 때문에 외국인과 대화시에도 할 말도 제대로 못하고 천년만년 "환~장하겄네!"라고 외치지 않도록 열심히 활용해 보길 바란다.

☐ **What I'm trying to say is** I love you 내가 말하려는 건 내가 널 사랑한다는거야
☐ **What I'm trying to say is** it is your fault 내가 하려는 얘기는 그게 네 잘못이란 말이야

A. Translate the followings into English.

1. 내가 말하려는 건 이 일을 하는 게 편치 않다는거야.
   * 편안한: comfortable
2. 제이크가 하려는 말은 자기가 도움이 필요하다는 겁니다.
   * 도움이 필요하다: need help

1. **What I'm trying to say is that** I don't feel comfortable doing this job.
2. **What Jake is trying to say is that** he needs help.

B. Practice with the practical dialogue.

Man I don't understand. Please explain it to me again.
Woman 내가 말하려는 건요, 다른 사람들과 같이 일하기 싫다는 겁니다. 개인공간이 있어야 돼요.
Man Okay, starting tomorrow, I will give you some work to do on your own.

남자: 이해가 안돼요. 다시 한 번 설명해 주시겠어요.
여자: **What I'm trying to say is that** I don't want to be in the same group as the others. I need personal space.
남자: 좋아요, 내일부턴 당신 혼자 할 수 있는 일들을 맡기죠.

More Expressions

All I'm saying is~ 내가 하고 싶은 얘기는 …뿐이야

All과 I'm saying 사이에 목적격 관계대명사 that이 생략된 형태로 「지금 내가 말하고 있는 것은 …가 전부야」, 다시 말해 「나는 그저 …란 얘기를 하고 있는 것 뿐이야」란 의미. 말하고 싶은 내용을 집약적으로 강조하여 밝히는 방법이다.

A: **All I'm saying is,** make sure that you take all the precautions.

B: Don't worry! I have made sure that it's safe.

A: 내가 하고 싶은 말은 반드시 예방조치들을 모두 취하라는 것뿐야.

B: 걱정마세요! 안전하도록 확실하게 해놨으니까요.

A: Are you saying we should move to a new city?

B: **All I'm saying is** we should consider a quieter neighborhood if we're going to have children.

A: 우리가 다른 도시로 이사가야 한다는 말이니?

B: 내 말은 우리가 아이를 갖게 되면 좀 더 조용한 동네를 고려해봐야 한다는 것뿐이야.

190 see how it goes 어떻게 돌아가는지 보다

see how it goes는 글자 그대로 「그게 어떻게 되어가는지 보다」라는 말로 이성에게 작업걸면서 「우리 데이트하자, 어떻게 되는지 보자」라고 할 때는 Why don't we just date, see how it goes라고 하면 된다. 이 how it goes를 활용하여 be (not) how it goes이라고 하면 「…는 이렇게 하는 것이다[아니다]」라는 뜻이 된다. 한편 how it's done은 '어떻게 행해지는 법' 이란 말로 다양하고 유용한 영어회화문장을 만들어낸다.

- ☐ I will let you **know how it goes** 그게 어떻게 되는거지 알려줄게
- ☐ **Here's how it goes** 이렇게 하자
- ☐ I imagine. **See how it's done** 내 생각했어. 그게 어떻게 되는지 봐봐
- ☐ **That's how it's done** 바로 그렇게 하는거야

A. Translate the followings into English.

1. 이봐, 제이미, 걔들에게 그걸 어떻게 하는 건지 가서 보여주자.

   * 가서보여주다: go show~

2. 이봐, 그냥 좀 천천히 하면서 그게 어떻게 되어가는지 볼거야.

   * 천천히 하다: take it slow

1. Come on, Jamie, let's **go show** them **how it's done**.
2. Listen, we'll just take it slow and **see how it goes**.

B. Practice with the practical dialogue.

Woman I don't think I'll enjoy going hiking in the mountains.
Man 그냥 하이킹 동호회와 함께 가서 어떤지 봐봐.
Woman Alright, I'll try it once. If I like it, I can join the club.

여자: 난 산에서 하이킹하는 걸 좋아할 것 같지 않아.
남자: Just come along with the hiking club and **see how it goes**.
여자: 좋아, 한번 해볼게. 좋으면 동호회에 가입할게.

191 How did it go with~? 어떻게 되었어, 결과가 어떻게 나왔어?

어떤 일의 진행상태나 결과가 어떻게 되었는지 물어보는 표현으로 How did it go?가 가장 전형적인 표현. 구체적으로 무엇이 어떻게 됐냐고 물어볼 때는 How did it go with~?라 쓰면 된다. 좀 더 넓게 생각해서 어떤 일이 어떻게 되었는지 궁금할 때는 How did it[that] 다음에 다양한 동사를 이어붙여서 물어보고 싶은 것을 물어보면 된다. 또한 비슷한 의미로 What did sth say[tell you]~?라고 물어볼 수 있는데, 이는 영어적인 표현으로 직역하면 sth이 뭐라고 말했냐, 즉 의역하면 sth의 정보나 결과가 어떻냐고 물어보는 표현이다.

- ☐ **How did it go with** Chris last night? 간밤에 크리스와는 어떻게 됐어?
- ☐ **How did that happen?** 어떻게 그렇게 된거야?
- ☐ **What did the e-mail say about** the party tonight? 이메일은 오늘밤 파티에 대해서 뭐래?

A. Translate the followings into English.

1. 학교 교수님들과의 회의는 어떻게 됐어?
   * 학교 교수님들: the school's professors
2. 걔 반응을 보니 걔가 어떻게 느끼는 것 같아?
   * …가 느끼는 방식: the way that sb's feeling

1. **How did it go with** the meeting of the school's professors?
2. **What did her response tell you about** the way that she's feeling?

B. Practice with the practical dialogue.

Woman 역사수업 시험 어떻게 됐어?
Man It was terrible. I'm pretty sure that I failed it.
Woman I told you that you needed to study harder.

여자: **How did it go with** your exam in history class?
남자: 끔찍해. 난 낙제할게 확실해.
여자: 내가 너 공부 더 열심히 해야 한다고 말했잖아.

192 get the point 알아듣다

point는 여기서 말의 요점, 요지라는 말로 주로 get, have, make, take의 동사와 어울려 빈출표현을 만들어낸다. 먼저 I get your point하면 네가 말하는 요지를 알아들었다라는 말이고, You have point (there)하면 「네 말에 일리가 있다」, 그리고 make one's point는 「…가 말하는 요지를 상대방에게 납득시켰다」, 즉 자기 말이 맞다라는 것을 입증하다라는 말이 된다. 그리고 take one's point하면 「…가 말하는 요지를 동의는 하지 않더라도 이해는 했다」라는 뜻이 된다. Point taken이라는 표현도 즐겨쓴다.

- ☐ **I get your point** 무슨 말인지 알아들었어, 알겠어
- ☐ I think he might **have a point** 내 생각에 걔가 일리가 있는 것 같아
- ☐ **You have a point there** 네 말이 맞아
- ☐ **You've made your point** 네가 이겼어

A. Translate the followings into English.

1. 난 걔에게 오랫동안 말했지만 걘 못알아 들었어.

   * …에게 얘기하다: talk to sb

2. 어, 우리는 네가 무슨 말하는지 알겠어, 네 말이 맞아.

1. I talked to him a long time, but he didn't **get the point**.
2. Yes, I think we all **get your point**, and you're right.

B. Practice with the practical dialogue.

Woman It's so important to get a job that is stable and pays well.
Man 무슨 말인지 알겠어. 직장이 좋으면 삶이 훨씬 편해지지.
Woman That's right. You'll be a happier person if you have one.

여자: 안정적이고 보수가 좋은 직장을 잡는게 중요해.
남자: **I get your point.** A good job makes life a lot easier.
여자: 맞아. 네 직장이 좋으면 넌 더 행복한 사람이 되는거지.

193 The best way to + V_1 is to + V_2

V_1하려면 V_2하는게 제일 좋은 방법이야

「…하는 데 가장 좋은 방법은 …이다」라는 뜻으로 to 이하를 행하는 최선의 방법을 알려주는 표현이다. 첫번째 to 부정사는 way를 수식하는 형용사적 용법이고, 두번째 것은 is의 보어 역할을 하는 명사적 용법의 to 부정사. 결국 얘기하고자 하는 '비법' (the best way)은 두번째 to 이하에 언급해주면 된다.

A. Translate the followings into English.

1. 우리와 계속 연락하려면 네 휴대전화를 항상 켜두는 게 상책이야.

   * 언제든지, 항상: at all times

2. 이렇게 차가 막힐 때 시내에 가려면 지하철을 타는 게 제일이지.

   * 시내에 들어가다: get downtown

1. **The best way to** stay in contact with us **is to** have your cell phone on at all times.
2. **The best way to** get downtown in this traffic **is to** take the subway.

B. Practice with the practical dialogue.

Woman　사무실 직원의 사기를 유지하는 가장 좋은 방법은 이따금씩 파티를 여는거야.
Man　You're probably right.
Woman　I'll organize one for the end of the month.

여자: **The best way to** keep up office morale **is to** have a party once in a while.
남자: 네 말이 맞는 것 같아.
여자: 이달 말에 내가 파티를 주선할게.

194 What I don't understand is how~
내가 이해할 수 없는 건 어떻게 …하느냐는거야

I don't understand how~와 관계대명사 what의 결합. 영어에는 이처럼 what을 이용한 관계대명사절을 문두에 놓고 그 뒤에 be 동사와 that절(혹은 의문사절)을 이어서(What S + V is that~) 쓰는 경우를 많이 볼 수 있다. 가령 I can't believe that~은 What I can't believe is that~로, I want to know when~은 What I want to know is when~ 등으로 변형시키는 경우가 다반사라는 말씀.

A. Translate the followings into English.

1. 내가 이해할 수 없는 건 어떻게 그 사람 전화번호를 계속 잃어버릴 수 있냐는거야.

   * 계속 …하다: keep + ~ing

2. 내가 이해가 안되는 건 어떻게 그 사람들은 항상 똑같은 말을 하냐는거지.

   * 똑같은 것: the same thing

1. **What I don't understand is how** we keep losing his phone number.
2. **What I don't understand is how** they always seem to say the same thing.

B. Practice with the practical dialogue.

Man　You seem confused about something. What is it?

Woman　글쎄요, 이해할 수 없는 것은 이런 업무처리가 제가 여기서 하는 회계 업무와 어떻게 직접적으로 연관이 되느냐 하는 겁니다.

Man　Oh, why don't you check the job manual? In there, you will find a complete description that should help explain this.

남자: 뭔가 혼란스러운 게 있나보군요. 무슨 일이에요?

여자: Well, **what I don't understand is how** this procedure directly relates to my job here in accounting.

남자: 아, 그럼 직무기술서를 한 번 보시죠? 거기보면 이 업무처리가 어떤 성격을 갖고 있는 건지 완전히 설명되어 있으니까 이해하는 데 도움이 될 거예요.

195 Where do you want me to + V? 어디에 …할까요?

Do you want me to + V?(제가 …해 드릴까요?)는 want sb to + V(p. 123 more expressions 참고)를 의문형으로 활용한 것으로 상대방이 I want you to + V(…좀 해줘)라고 뭔가를 요구하기 전에 능동적으로 상대의 의중을 파악하려는 표현이다. 제목에 나온 표현은 여기에 의문사 where를 추가한 것으로 「제가 어디에[로] …하는 게 좋을까요?」라는 의미. where 대신 what, how, when 등등 다른 의문사들을 넣어 활용할 수 있음은 물론이다.

- ☐ **Where do you want me to** park? 어디에 주차해야 할까요?
- ☐ **Where do you want me to** put this? 이걸 어디다 놓아야 할까요?
- ☐ **Where do you want me to** take you? 너를 어디로 데려가야 할까?

A. Translate the followings into English.

1. 내일 저녁에 공항에 도착하면 어디서 널 만나면 될까?

   * 공항에 도착하다: get to the airport

2. 남은 돈으로 뭘 했으면 좋겠니?

   * 남은, 나머지의: leftover

1. **Where do you want me to** meet you when I get to the airport tomorrow evening?
2. **What do you want me to** do with the leftover money?

B. Practice with the practical dialogue.

Man 프리젠테이션을 끝내고 나서 어디서 만났으면 좋겠니?

Woman How about at the fountain in front of the convention center?

Man That sounds good. I'll see you then.

남자: **Where do you want me to** meet you after I finish giving the presentation?

여자: 컨벤션 센터 앞 분수대 어때?

남자: 그게 좋겠다. 그럼 그때 보자.

196 Don't get me wrong, but~ 오해하진 마시구요,…

외국인과 대화할 때 조금이라도 오해(misunderstanding)의 소지가 있는 얘기를 꺼내게 된다면, 본론에 들어가기 전 서두에 Don't get me wrong, but~을 살짝 덧붙여 보자. 듣는 이의 오해를 사전에 방지할 수 있는 훌륭한 안전망이 될 수 있다. 또한 이미 자신의 말을 오해하고 언짢아 하고 있는 사람에겐 Don't get me wrong, but I never meant to~(오해하지마, …하려던 건 아니었어)라며 오해를 풀어줄 수도 있다.

A. Translate the followings into English.

1. 오해하지는 말아요, 하지만 그 남자가 믿을 만하다고 확신하나요?

   * 믿을 만한: dependable

2. 오해하진 마세요, 하지만 제가 이 일에 적격인지 확신이 서질 않는군요.

   * …라는 일에 대한 적격자: the most qualified person for

1. **Don't get me wrong, but** are you sure that he's dependable?
2. **Don't get me wrong, but** I'm not sure that I'm the most qualified person for this job.

B. Practice with the practical dialogue.

Man　오해하지는 마세요, 하지만 그 사람은 이런 상황에선 당신 편이 되면 도움이 되는 사람이에요.

Woman　I suppose you're right.

Man　Just make sure you're honest with him.

남자: **Don't get me wrong, but** he's the kind of guy you want on your side in a situation like this.

여자: 당신이 옳은 것 같네요.

남자: 그 사람에게 솔직하게 대하기만 하세요.

197 How many times have I told you that~?
내가 …라고 도대체 몇 번이나 얘기했니?

「내가 …라고 얘기한 적 있나요?」(Have I told you that~?)라는 간단한 현재완료 의문문 첫머리에 How many times가 추가되면서 의미가 달라진다. 물론 단순하게 「얘기한 횟수」(How many times ~?)에 관한 질문이 될 수도 있지만 주로 「그렇게 많이 얘기했는데 아직도 못알아 들었니?」(I have told you a million times that~)라는 조금은 야무진(?) 핀잔의 의미를 갖는다. that 이하에는 그간 반복해서 말해왔던 내용을 절의 형태로 이어준다.

A. Translate the followings into English.

1. 월요일엔 일찍 닫는다고 내가 얼마나 얘기했어?
   * 문을 닫다: close
2. 개인 수표는 받지 않는다고 몇번 말씀드렸습니까?
   * 개인 수표: personal check

1. **How many times have I told you that** we close early on Mondays?
2. **How many times have I told you that** we don't accept personal checks?

B. Practice with the practical dialogue.

Woman 지저분한 신발을 신고 집에 들어오면 안된다고 몇번이나 말했니?

Man I'm sorry. I don't have any time to take them off, because I am late for class.

Woman I don't care. Next time, you will have to clean the floor after making such a mess.

여자: **How many times have I told you that** I don't want to see you in the house with dirty shoes on?

남자: 죄송해요. 수업에 늦어서 신발을 벗을 시간도 없어요.

여자: 닥치고. 다음부턴 그렇게 어지럽히고 나면 마루를 청소해야 할거다.

198 I was wondering if you could~ …좀 해주시겠어요?

I was wondering if~까지만 하면 말 그대로 「…인지 궁금해하고 있었다」란 의미. 그 뒤에 you could 가 더해지면서 「…해주실 수 있는지 궁금합니다」, 즉 「…좀 해주시겠어요?」라는 예의를 갖춘 부탁 표현이 된다. 좀 길더라도 한 호흡에 내뱉을 수 있도록 연습해 두자. 또한 겉보기 시제(was wondering)와는 무관하게 '현재'의 부탁을 표현한다는 점 또한 필수 확인사항. 55번 공식에서 배웠던 I'd like you to와 같은 맥락의 표현이다(Level 2. 55 참고).

- ☐ **I was wondering if you could** do me a favor 부탁 하나 해도 될까요?
- ☐ **I was wondering if you could** lend me a few bucks 저한테 몇 달러만 좀 빌려 주시겠어요?
- ☐ **I was wondering if you could** give me a ride 나를 차에 태워 주시겠어요?

A. Translate the followings into English.

1. 저 좀 도와주시겠어요?

   * …를 도와주다: give sb a hand

2. 오늘 중에 저한테 전화 좀 해주시겠어요?

   * 오늘 중에: sometime during the day

1. **I was wondering if you could** give me a hand.
2. **I was wondering if you could** call me sometime during the day.

B. Practice with the practical dialogue.

Woman 지리산에 가는 방법을 좀 알려주시겠어요?

Man Sure, get on the highway over there, and follow it down south. It takes about five hours from here.

Woman Wow, I thought it was closer. Maybe I will choose somewhere that isn't so far.

여자: **I was wondering if you could** tell me how to get to Jiri-san.

남자: 물론이죠, 저쪽으로 난 고속도로를 타고 남쪽으로 쭉 따라가세요. 다섯 시간 정도 걸릴 겁니다.

여자: 세상에, 가까운 줄 알았는데. 어디 그렇게 멀지 않은 곳으로 골라봐야겠네요.

More Expressions

I wonder if~ …인지 잘 모르겠어

뭔가 묻고 싶은 사항이 있을 때 무조건 의문문만 떠올리지 말고 때로는 I wonder~를 써먹어 보자. 궁금한 내용은 뒤에 if[weather] S + V 혹은 간접의문문(의문사 + S + V)의 형태로 이어주면 된다.

A: **I wonder if** Bill knows how much I love him.
B: Maybe you should tell him.

A: 빌은 내가 자기를 얼마나 사랑하는지 알까?
B: 그 사람한테 말해야 할 것 같은데.

A: **I wonder if** it's ever going to warm up in this building.
B: Well, you know the heater's been broken for over a week now. I think they'll fix it soon.

A: 이 건물, 난방을 하고 있는 건지 모르겠네.
B: 글쎄, 지금 히터가 일주일 넘게 고장난 상태인 건 너도 알잖아. 조만간 수리하겠지.

199 All I'm asking is for you to~ 내가 너한테 바라는 것은 …밖에 없어

I ask you to + V(네가 …하기를 바란다)의 변형으로, that이 생략된 관계사절 I'm asking의 수식을 받는 all이 전체 문장의 주어. 직역하자면 「내가 바라는 전부는 네가 …하는 것이다」, 즉 「네가 꼭 좀 …해 주었으면 좋겠다」라는 간절한 바램을 나타낸다. 아울러 to + V의 의미상 주어인 for you 대신 All I'm asking is for Tom[her] to~(내가 탐[그 여자]에게 바라는 건 …뿐이다) 등과 같이 다양하게 바꿔가며 연습하는 적극성도 발휘해 보자.

A. Translate the followings into English.

1. 넌 여기서 네가 맡은 일을 열심히 해주기만 하면 돼.

   * 역할을 다하다: pull one's weight

2. 그 파티에 가서 안부인사만 하면 돼.

   * 안부 인사하다: say hello

1. **All I'm asking is for you to** pull your weight around here.
2. **All I'm asking is for you to** come to the party and say hello.

B. Practice with the practical dialogue.

Woman 조, 넌 그 사람들한테 가서 말을 걸기만 하면 된다구. 그렇게 어려운 일은 아냐.

Man It is hard, because we don't get along. Why don't you go and talk to him, and I will stay here and look after things.

Woman I think it's best if you go. You could learn a lot from this experience.

여자: Joe, **all I'm asking is for you to** go and talk to them. It isn't that hard to do.

남자: 우린 사이가 좋지 않아서 곤란해. 네가 가서 말을 걸어봐, 그럼 난 여기 남아서 이런 저런 일들을 살필 테니.

여자: 네가 가는 게 좋은 거 같아. 이런 경험을 해보면 배우는 게 많거든.

200 Don't take it personally, but~ 기분 나빠하진 마시구요, …

Don't get me wrong, but~과 더불어 대표적인 오해방지용 표현으로 「네 개인 감정을 건드리려는 게 아니다」란 의미. 보통은 듣는 사람 개인의 특징, 성격, 행동 등 개인적인 사항에 대해 언급하기 전에 사용하는데, 사생활 침해(interference in somebody's private life)라면 앨러지 반응을 일으키는(be allergic to) 서구인들의 정서에 비추어볼 때 아주 요긴한 표현이다.

A. Translate the followings into English.

1. 기분 나쁘게 생각하진 말아, 하지만 그 사람은 너보다 선임자라 특권이 더 있어.
   * 선임자의 특권: seniority
2. 기분 나쁘게 받아들이진 마세요, 하지만 계약건을 따내지 못한 주원인은 바로 당신의 실수라구요.
   * 계약건을 놓치다: lose a contract

1. **Don't take it personally, but** he has more seniority than you.
2. **Don't take it personally, but** your mistake was the main reason that made us lose a contract.

B. Practice with the practical dialogue.

Woman 기분 나쁘게 생각하지는 말아요, 하지만 당신은 우리가 무슨 얘기를 하고 있는지 모르잖아요.
Man Sorry, I thought you were talking about the expansion.
Woman We are, but you obviously don't know about the new plans.

여자: **Don't take it personally, but** you don't know what we are talking about.
남자: 미안해요, 저는 당신들이 확장 건에 대해서 얘기하고 있는 줄 알았어요.
여자: 그렇긴 해요, 하지만 새 계획들에 대해서는 모르는 게 확실하잖아요.

201 I don't think~, rather~ 난 …라기보다는 …라고 생각한다

먼저 「…라고 생각하지 않는다」라는 전제를 단 후, 「그보다는 …라고 생각한다」라는 원래 의도를 뒤에서 밝히는 형태. 실제 자신의 생각은 rather 이하에 절의 형태로 이어주면 된다. 다짜고짜 「내 생각은 …야」라고 단정적으로 얘기하는 것보다는, 한번 에둘러가는 표현을 통해 한층 부드러운 대화를 이끌어갈 수 있다.

A. Translate the followings into English.

1. 난 그 여자가 진짜 화가 난게 아니라 회사의 이미지를 보호하려고 사람들이 모두 있는 앞에서 한 번 난리를 칠 수밖에 없었던 거라고 생각해.

   * 크게 떠들어대다: make a fuss

2. 난 그 사람 말이 액면 그대로의 의미가 아니라 좀 비아냥거린 말이라고 생각해.

   * 비아냥거리는: sarcastic

1. **I don't think** she was really angry, **rather** she had to make a fuss in front of everyone to protect the company's image.
2. **I don't think** that he meant what he said, **rather** he was being somewhat sarcastic.

B. Practice with the practical dialogue.

Man 그 사람이 도우려고 했다기 보다 오히려 의도적으로 상황을 더 악화시켰다고 생각해요.
Woman That's too bad.
Man Yeah, I don't want to see him ever again.

남자: **I don't think** he tried to help, **rather** he intentionally made it more difficult.
여자: 저런 너무했군요.
남자: 네, 그 사람 다시는 보고 싶지 않아요.

202 I wouldn't~, if I were you 내가 너라면 …하지 않을거야

듣는 이의 입장에서 대화를 풀어가는 방식으로 조언을 건넬(give sb advice) 때 유용한 표현이다. 가정법 과거 문형이므로 조건절에서 I와 함께 쓰인 be동사가 was가 아닌 were라는 점에 유의할 것. 허나 실제 외국인을 만났을 때 가정법 어쩌구를 따져가며 대화하다간 머리에 쥐나기 십상이니 if I were you 정도는 「내가 너라면」이란 관용구로 미리미리 암기해 두는 게 좋을 것.(Level 3. 150 참고)

☐ **I wouldn't** meet him there, **if I were you** 내가 너라면 거기서 그 사람을 만나지 않겠어
☐ **I wouldn't** tell the boss, **if I were you** 내가 너라면 사장에게 말하지 않을거야

A. Translate the followings into English.

1. 내가 너라면 곰한테 그렇게 다가가지 않을거야.

   * …에 그렇게 가까이 가다: get that close to

2. 나라면 그 업무에 그렇게 시간을 많이 허비하지 않겠어.

   * 과제, 업무: assignment

1. **I wouldn't** get that close to the bear, **if I were you.**
2. **I wouldn't** waste so much time on that assignment, **if I were you.**

B. Practice with the practical dialogue.

Woman 나라면 그 길로 가지 않을 거예요. 길을 잃을지도 모른다구요.
Man But I don't know what else to do. There aren't any signs.
Woman I suggest you go back the way you came, and take your first right on the main trail leading to the summit.

여자: **I wouldn't** go that way, **if I were you.** You could get lost.
남자: 하지만 달리 뭘 할지 모르겠어. 표지판이라곤 하나도 없다구.
여자: 오던 길로 되돌아가서 산 정상으로 향하는 넓은 오솔길이 나오면 거기서 첫번째 길이 갈라지는 곳이 나오자마자 오른쪽으로 도세요.

203 I'd be happier if S + 과거(완료) …라면[…였다면] 더 좋겠는데

비교급과 가정법 구문이 어우러져 만들어진 표현. 「(지금도 좋기는 한데) …라면 더욱 좋을 텐데」라는 의미이며 현재보다 더 좋은(happier than now) 상황에 대한 아쉬움을 나타낸다. 2등 로또에 당첨된 사람이 「1등에 당첨되었다면 더 좋을 텐데」라며 아쉬워하는 경우라고 생각하면 이해가 빠를 듯. if 이하의 시제에도 주의해야 하는데, if절 속의 동사가 과거형이면 '현재 상황'에 대한 아쉬움(…라면 더 좋을텐데)을, 과거완료형이면 '과거 사실'에 대한 아쉬움(…였다면 더 좋을텐데)을 나타내게 된다.

A. Translate the followings into English.

1. 백만 달러짜리에 당첨됐더라면 더 좋을텐데.
   * 백만 달러짜리에 당첨되다: win the million dollar prize
2. 그 여자가 다른 골프채들을 가져갔다면 더 좋을텐데.
   * 골프채: golf club

1. **I'd be happier if** I had won the million dollar prize.
2. **I'd be happier if** she had taken the other set of golf clubs.

B. Practice with the practical dialogue.

Man 켄트가 사무 관련 작업의 복사물을 가져갔다면 더 좋을텐데.

Woman Well, I think he stole it, and we should punish him. This office needs to make an example of cases like this.

Man I will get on the phone with the head office and see what they think.

남자: **I'd be happier if** Kent had taken the copy paper for office-related work.

여자: 어쨌든, 켄트가 그걸 훔쳐갔으니까 처벌을 해야 한다고 생각해. 이 사무실에선 이런 문제에 대한 선례를 만들 필요가 있어.

남자: 본사에 전화해서 어떻게 생각하는지 알아볼게.

204 It can be~ if it's~ …라면 ~일 수도 있다

can은 '능력'(…할 수 있다)의 조동사일 뿐만 아니라, 「…일 수도 있다」란 뜻의 '가능성'의 조동사가 되기도 한다. 위에 나온 표현은 이런 can의 의미를 활용한 대표적인 구문으로 「만일 상황이 …하다면 ~라는 일이 생길 수도 있다」란 의미. if 이하에 '조건 내용'을, It can be 다음에는 그로 인해 '발생 가능한 결과'를 넣어주면 된다.

A. Translate the followings into English.

1. 기온이 섭씨 영하 25도 아래로 떨어지면 스키타는 게 매우 위험할 수도 있습니다.

   * 섭씨 영하 25도 아래로: below -25° Celsius

2. 카니발 기간이라면 브라질에 있는 게 아주 신나는 일이 될 수 있죠.

   * 일년중 …을 하는 기간: the time of year for

1. **It can be** extremely dangerous to go skiing **if it's** below -25° Celsius.
2. **It can be** very exciting in Brazil **if it's** the time of year for Carnival.

B. Practice with the practical dialogue.

Man　Why are you moaning and groaning so much?

Woman　I think I have an abscess in the mouth.

Man　곧바로 치과에 가봐요! 즉시 치료받지 않으면 아주 위험할 수 있어요.

남자: 왜 그렇게 끙끙대며 신음하고 있어요?

여자: 입안이 곪은 것 같아요.

남자: Go to the dentist right away! **It can be** very serious **if it's** not treated immediately.

205 It would be better to + V_1 than to + V_2

V_2하는 것보다 V_1하는게 낫다

A is better than B(A가 B보다 낫다)라는 유명구문의 A, B 자리에 to 부정사를 집어넣은 다음 가주어 it을 이용하여 변형시킨 표현. 예를 들어 바깥에 비가 억수로 오는 날 공원에 놀러가자는 사람에겐 It would be better to stay at home than to go out(밖에 나가는 것보다 집에 있는 게 낫다)이라고 말할 수 있다. 이는 결국 「밖에 나가지 않고 집에 있겠다」는 의미로 Instead of going out, I'll stay at home으로 바꿔 쓸 수도 있다.

☐ **It would be better to** laugh **than to** cry 우는 것보단 웃는 게 낫다

☐ **It would be better to** go there **than to** stay here 여기 있느니 거기에 가는 게 낫다

A. Translate the followings into English.

1. 직장을 잃는 것보다 **급료가 깎이는** 게 낫지.

   * 감봉되다: take a cut in pay

2. 입 다물고 있는 것보다는 **당국에 신고하는**게 좋겠어. 우린 언제라도 그것을 모두 사장의 잘못으로 돌릴 수 있으니까.

   * 당국: authorities * A를 B의 탓으로 돌리다: blame A on B

1. **It would be better to** take a cut in pay **than to** lose our jobs.
2. **It would be better to** tell the authorities **than to** keep quiet, we can always blame it all on the boss.

B. Practice with the practical dialogue.

Man What do you think about finishing up this project sometime next week?

Woman 월요일보다 지금 끝마치는 게 더 낫지.

Man Although I'm extremely tired I would have to agree with you.

남자: 다음주 중에 이 프로젝트를 다 끝마치는 게 어때?

여자: **It would be better to** finish it now **than** Monday.

남자: 너무 피곤하지만 네 말이 맞는 것 같다.

206 I wouldn't say that~, but~ …라고 할 수는 없지만,

I wouldn't say that~은 「…라고는 할 수 없지」라며 특정 상황에 대한 자신의 부정적인 인식을 조심스럽게 표시하는 방법. 허나 일방적이고 편파적인 판단을 지양하기 위해서는 말미에 but을 달아 덧붙일 만한 긍정적인 사항을 언급해주면 된다. 특정 상황에 대한 부정적 · 긍정적인 면을 동시에 표현함으로써 보다 균형잡힌 견해를 피력하는 요령이라 하겠다.

A. Translate the followings into English.

1. 당신이 가장 빠른 타이피스트라고는 말할 수 없지만, 나는 그렇게 꼼꼼하게 일하는 걸 좋아해요.

   * 철저한, 꼼꼼한: thorough

2. 그 여자가 이 일에 최적임자라고 할 수는 없겠지만, 그 여자 아버지는 굉장히 영향력이 있다구요.

   * 영향력이 있는: powerful

1. **I wouldn't say that** you were the fastest typist, **but** I like the way you are so thorough.
2. **I wouldn't say that** she is the best person for this job, **but** her father is pretty powerful.

B. Practice with the practical dialogue.

Man　Why did we hire that young man?

Woman　그건, 그 사람이 가장 똑똑한 사람이라고 말할 수는 없지만, 영향력있는 사람들을 많이 알고 있거든요.

Man　I just hope we can use some of his contacts.

남자: 왜 저 청년을 고용한거죠?

여자: Well, **I wouldn't say that** he's the smartest fellow, **but** he knows a lot of influential people.

남자: 그 사람의 연줄을 이용할 수 있기를 바랄 뿐이에요.

207 You wouldn't believe what I~ 내가 뭘 …했는지 믿을 수 없을거야

자신이 겪은 놀라운 사건이나 상황을 상대방에게 전달할 때 사용하는 '호들갑' 표현. 「내가 뭘 …했는지 아마 상상도 못할 걸?」이란 의미이며, 이미 겪은 일에 대한 언급이므로 what 이하의 시제는 과거 혹은 현재완료를 쓴다.

☐ **You wouldn't believe what I** heard yesterday 내가 어제 무슨 얘기를 들었는지 믿을 수 없을거야
☐ **You wouldn't believe what I** saw this morning 내가 오늘 아침에 뭘 봤는지 믿을 수 없을거야

A. Translate the followings into English.

1. 내가 무슨 일을 겪었는지 상상도 못할거야.
   * 겪다: be through
2. 내가 어젯밤 뭘 먹었는지 넌 상상도 못할 걸!

1. **You wouldn't believe what I**'ve been through.
2. **You wouldn't believe what** I ate for dinner last night!

B. Practice with the practical dialogue.

Man 내가 어젯밤에 하늘에서 뭘 봤는지 넌 상상도 못할 걸.
Woman Really? Well I saw something too. Lots and lots of stars.
Man No, I saw something different. It looked like a UFO, with bright lights shooting out in all directions. It was scary.

남자: **You wouldn't believe what I** saw last night in the sky.
여자: 정말? 나도 뭔가를 본 게 있어. 별이 수도 없이 많더라.
남자: 아니, 다른 걸 봤다니까. 미확인 비행물체 같았는데 사방으로 환한 빛이 쏟아지던 걸. 섬뜩하더라구.

208 ~don't say anything about~ …에 대한 언급이 전혀 없다

좀 어려운 표현으로 사물이 주어로 나온다는 점이 특이하다. 즉, 주어가 about 이하에 대한 '얘기를 전혀 하지 않았다'는 것으로 뭔가 당연히 들어가거나 이루어져야 되는 것이 빠지거나 예상대로 되지 않았을 경우에 쓸 수 있는 것으로 불만조로 얘기를 할 때 사용할 수 있다.

- ☐ Our manual **didn't say anything about** emergency plans 우리 매뉴얼은 비상계획에 대한 것이 없었어
- ☐ The newspaper **didn't say anything about** the crime 그 신문은 그 범죄에 대해 별로 언급을 하지 않았어

A. Translate the followings into English.

1. 불행히도 내 계약서에는 유급휴가에 대한 언급이 없다.
   * 유급휴가: paid vacation
2. 결혼 청첩장에는 어디서 열리는지에 관한 언급이 없다.
   * 결혼 청첩장: wedding invitation

1. Unfortunately my contract **doesn't say anything about** a paid vacation.
2. The wedding invitation **doesn't say anything about** where the ceremony will take place.

B. Practice with the practical dialogue.

Man Under the warranty, you have to fix it for free.
Woman That's true, but you'll have to pay the labor and shipping costs for the parts I have to order in.
Man 말도 안돼요! 보증서에는 그런 것에 대한 언급이 전혀 없다구요.

남자: 보증서에 의하면 당신은 무료로 수리를 해줘야 해요.
여자: 맞아요, 하지만 인건비와 제가 주문해야 하는 부품의 운송비는 부담하셔야 해요.
남자: That's ridiculous! The warranty **doesn't say anything about** that.

209 can't bring oneself to~ 차마 나서서 …하지 못하다, …할 마음이 내키지 않다

상당히 영어식 표현으로 언뜻 의미를 이해하기가 어려운 표현. bring은 '가져오다' 라는 말로 bring oneself to~하면 「스스로 마음이 내켜서 …을 하다」라는 뜻이 된다. 주로 can't bring oneself to+V의 부정형태로 쓰여서 기분이 안좋거나 등등의 이유로 to 이하를 할 생각이 들지 않다, 마음이 내키지 않다 라는 의미로 쓰이는 표현.

- ☐ **I couldn't bring myself to** leave her 난 걜 떠날 수 없었어
- ☐ **I can't bring myself to** look at that thing 저걸 볼 수가 없었어
- ☐ **I can't even bring myself to** say it 그걸 말할 수가 없었어

A. Translate the followings into English.

1. 켈리는 자기 고향을 떠날 수가 없었어.

   * 고향을 떠나다: move away from one's hometown

2. 걘 월드 오브 워크래프트 게임을 그만 둘 수가 없었어.

1. Kelly **couldn't bring herself to** move away from her hometown.
2. He **couldn't bring himself to** give up playing World of Warcraft.

B. Practice with the practical dialogue.

Woman You're wealthy. Why do you drive that old car around?
Man 내가 처음 산 차야. 다른 차를 사고 싶은 마음이 내키지 않아.
Woman Come on, if you buy a new car you'll like it a lot better.

여자: 너 돈도 많은데, 저렇게 낡은 차를 몰고 다니는거야?
남자: It was my first car. I **can't bring myself to** buy another one.
여자: 이봐, 새로 차를 뽑으면 더 좋아하게 될거야.

210 That helps~ 하는데 도움이 되다

help하면 help + A + 동사원형[~ing]의 형태가 제일 유명하다. 여기서는 대명사 that이나 it이 주어로 와서 That[It] helps 다음에 동사원형[~ing]이 바로 오는 That[It] helps+V[~ing]의 형태와 That[It] helps + A + 동사원형이 오는 형태를 집중적으로 학습해본다. 의미는 「그게 (…가) …하는데 도움이 된다」라는 뜻으로 일상회화에서 아주 많이 쓰이는 형태이니 입에 달달 달고 다니도록 여러 번 큰 소리로 따라 읽어본다. 관용표현으로 if it helps(도움이 된다면)라는 표현도 함께 기억해두자.

- ☐ **That helps** explain the problem 그건 그 문제를 설명하는데 도움이 돼
- ☐ **That helps** her sleep 그건 걔가 자는데 도움이 돼
- ☐ **That helps** fight**ing** sickness 그건 투병하는데 도움이 돼
- ☐ **It helps** them get rich 그건 걔네들이 부자가 되는데 도움이 돼

A. Translate the followings into English.

1. 그건 부엌이 지저분해졌을 때 깨끗이 치우는데 도움이 돼.

   * 깨끗이 하다: clean up * 더러워지다: get dirty

2. 그건 그 공장이 생산하는 제품들을 향상시키는데 도움이 돼.

   * 제고하다: improve * 생산하다: produce

1. **It helps** clean up the kitchen when it gets dirty.
2. **That helps** improv**ing** the products that the factory produces.

B. Practice with the practical dialogue.

Woman I see you take pills before you eat your meals.

Man 그 약들은 속이 안좋을 때 배를 진정시켜주는데 도움이 돼.

Woman I didn't know you had stomach problems. Is it serious?

여자: 너 식사하기 전에 약먹는거 봤어.

남자: **They help** calm my stomach when it feels bad.

여자: 네가 위장이 안좋은지 몰랐어. 심각한거야?

211 What is with~ ? 무슨 일이야? 왜 그래?

What is (it) with~? 공식은 특이하게도 'it' 을 넣기도 하고 빼기도 하는 표현으로 의미는 동일하다. 주로 왜 이런 일이 일어났는지(Why does this happen), 어떻게하다 이런 식으로 일이 일어났는지(how come something happens this way) 혹은 상대방이나 제 3자가 왜 어떤 일을 하는지(why is a person doing something)를 물어볼 때 사용된다. 또한 종종 어떤 상황이나 어떤 일이 벌어진 것이나 결과에 대해 못마땅한 감정을 표현(express frustration or unhappiness with a situation or the way something is being done)할 때 사용하기도 한다.

- ☐ **What is with** people spitting? 사람들이 왜 침을 뱉는거야?
- ☐ **What is it with** Liz acting unkind? 왜 리즈가 퉁명스럽게 행동하는거야?
- ☐ **What is with** the clothes she's wearing? 걔가 입고 있는 옷이 왜 저래?

A. Translate the followings into English.

1. 영화티켓비가 왜 이리 비싼거야?

   * 영화표: tickets for movies

2. 저 컴퓨터에 나타나는 저 문제들은 왜 그런거야?

1. **What is with** the high price of tickets for movies?
2. **What is with** all the problems the computer has been having?

B. Practice with the practical dialogue.

Woman 너 오늘 밤에 왜 그리 낡은 수트를 입은거야?

Man My suit? Are you saying you don't like the way it looks?

Woman No I don't. It's ugly and it looks like it needs to be cleaned.

여자: **What is with** that old suit you're wearing tonight?

남자: 내 수트? 모양새가 네 맘에 안든다는 말이야?

여자: 어, 안들어. 추레해보이고 클리닝해야 될 것 같아.

except와 beside의 차이점은?

많은 사람들이 이 두 단어의 차이를 정확히 모른채 그냥 쓰는 경우가 많다. except와 besides는 둘 다 우리말로 「…이외에」라는 뜻이지만 실제 의미상으론 상당한 차이가 있다. 예를 들어 You can take anything you want except my computer라는 문장을 한번 보자. 이 문장은 우리말로 「내 컴퓨터 이외에 원하는 건 뭐든 가져도 좋아」라는 뜻이다. 「내 컴퓨터 이외에」라는 뜻의 except my computer에서 except는 「…만 빼고」(with the exception of)라는 「예외」의 의미를 가지고 있다. 그럼 이 문장에서 except를 besides로 고쳐 보자. 그러면 You can take anything you want besides my computer가 되는데 뜻은 앞의 except가 쓰인 문장과는 완전히 달라진다. 즉, 「내 컴퓨터 이외에도 원하는 건 뭐든 가져도 좋아」라는 말이 되는 것이다. besides my computer가 우리말로는 똑같이 「내 컴퓨터 이외에(도)」라는 뜻이지만 여기서 besides는 「…에다가 또」(in addition to)라는 「추가」의 의미를 갖는다. 하지만 except와 besides는 부정문에선 같은 의미로 쓰이는데 가령 「나는 그 파티에서 Jane 말고는 아는 사람이 한 명도 없었다」라는 문장은 I didn't know anyone at that party except Jane이라고 해도 되고 I didn't know anyone at that party besides Jane이라고 써도 똑같은 표현이 된다.

A: Did you get all your vaccinations?
B: I got them all except yellow fever.

A: 예방접종은 다 받았니?
B: 황열병만 빼고 다 받았어.

A: Do you really think he'll win the race?
B: Of course. He's fast and strong besides being very talented.

A: 정말 그 사람이 경주에서 이길 거라고 보니?
B: 물론이지. 그 사람은 재능이 있을 뿐만 아니라 빠르고 강하거든.

Level 5

쓰면 존경받는 표현들

212 I have never been happier than~ …보다 더 행복했던 적은 없었어

Couldn't be better(아주 좋아)처럼 비교급과 부정어를 섞어 최상급의 의미를 표현하는 경우. than 뒤에 자신이 가장 행복했던 시기를 나타내는 어구가 들어가서 「…(시기)보다 더 행복했던 적은 없었다」, 즉 「…(시기)때에 가장 행복했다」는 의미로, 살아 오면서 가장 행복했던 순간을 떠올리는 표현이 된다. 하지만 than 다음에 now만 달랑 쓰면 「지금보다 더 행복했던 적은 없었다」라는 '현재' 의 행복감을 나타내는 말이 되어 I'm very happy now보다 훨씬 강한 어감을 갖는다.

A. Translate the followings into English.

1. 너를 처음 만났을 때보다 행복했던 적은 없었어.
2. 대학을 졸업하던 그 순간보다 더 기뻤던 적은 없었어.

* …를 졸업하다: graduate from

1. **I have never been happier than** the time I first met you.
2. **I have never been happier than** the moment I graduated from college.

B. Practice with the practical dialogue.

Woman 바로 지금 느끼는 행복감은 그 어느 때보다도 커.

Man Wow, that's a big statement. What makes you say such a strong thing?

Woman I just found out that I am pregnant, and that it is going to be a boy.

여자: **I have never been happier than** how I feel right now.

남자: 세상에, 대단한 표현인데. 그렇게 강한 표현을 써서 얘기하는 이유가 뭐니?

여자: 방금 임신 사실을 알았거든, 게다가 아들이라는거야.

213 If it's okay with you, I'll~ 괜찮다면 …할게

예의바른 표현 if it's okay with you는 뭔가 하기 전에 상대방에게 정중하게 '양해'를 구하는 것으로 우리말의 「괜찮으시다면」 정도에 해당한다. 먼저 상대방에게 양해를 구한 다음(if it's okay with you), 자신의 의도(I'll~)를 뒤에서 드러내는 형식이다. 같은 맥락의 표현들로 Is it all right if~?, Is it okay with you if~?, if you don't mind(Level 2. 53 참고) 등도 함께 확인해 두도록 하자.

A. Translate the followings into English.

1. 괜찮으시다면 검사를 한번 더 해서 의문의 여지를 남기지 않았으면 하는데요.

   * …을 계속하다: go ahead with * 명확한, 확실한: positive

2. 괜찮으시다면 확실히 해두기 위해 존을 불러 다른 의견을 들어봤으면 하는데요.

   * 다른 의견: second opinion.

1. **If it's okay with you, I'll** go ahead with another round of testing just to be positive.
2. **If it's okay with you, I'll** ask John to come in and give us a second opinion just to be sure.

B. Practice with the practical dialogue.

Man 괜찮으시다면 월요일 대신 내일 쉬려고 하는데요.

Woman Just let me check the schedule and I'll get back to you.

Man As long as you let me know by lunch so I can change my plans.

남자: **If it's okay with you, I'll** take tomorrow off instead of Monday.

여자: 일정을 확인하는 대로 연락할게요.

남자: 계획을 변경할 수 있도록 점심 때까지만 연락주시면 됩니다.

214 There's a good chance that~ …할 가능성이 크다

여기서 good chance는 「좋은 기회」가 아니라 「상당히 높은 가능성」을 뜻하여 전체적으로는 that 이하의 상황이 벌어질 「가능성이 크다」란 의미가 된다. 여기서 that 절은 good chance를 수식하는 형용사적 용법의 to 부정사로 대치시켜도 된다. good 자리에 some, little 등 형용사만 바꿔주면 「가능성이 좀 있다」, 「별로 없다」 등 가능성의 정도를 표시할 수 있다.

A. Translate the followings into English.

1. 비 때문에 우리 경기가 연기될 공산이 커서 경기 일정을 다시 잡아야 될거야.

   * 행사 당일이 우천일 경우의 변경일: rain date

2. 그 도로 구간은 특히 교통이 좋지 않아서 그 사람들이 늦을 가능성이 커요.

   * 도로 한 구간: a stretch of road

1. **There's a good chance that** we are going to get rained out and we'll have to make a rain date.
2. **There's a good chance that** they will be late because the traffic is particularly bad on that stretch of road.

B. Practice with the practical dialogue.

Man What do you think he will do?

Woman 일자리를 받아들일 가능성이 커요. 그 사람은 그 회사를 마음에 들어하거든요.

Man It will be a great career move for him.

남자: 그 사람이 어떻게 할 것 같아요?

여자: **There's a good chance that** he will take the job because he likes the company.

남자: 그 사람에게는 자기분야에서 발전하는 좋은 기회가 되겠군요.

215 The first thing you need to know is that~ 먼저 네가 알아둬야 할 건 …야

상대방에게 꼭 필요한 정보를 주거나 충고를 전할 때 사용하는 표현. that 이하에 언급하려는 내용이 무엇보다도(before anything else) 중요하다는 의미로 the first thing을 사용한다. '제일 먼저 알아야 할 것'은 곧 '가장 중요한 것'이라는 의미에 다름아니기 때문이다. 따라서 The most important thing you need to know is that~이라고 해도 같은 맥락의 표현이 된다.

A. Translate the followings into English.

1. 네가 먼저 알아둘 필요가 있는 건 이 회사에선 휴가가 딱 2주 뿐이라는거야.
2. 먼저 알아두실 것은 언제나 휴대폰을 갖고 다녀야 한다는 겁니다.

* 항상: at all times * 휴대하다: carry

1. **The first thing you need to know is that** you only get two weeks' holiday at this company.
2. **The first thing you need to know is that** we expect you to carry your cell phone at all times.

B. Practice with the practical dialogue.

Man 먼저 알아두셔야 할 것은 저희가 이 상품에 대해 무료수리를 보증해 드리지 않는다는 겁니다.

Woman That's okay. I can fix almost anything, so that is not a problem.

Man Great. Because it has no guarantee, it is also very cheap. I think you will like it a lot.

남자: **The first thing you need to know is that** we don't have a guarantee with this product.

여자: 괜찮습니다. 전 웬만하면 다 수리할 수 있으니까 문제가 되진 않아요.

남자: 잘됐군요. 그 제품은 무료수리 보증이 없기 때문에 그만큼 값이 아주 저렴하죠. 맘에 꼭 드실 겁니다.

More Expressions

The first thing we have to do is + V

우리가 우선적으로 해야 할 일은 …하는 것이다

일의 우선순위를 지적하는 표현. 할 일이 많은 복잡한 상황에서 최우선적으로(first thing) 해결해야 할 급선무를 콕 찍어 얘기할 때 쓰면 유용하다. 아울러 is 뒤에 나오는 주격보어가 동사원형이라는 사실도 반드시 기억해 두자(p. 319 You Want More? 참고).

A: **The first thing we have to do is** upgrade the computer system.

B: I'll get in touch with the technician to see what we need.

A: 우리가 제일 먼저 해야 될 일은 컴퓨터 시스템을 업그레이드하는 거예요.

B: 기술자하고 연락을 취해서 필요한 게 뭔지 알아볼게요.

A: What should we do to get started on this project?

B: **The first thing we have to do is** get some coffee. I'm falling asleep.

A: 이 계획에 착수하기 위해선 뭘 해야 할까요?

B: 우선 커피를 좀 마셔야죠. 잠이 쏟아진다구요.

216 The last thing I want to do is+V 내가 가장 하기 싫은 일은 …야

하기 싫은 일을 맨 뒤로 미루는 것은 동 · 서양을 막론하고 매한가지. 여기서 the last thing은 하고 싶은 일 중 제일 마지막 것이니까 결국 「가장 하기 싫은 일」을 뜻한다. 따라서 「내가 가장 하기 싫은 일은 …이다」, 즉 「…하기는 정말[죽어도] 싫어」, 「…하는 건 딱 질색이야」 정도의 우리말로 옮기는 것이 자연스럽다. 반대로 '가장 하고 싶은 일'을 표현하려면 The first thing I want to do is~라고 하면 된다. 아울러 불완전동사 is의 보어로 동사원형이 오고 있다는 사실도 예문을 통해 확인해 두도록 하자(You Want More? 참고).

A. Translate the followings into English.

1. 내가 저지르지도 않은 일 때문에 난처해지는 건 정말 싫어.
   * 곤경에 빠지다: get into trouble
2. 그 아이들을 돌보는 건 딱 질색이야.
   * 돌보다: take care of

1. **The last thing I want to do is** get into trouble for something I didn't do.
2. **The last thing I want to do is** take care of those kids.

B. Practice with the practical dialogue.

Woman Hurry up! We're going to miss the bus!
Man Relax. The bus is not scheduled to leave for another 45 minutes. We've got plenty of time.
Woman 네 말이 맞았으면 좋겠다. 버스 놓치는 건 정말 싫단 말야.

여자: 서둘러! 버스 놓치겠어.
남자: 침착해. 버스는 45분 더 있다가 출발하기로 되어 있어. 시간이 많이 남았다구.
여자: I hope you're right. **The last thing I want to do is** miss the bus.

Woman　Why don't you go over and apologize to Melinda?
Man　나한테 소리지른 건 그 앤데 나보고 사과하라니 정말 싫어!
Woman　I know it's hard, but you've got to do it.

여자: 가서 멜린다에게 사과하지 그러니?
남자: **The last thing I want to do is** apologize to her after she yelled at me.
여자: 어렵다는 거 알지만 네가 그래야 하는거야.

동사원형이 주격보어라구?

「동사가 주격보어로 쓰이려면 to 부정사나 동명사 형태가 되어야 한다」라는 학교문법에 충실한 사람이라면, 방금 배운 표현 중간에 be 동사의 주격보어로 동사원형이 쓰이고 있다는 사실에 의문을 가질 수도 있을 것이다. 하지만 이 표현에서 보듯 미국 실생활 영어에서는 동사원형이 버젓이 주격보어 자리에 위치하는 경우도 많다. 그렇다고 아무때나 그렇게 되는 건 아니고 나름대로의 기준이 있다. 우선 이런 경우에 해당하는 다음 표현들을 살펴보자.

· All you have to do is + V　너는 …하기만 하면 된다
· What I want to do is + V　내가 원하는 일은 …하는 것이다
· The first thing I' m going to do is + V　내가 제일 먼저 하려는 일은 …하는 것이다

위 표현들의 공통점은 대략 두 가지로 정리된다. 첫째는 주어부 맨 끝에 'to do' 란 어구가 포함되어 있다는 점. 두번째는 그 'do' 의 구체적인 내용에 해당하는 동사가 be 동사 뒤에 곧바로 등장한다는 사실이다. 예를 들어보자. 증시가 활황일 때 우량 주식을 다량 보유한 주주에게 fund manager가 All you have to do is hold the stocks(주식을 팔지 말고 갖고 있기만 하면 됩니다)라고 조언한다. 결국 fund manager가 하려는 얘기는 You have to hold the stocks로 요약되어, 주어부에 포함된 'do' 의 구체적인 내용은 주격보어로 나온 hold라는 것을 쉽게 알 수 있다. 따라서 내용상으로 have to 이하에 걸리는 주격보어 hold에 굳이 to를 추가하지 않고 동사원형만 쓰는 것이 보다 자연스럽게 느껴지는 것이다. 아래 예문들을 살펴보며 방금 들은 설명을 확실한 내것으로 만들어 보자.

· What I' m going to do is give her the present on the street
· What I want to do is go to bed right now
· The first thing I have to do is finish the report by 10 o' clock

217 I'm fed up with people who complain about how hard~

…가 너무 힘들다고 투덜대는 사람들이 지긋지긋해

'저렇게 긴 것도 외워야 한단 말인가~!' 라며 한숨부터 쉬지 말 것. 따지고 보면 기본표현들의 조합일 뿐이니까. 우선 be fed up with는 뭔가가 싫다 못해 「진저리나다」란 의미로 be sick and tired of와 유사한 표현. people을 수식하는 관계사절 속의 complain about(…에 관해 불평하다)이나, 「얼마나 …한지」, 「아주 …한」이란 의미로 심한 정도를 표시하는 「how + 형용사[부사]~」 구문 역시 소시적부터 갈고 닦아온 기초 표현들이다. 구슬이 서말이라도 꿰어야 보배인 법! 우리가 이미 알고 있는 표현들을 다양하게 조합하여 구사할 수 있는 능력을 갖추는 것만이 한(恨)많은 단세포적 영어살이에서 벗어날 수 있는 지름길이다.

A. Translate the followings into English.

1. 영어로 말하는 게 너무 어렵다고 투덜대는 사람들한테 지쳤어.

   * 불평하다: complain about

2. 자기들 생활이 아주 고달프다고 불평해대는 정치가들이 지긋지긋해.

   * 정치가들: politicians

1. **I am fed up with people who complain about how hard** it is to speak English.
2. **I am fed up with politicians who complain about how hard** life is.

B. Practice with the practical dialogue.

Woman 이 대학에서 공부하는 게 여간 어렵지 않다고 불평하는 사람들이 이젠 지긋지긋해.

Man You should have some compassion. For a lot of students, this university is a real challenge.

Woman Maybe I am in the wrong place. To me, all the work seems so easy. High school was a lot harder than this.

여자: **I am fed up with people who complain about how hard** it is to study at this university.

남자: 그 학생들 입장을 좀 이해해봐. 많은 학생들에게 이 대학에서 공부하는 것은 정말 힘든 일이야.

여자: 그럼 여긴 내가 있을 곳이 아닌가봐. 나한텐 모든 과목이 쉬운 것 같거든. 여기보다는 고등학교 때가 훨씬 더 힘들었지.

218 How can you (even) think about[of]+~ing?

도대체 어떻게 …라는 생각을 할 수 있는 거지?

표현 첫머리에 How가 눈에 띈다고 해서 '방법'에 관한 질문이라고 생각했다면 큰 오산. 도무지 납득하기 힘든 행동에 대해 항의를 하거나 비난조로 던지는 수사의문문이며 even은 말하는 사람의 불쾌한 감정을 더욱 강조하는 역할을 하고 있다. 풀어 쓰자면 I can't even understand what you are going to do(네가 하려는 일을 도무지 이해할 수가 없어)란 얘기.

A. Translate the followings into English.

1. 지난 주에 값이 왕창 떨어졌는데, 어떻게 저 주식을 살 생각을 하니?

   * (주가 등의 가격이) 대폭 내리다: fall so far

2. 기름 값이 지금 이렇게 비싼데 어떻게 고급차를 살 생각을 할 수 있니?

   * 고급차: luxury car

1. **How can you think about** buy**ing** that stock when it has fallen so far in the last week?
2. **How can you even think of** buy**ing** a luxury car now when the price of gas is so high?

B. Practice with the practical dialogue.

Woman 우리가 이렇게 바쁜데 어떻게 휴가를 가겠다는 말이 나오니?

Man The company owes me six weeks' vacation and I'm thinking of quitting soon.

Woman Now I understand why you want your vacation time.

여자: **How can you think about** ask**ing** for time off when we're so busy?

남자: 내가 쓸 수 있는 휴가가 6주나 있는데, 난 곧 회사를 그만둘 생각이거든.

여자: 네가 휴가를 가겠다고 하는 이유를 이제야 알겠다.

219 if (my) memory serves me right 내가 기억하는 바로는

「(확실치는 않지만) 나는 …라고 기억한다」라는 의미. 보다 간단하게 If memory serves라고만 해도 되며, 쉬운 말로 해서 I'm not sure, but~이라고 해도 된다. 단정적 말투를 피하기 위한 일종의 완곡어법으로 유사시 빠져나갈 구멍을 미리 확보할 수 있다는 점이 장점.

A. Translate the followings into English.

1. 내가 기억하기로는 오늘밤 우리한테 약속이 있는데요.

   * 약속이 있다: have an appointment

2. 내 기억이 맞다면, 네가 크리스마스 날 나한테 다이아몬드 반지를 줬지.

1. **If my memory serves me right,** we have an appointment tonight.
2. **If my memory serves me right,** you gave me a diamond for Christmas.

B. Practice with the practical dialogue.

Woman 내 기억이 맞다면, 이곳은 내가 고등학생 때 왔던 곳이야.

Man It must be strange to be back here again after such a long time. How do you feel?

Woman I feel like I am coming home again, because I spent some very important years of my life here.

여자: **If my memory serves me right,** this is the same place that I came when I was a high school student.

남자: 그렇게 오랜 시간이 흐른 후에 다시 찾아왔으니 참 묘하겠다. 기분이 어때?

여자: 집에 돌아온 기분이랄까, 왜냐하면 난 이곳에서 인생의 중요한 시기를 보냈거든.

220 One thing that we have to remember is that~
우리가 한가지 기억해 두어야 할 것은 …이야

아주 중요한 사항을 모두들 잊고 있거나 간과하고 있을 때 새롭게 상기시키기 위한 표현으로, 그저 We have to remember that~이라고 하는 것보다 상당히 강한 어조를 띤다. 좀 복잡해 보이지만 One thing ~ is that…이라는 단순한 뼈대에 one thing을 수식하는 관계사절(that we ~ remember)이 삽입된 문형이다. 관계사절의 내용만 바꾸면 One thing that you should know is that~(네가 알아야 할 것 한 가지는 …이다)이나 One thing that we have to say is that~(우리가 말해야 할 것 한 가지는 …이다) 등 다양한 강조어법으로 활용할 수 있다.

A. Translate the followings into English.

1. 우리가 하나 기억해야 할 것은 **그 사람들은 여기에 잠시 동안만 머물거라**는거죠.

   * 잠시 동안: for a short time

2. 우리가 기억해야 할 것 하나는 **우리가 서로 경쟁하고 있**다는 점이에요.

   * 경쟁하다: compete

1. **One thing that we have to remember is that** they are only here for a short time.
2. **One thing that we have to remember is that** we are competing against ourselves.

B. Practice with the practical dialogue.

Woman Coach, our team is unsure of how to win this game. Do you have any suggestions?

Man 우리가 명심해야 할 것은 **서로 뭉쳐야만 이길 수 있**다는 것입니다.

Woman Okay. Everyone, let's huddle up and talk about the different plays we practiced.

여자: 코치님, 이 경기에서 어떻게 해야 이길 수 있을지 잘 모르겠습니다. 뭐 제안하실 거라도 있으신가요?

남자: **One thing that we have to remember is that** our team will only win if we work together.

여자: 알겠습니다. 자, 다들 모여서 우리가 연습했던 여러가지 작전에 대해 얘기해보자구.

221 Sth is + 비교급 + than sb imagined …가 생각했던 것보다 더 …하다

세상만사 자신의 기대보다 더 나을 수도, 반대로 더 '으악' 일 수도 있는 게 바로 우리네 인생. 이 표현은 이처럼 현재의 상황이 자신이 기대했던(imagined) 것과 다를 때 써먹는 표현이다. 수백대 일의 경쟁을 뚫고 천신만고 끝에 얻은 직장, 이젠 널럴하게 일하며 돈 잘 벌 수 있으리라는 순진무구한(?) 기대와는 달리 눈뜨면 야근이요, 한눈팔면 상사의 구박이라…. 바로 그럴 때 My job is much tougher than I imagined라며 푸념을 늘어놓을 수 있다는 말씀이다.

- ☐ The job **was tougher than I imagined** 그 일은 생각보다 힘들었다
- ☐ The movie **was better than** Andy **imagined it would be** 영화는 앤디가 예상했던 것보다 재미있었다

A. Translate the followings into English.

1. 초콜릿 케익이 생각보다 맛있다.
2. 그 곳에서의 스트레스는 그 친구가 예상했던 것보다 더 심한 것 같아. 그 친구 1년 만에 살이 10 킬로그램이나 빠졌다구.

* 체중이 …킬로그램 줄다: lose ~ kilogram(s)

1. This chocolate cake **is better than I had imagined it.**
2. The stress there **is worse than he imagined**; he lost ten kilograms in a year.

B. Practice with the practical dialogue.

Man 생각했던 것보다 연아가 더 잘하는데. 연아는 언제 프로로 다이빙을 시작하게 된거야?

Woman I guess it was about a year ago. After she won the state tournament, she decided to turn pro.

Man That was a great choice. It looks like she has a good chance at winning this competition.

남자: Yeon-Ah **is better than I imagined**. When did she start to dive professionally?

여자: 일년 전쯤이었을거야. 주(州) 대회에서 우승한 후에 프로로 전향하기로 한 거지.

남자: 잘 선택했구나. 이번 대회에서 우승할 가능성이 높아 보여.

222 This is the + 최상급 + sth + that I've ever+p.p.
이건 여태껏 내가 …해본 것 중에서 가장 …한 것이다

「내가 겪어본 중에 제일 …하다」란 의미로 자신의 과거 경험까지 총동원하여 최상의, 혹은 최악의 상태를 강조하는 표현이다. 문장의 주요 부분은 This is the + 최상급 + something(주어 + 동사 + 주격보어)이라는 지극히 단순한 2형식 구조이며, 거기에 that 이하 관계대명사절이 something을 수식하고 있을 뿐이다. 관계사절 속의 내용은 「이제껏 내가 …해본 중에」라는 의미로 주어의 '경험'을 나타내므로 현재완료시제를 사용한다.

☐ **This is the** nicest gift **that I've ever had** 여태껏 받은 중에 가장 좋은 선물이다

A. Translate the followings into English.

1. 이건 내가 알래스카에서 20년간 겪어본 중에 최악의 눈보라야.
2. 이건 우리가 이제까지 먹어본 것 중 제일 형편없는 음식이라구요. 음식값을 내지 않겠어요.

* 가격을 지불하다: pay the bill * …하기를 거절하다: refuse to + V

1. **This is the worst snow that I've ever seen** in my twenty years in Alaska.
2. **This is the worst food that we've ever tried.** We refuse to pay the bill.

B. Practice with the practical dialogue.

Woman Boy, it's hot today. I think I'll go to the mall and hang out where it's nice and cool.

Man 좋은 생각이야. 그 어느 때보다도 심한 혹서야. 40도는 되는 것 같아.

Woman Luckily, it's supposed to end by the end of the week.

여자: 야, 오늘 정말 더운데. 쇼핑몰로 가서 아주 시원한 곳에서 시간을 보내야겠어.

남자: Good idea. **This is the worst heat wave that I've ever felt.** It must be 40 degrees.

여자: 다행스럽게도 이번 주말에는 끝난대.

223 It's not that $S_1 + V_1$, it's just that $S_2 + V_2$
…한 게 아니라, …한 것이다

상대방이 뭔가 잘못 알고 있는 경우, 「그게 아니라 실은 이거야」라는 식으로 사실을 분명히 알려줄 때 써먹을 수 있는 표현. 두 개의 절이 만나 왠지 길어 보이지만 알고 보면 중학교 때 이미 배운 It ~ that… 가주어 · 진주어 구문의 반복일 뿐이니 괜한 긴장일랑 접어두시라. 뭔가 잘못 알고있는 내용은 첫번째 that 이하에 밝혀주고($S_1 + V_1$) 뒤에 오는 it's just that 이하에 원래의 사실, 혹은 말하고자 했던 내용을 말하면 된다. 원인 · 이유에 관한 오해인 경우에는 that을 because로 바꾸어서 「그건 …때문이 아니라 ~때문이다」라는 표현을 만들어낼 수 있다.

A. Translate the followings into English.

1. 거기에 갈 여유가 없다는 게 아니라, 이미 한번 가본 적이 있다는 얘기야.
   * …할 여유가 있다: can afford to + V
2. 그 사람이 무능하기 때문이 아니라, 전에 그런 프로그램을 사용해본 적이 없는 사람이라서 그렇다는거야.
   * 무능한: incompetent

1. **It's not that** I can't afford to go, **it's just that** I have already been there once before.
2. **It's not because** he's incompetent, **it's just because** he's never used that program before.

B. Practice with the practical dialogue.

Man 그 공연이 별로라는게 아니라 몇달 전에 다른 계획을 잡아놨다는 얘기야.
Woman We'll just give the tickets to someone else.
Man That sounds good to me.

남자: **It's not that** I'm not thrilled with the tickets, **it's just that** I have other plans that I made months ago.
여자: 다른 사람에게 이 티켓을 줘버리자.
남자: 그게 좋겠다.

224 That's what made sb + V 그래서 …가 ~했다

앞서 배운 That's why S + V(Level 3. 114 참고)와 동일한 의미. 먼저 '이유'를 언급하고 난 후, 「바로 그것 때문에 …하게 되었다」라며 그로 인한 '결과'를 설명하는 표현이다. 예를 들어 「그 남자가 로또에 당첨되어 포르쉐 자동차를 샀다」는 말은 He won the lottery and that's what made him buy a Porsche(그 남자 로또에 당첨되었거든, 그래서 포르쉐 자동차를 산거야)라는 식으로 표현할 수 있다는 것이다.

- ☐ **That's what made** her cry 그래서 그 여자가 울었어
- ☐ **That's what made** us lose 그래서 우리가 진거야
- ☐ **That's what made** the boss angry 그래서 사장이 화난거야

A. Translate the followings into English.

1. 그 사람은 대학에 들어갔는데, 그것 때문에 직장을 그만둔거다.

   * …에 들어가도록 허가받다: get accepted to

2. 그 사람은 속도위반 딱지를 10번이나 떼여서 그것 때문에 속도를 늦추게 되었다.

   * 속도위반 딱지를 떼이다: get a speeding ticket

1. He got accepted to university and **that's what made** him quit his job.
2. He got ten speeding tickets and **that's what made** him slow down.

B. Practice with the practical dialogue.

Man 그 여자는 얼음물 속에 빠져서 동사하게 된거야.

Woman That's so sad. And I just talked to her yesterday. She was so happy about everything.

Man Life is so unpredictable. Apparently, she was trying to save a dog that had strayed onto the ice.

남자: She fell through the ice, and **that's what made** her freeze to death.
여자: 정말 안됐다. 바로 어제 그 여자와 얘기를 했었거든. 모든 게 아주 만족스러워 보였는데.
남자: 인생은 정말 예측불허야. 분명 그 여자는 얼음쪽으로 걸어 들어간 강아지를 구하려고 했다고 하던데.

225 ~don't know[see] what it's like to~
…한다는 것이 어떤 건지 모르다

직역하면 to~ 이하가 어떤 건지 알다 혹은 모르다라는 뜻. 의미상 「자신이 …하는 것이 어떤건지 안다」고 잘난 척하거나 혹은 반대로 상대방이나 제 3자가 「…하는 것이 뭔지 알지도 못한다」고 나무라거나 비난할 때 쓸 수 있는 고급표현.

- ☐ I **know what it's like to** be a teenager 난 10대가 되는게 뭔지 알아
- ☐ I asked him **what it was like to** be deaf 난 걔한테 귀머거리되는게 어떤거였는지 물어봤어
- ☐ You **don't know what it's like to** lose a child 넌 아이를 잃는다는게 뭔지 몰라

A. Translate the followings into English.

1. 너는 두팔에 갓태어난 아기를 안고 있는게 어떤건지 몰라.
   * 아기를 팔에 안다: hold a baby in one's arms
2. 난 열아홉살이 되고 사랑에 빠진다는 것이 뭔지 기억해.
   * 열아홉살이 되고 사랑에 빠지다: be 19 and in love

1. You **don't know what it's like to** hold your newborn baby in your arms.
2. I remember **what it's like to** be 19 and in love.

B. Practice with the practical dialogue.

Woman You never visit me enough on the weekends.
Man 넌 바쁘다는게 어떤 건지 몰라.
Woman I know you're busy, but you should come by more often.

여자: 너 주말에 날 여유있게 찾아오는 법이 없어.
남자: You **don't know what it's like to** be so busy.
여자: 네가 바쁜 거 알아, 하지만 좀 더 자주 들르라고.

226 I have sth, which I've never had before
전에는 이런 일이 없었는데 …하다

좋은 일이건 나쁜 일이건 현재 닥친 상황에 대한 느낌을 표현하되, 단순히 「…하다」가 아니라 「이런 경우는 난생 처음이야」라며 강조해서 표현하는 방법. 맞선을 본 상대가 아주 맘에 들었다면 데이트 중간중간에 I have a great time, which I've never had before(이렇게 즐거운 시간은 처음이예요)라고 말을 건네면 된다는 얘기다. 약간의 '오버'나 하얀 거짓이 포함될 수도 있지만 상대의 기분을 배려하는 차원에서 필요할 때가 있을 것이니 꼭 기억해 두자. 반대로 해결의 실마리가 보이지 않는 난감하고 골치아픈 상황에 봉착했을 때도 이 표현을 쓰면 생전 처음 겪는 일로 인해 당혹스러운 자신의 기분을 효과적으로 드러낼 수 있다.

A. Translate the followings into English.

1. 이번에 새로운 직장으로 옮기면서 그전에는 가져보지 못했던 가족과 함께 보낼 시간이 생겼다.
   * …의 결과로, …하게 되면서: as a result of
2. 전에 못 겪어본 상황이 발생해서 어떻게 해야 할지 조언을 구해야겠어.
   * 내가 어떻게 해야 하는지: what I should do

1. As a result of this new job **I have time** to spend with my family **which I've never had before**.
2. **I have a situation which I have never had before** and I'm going to need some advice on what I should do.

B. Practice with the practical dialogue.

Woman What seems to be the problem?
Man 새 프로그램에 문제가 생겼어. 그전에는 이런 적이 없었거든.
Woman Maybe I can help you out.

여자: 뭐가 문제인 것 같아?
남자: **I'm having difficulty** with this new program, **which I've never had before**.
여자: 아마 내가 널 도와줄 수 있을거야.

227 I think that nothing is more + 형용사 + than~
…보다 더 …한 것은 없는 것 같다

Level 5. 212 표현과 마찬가지로 비교급을 빙자한 최상급의 표현. 「…보다 더 ~한 것은 없다」, 즉 「…이 가장 ~하다」는 최상급의 의미를 갖는다. than 이하를 주어로 바꾸어 「~is more + 형용사 + than anything else」라고 하거나 최상급을 이용해 「~is the most + 형용사 + of all」의 형태로 말해도 의미는 마찬가지. 예를 들어 카사노바들의 단골 멘트인 I think nothing is more precious than you(그대보다 소중한 건 아무것도 없어요)는 I think you're more precious than anything else 또는 I think you're the most precious of all과 같은 의미의 '꼬심' 이라는 말씀.

A. Translate the followings into English.

1. 정직하게 사는 것보다 더 어려운 건 없는 것 같아.
2. 배우자에게서 받는 사랑보다 더 값진 건 없다고 생각해.

* 배우자: spouse

1. **I think that nothing is more difficult than** being honest.
2. **I think that nothing is more precious than** the love of a spouse.

B. Practice with the practical dialogue.

Woman 스카이 다이빙보다 더 신나는 건 없는 것 같아.

Man Don't you think it's a bit dangerous? I would like to try it, but I am not confident enough to jump out of an airplane.

Woman Next time I go, I will bring you with me. We can hold hands and jump out together.

여자: **I think that nothing is more exciting than** skydiving.

남자: 좀 위험하다는 생각은 안드니? 나도 한번 해보고는 싶지만, 비행기에서 뛰어내릴 자신이 없어.

여자: 다음에 갈 땐 널 데려갈게. 손잡고 같이 뛰어내리자.

228 I guess you have a point, but I would like to+V
네 말이 일리가 있기는 하지만 난 …하고 싶다

다른 사람과 의견이 다를 때마다 목소리 높여 내 주장만 내세우다가는 왕따당하는 건 시간 문제. 상대방과 다른 견해를 피력할 때도, 최대한 예의 바르게 상대의 기분을 배려하면서 결국 할 말은 다 하는 여우같은(?) 화술이 필요한데, 바로 그럴 때 딱 들어맞는 표현. 앞서 배운 I agree that, but~이나 It seems reasonable but~(Level 3. 107 참고)과 일맥상통하는 것으로 먼저 상대의 의견을 인정해준(you have a point) 다음, but으로 분위기를 반전시키고 I would like to로 완곡하게 자기 의사를 말하면 된다.

A. Translate the followings into English.

1. 네 말이 맞기는 해, 하지만 **내가 충고 하나** 할게.

   * 충고 하나 하다: give sb a piece of advice

2. 네 말이 일리가 있기는 하지만 **그 문제에 대해서 내 의견을 말**하고 싶어.

   * …에 대한 의견을 말하다: give sb one's opinion on~

1. **I guess you have a point, but I would like to** give you a piece of advice.
2. **I guess you have a point, but I would like to** give you my opinion on the matter.

B. Practice with the practical dialogue.

Man: If we look at this from a different perspective, we might be able to solve it.

Woman: 네 말도 일리는 있지만 난 그 문제에 관해서 다른 사람들이 하는 얘기도 들어보고 싶어.

Man: I will call another meeting on Wednesday, and we can all discuss it together.

남자: 이 문제를 다른 관점에서 본다면 아마 풀 수 있을거야.

여자: **I guess you have a point, but I would like to** hear what others have to say about it.

남자: 수요일에 회의를 다시 한번 소집할 거니까 그럼 우리가 다 함께 이 문제를 의논해 보자.

229 All I can tell you is that~ 내가 해줄 수 있는 말은…

난이도 높은 표현으로 「내가 너에게 해줄 수 있는 말은 …뿐이다」라는 의미. 뒤앙스는 비밀이기 때문에, 내가 알고 있는 게 없어서, 혹은 자신이 하는 말에 자신이 없어서 등 다양한 의미를 가질 수 있다. "지금 당장"이라는 시간부사를 종종 넣기도 하는데 이때는 All I can tell you right now is~라고 쓰면 된다.

□ **All I can tell you right now is** it's a boy 지금 당장 내가 해줄 수 있는 말은 남자아이라는 것뿐야
□ **All I can tell you is that** we do have a plan 내가 해줄 수 있는 말은 우리에게 계획이 있다는거야

A. Translate the followings into English.

1. 내가 해줄 수 있는 말은 앤드류에게 비아그라에 대해 주의를 줬다는거야.
   * 경고하다: warn sb about~
2. 내가 해줄 수 있는 말은 내가 그걸 걔한테 줄 때는 그건 온전했다는거야.
   * 온전하다: be in one piece

1. **All I can tell you is** I did warn Andrew about the Viagra.
2. **All I can tell you is** when I gave it to him, it was in one piece.

B. Practice with the practical dialogue.

Woman Did you get the money I left for you on the table?
Man Money? I never saw any money. Where is it at?
Woman 내가 해줄 수 있는 말은 내가 거기에 50달러를 놓았다는거야.

여자: 내가 너 줄려고 탁자에 놓고 온 돈 받았어?
남자: 돈? 땡전 한푼 못봤는데. 어디있는거지?
여자: **All I can tell you is that** I put fifty dollars right here.

230 It strikes sb as strange[odd] that~ …한 느낌이야

strike의 많은 뜻 중에서 여기서는 as와 결합하여 strike sb as~의 형태로 「…에게 …의 느낌을 주다」, 「…라는 인상을 주다」라는 회화문장으로 구어체에서 널리 쓰이고 있다. 특히 as 다음에는 문맥에 따라 명사나 명사구(being something) 혹은 strange, funny, odd 등의 형태가 주로 온다. 그래서 It strikes sb as + 형용사 + that S + V로 쓰면 「…에게는 …하는게 …하게 느껴졌다」라는 뜻이 된다. 물론 주어 자리에는 It이나 That 등만이 오는 것이 아니라 일반명사나 사람명사가 올 수 있다. 같은 맥락의 표현으로 잘 알려진 표현으로는 It occurred to sb that~(…에게 …라는 생각이 갑자기 떠올랐다)가 있다.

- ☐ **That strikes me as** impulsive 저건 충동적인 느낌이 들어
- ☐ **It struck me as** a dumb idea 아주 안 좋은 생각이야
- ☐ **It occurred to me that** it might rain 문득 비가 올지도 모른다는 생각이 들어

A. Translate the followings into English.

1. 앤이 오늘밤에 입고 있는 옷은 아주 우아한 느낌이야.
   * (옷 등을) 입고 있다: wear * 우아한: elegant
2. 집주인에게 선물을 가져가야 한다는 게 갑자기 생각났어.
   * 집주인: host * 선물을 가져가다: bring a gift

1. The clothes Anne was wearing tonight **struck me as** elegant.
2. **It occurred to me that** we need to bring a gift to the hosts.

B. Practice with the practical dialogue.

Woman I had the chance to meet Jason's younger sister.
Man Really? We've never met. What did you think of her?
Woman 매우 총명한 여자애 같았어.

여자: 제이슨의 여동생을 만났어.
남자: 정말? 난 만난 적이 없어. 걔 어때?
여자: She **struck me as** a very intelligent young lady.

231 ~ing …하는

조금 생소하게 느껴질 수도 있지만 ~ing을 잘 활용하면 영어를 좀 더 편하게 혹은 영어를 좀 더 길게 말할 수 있는 회화능력이 생기게 된다. 즉, 말하고 싶은 내용을 막히지 않고 길게 말할 수 있게 된다는 것이다. 기본적으로 잘 알려진 see, hear, watch+~ing처럼 숙어처럼 알려진 것도 있지만 자연스럽게 V+A+~ing, 혹은 there be A~ing의 형태로 A의 상황이나 상태를 부가적으로 설명하는 방법이다. 예를 들어 I don't like you인데 그 이유를 설명하려면 I don't like you hitting me라고 하면 되고, 가격이 올라가는 것을 알고 있냐고 할 때는 Are you aware of prices getting higher?라 하면 된다. 또한 독감이 사무실에 유행한다고 할 때는 There is a flu going around the office라고 하면 된다. 분사니, 동명사니 그런 분석적인 접근은 이제 그만하고 영어문장을 많이 읽고 살아있는 영어인 미드를 많이 보면서 감각적으로 익혀야 한다.

- ☐ I listened to them **speaking** for an hour 난 걔들이 한시간 동안 말하는 것을 들었어
- ☐ She likes to hear Chad **singing** 걘 채드가 노래부르는거 듣는 것을 좋아해
- ☐ The picture shows me **kissing** my girlfriend 사진은 내가 여친하고 키스하고 있는거야
- ☐ I wish you the best of luck **finding** a new job 네가 좋은 직장 찾는데 행운을 빌어
- ☐ They will do a great job **raising** a child 걔네들은 아이키우는 일을 잘 할거야

A. Translate the followings into English.

1. 내가 걱정하는 것은 몰리가 도시에 홀로 살고 있다는거야.
   * 내가 걱정하는 것은: what I worry about is~
2. 난 네가 여기 홀로 있는게 싫어. 날 따라와서 함께 있자고.
   * 와서 머물다: come stay

1. What I worry about is Molly **living** in a new city alone .
2. I don't like you **being** here alone. Come stay with me.

B. Practice with the practical dialogue.

Woman Is your sister going to come home for the Christmas holiday?
Man 어, 난 걔가 새로운 직장에서 너무 일을 열심히 하는게 걱정야.
Woman Well, she'll have a chance to relax and enjoy herself with your family.

여자: 네 누이 크리스마스 휴가 때 집에 올 예정이니?
남자: Yeah. I'm worried about her **working** too hard at her new job.
여자: 어, 걔가 좀 쉬고 가족들과 즐거운 시간을 보낼 수가 있겠구나.

영어회화공식

Section

3

More Expressions

72

1 Even though ~ 비록 …이지만, …라고 하더라도

Even though는 「비록 …라고 해도」란 뜻으로 even though가 이끄는 종속절에는 Even though I'm tired, I want to stay up late(나 피곤하긴 한데 늦게까지 안 자고 싶어)와 같이 주절과 논리적으로 상충되는 내용이 온다.

A 비록 그 일자리를 얻지는 못했지만 절망하지 않았다. * 절망하다: despair
↳ **Even though** I couldn't get that job I didn't despair.

B Man Should we go out to a restaurant?
Woman 난 먹지않더라도 갈거야.

↳ Man 나가서 식당에 갈까?
↳ Woman I'll go, **even though** I won't eat.

2 never ~ without …하면 반드시 ~한다, …가 반드시 있어야 ~한다

「…할 때마다 항상 ~하다」라는 뜻. 영어수업시간에 밑줄 쫙쫙 그어가며 외워댔던 표현. 이중부정으로 「반드시 그러하다」라는 강한 긍정의 의미를 갖는다. 전치사 without 다음에는 [동]명사가 오며, without 대신에 but S + V를 쓰기도 한다.

A. 집을 나설 때는 반드시 지갑에 돈을 넣고 다녀야 한다. * 외출하다: leave home (남자용) 지갑: wallet
You should **never** leave home **without** your wallet and some money.

B. Woman 스캇은 꼭 신디와 같이 퇴근해.
Man Do you think something is going on?

↳ Woman Scott **never** leaves the office **without** Cindy.
↳ Man 뭔가가 벌어지고 있는 걸까?

3 such a + 형용사 + N 무척 …한…

명사를 수식하는 형용사의 강도를 한껏 강조하기 위해 형용사인 such를 '형용사+명사' 세트 앞에 사용한 경우. 단 주의할 점은 such는 엄연한 '형용사'임에도 불구하고 부정관사(a)보다 앞에 위치한다는 것. 우리말로는 「아주 …한 사람[무엇]」으로 옮기면 된다.

A. 지난 주에 나 대신 써준 보고서 정말 잘 작성했더라. * 보고서: report 일을 잘 해내다: do a great job
↳ You did **such a great job** writing that report for me last week.

B. Man Bob is really looking forward to his retirement.
Woman 참 좋은 사람인데.

↳ Man 밥은 은퇴할 날을 정말로 손꼽아 기다리고 있어.
↳ Woman He's **such a nice guy**.

4 while ~ 반면에 …이다

while은 「반면에」(whereas, but)라는 역접의 개념으로도 사용되는데, 이때 while은 앞뒤의 상반되는 두 문장을 연결한다. 앞 문장보다는 while 이하의 내용에 무게가 실린다. 예로 I see your point, while I don't think it's possible에서 중요한 말은 while 이하의 내용.

A. 그 포털 가입은 무료지만, 몇몇 섹션을 이용할 때는 비용이 조금 들어. * 가입: subscription 몇몇의: a couple of

└ The subscription to that portal site is free, **while** it costs you a little to use a couple of sections.

B. Man Tell me what you are planning to do over the vacation.

Woman 글쎄, 플로리다도 재밌을 것 같지만 타이티에서 휴가보내는 것도 괜찮을 것 같아.

└ Man 휴가 때 계획이 뭔지 얘기해봐.

└ Woman Well, going to Florida would be fun, **while taking** a vacation in Tahiti would be fun too.

5 You seem to + V …하는 것처럼 보인다

seem은 「…으로 보이다」, 「…인 것 같다」라는 의미로 to + V 혹은 형용사가 온다. 또한 There seems to be + N는 「…가 있는 것 같다」, 그리고 Nobody seems to + V는 「아무도 …하지 않는 것 같다」란 뜻.

A. 내가 그 상황을 처리했던 방식에 화가 많이 난 것 같군요. * 처리하다: handle …에 화가 나다: be upset at

└ **You seem to** be upset at the way I handled the situation.

B. Woman 웨이터, 제 수프에 머리카락이 들어있는 것 같군요.

Man I'm sorry. I will get you another soup right away.

└ Woman Waiter, **there seems to** be a hair in my soup.

└ Man 죄송합니다. 곧바로 수프를 하나 더 갖다 드리죠.

6 be wrong with 잘못되다, 안좋다

be wrong with는 with 이하의 것이 잘못되거나 문제가 생겼다(something that is causing a problem)라는 말이며 비슷한 go wrong with는 어떤 문제가 발생했다(a problem is occurring)라는 의미이다.

A. 컴퓨터에 무엇이 잘못 되었는지 모르겠어.

└ I don't know what **is wrong with** the computer.

B. Man 네 동생 어디가 잘못된거야?

Woman I think he caught a virus while at school.

└ Man **What is wrong with** your younger brother?

└ Woman 학교에서 바이러스에 걸린 것 같아.

7 Where can I get~? 어디서 …을 살 수 있어?

상대방에게 어떤 정보를 구할 때 사용하는 공식으로 get 다음에는 자기가 원하거나 필요한 것을 이어쓰면 된다. get은 다양하게 쓰이기 때문에 문맥에 따라 사거나, 얻거나 등 탄력있게 우리말로 해석해야 한다.

A. 어디서 결혼 예복을 살 수 있어?
↳ **Where can I get** a suit for the wedding?

B. Man 어디서 택시를 탈 수 있어요?
Woman There is a taxi stand close to here.
↳ Man **Where can I get** a taxi?
↳ Woman 여기서 가까운데 택시 승차장이 있어요.

8 Are you aware of + N[S+V]? …을 알고 있어?

어떤 사실이나 상황에 대해 알고 있다, 인지하고 있다고 할 때 사용하는 기본표현인 be aware of~를 활용한 공식. 내가 알고 있다고 할 때는 I'm aware of~, 상대방에게 물어볼 때는 Are you aware of~를 쓴다. of 뒤에는 명사나 절이 온다.

A. 젠이 올해 졸업하는 거 알고 있었어? * 올해: this year
↳ **Are you aware of** Jen graduating this year?

B. Man 걔가 팀에 대해 뭐라고 했는지 알아?
Woman No. Did she say something bad?
↳ Man **Are you aware of** what she said about Tim?
↳ Woman 아니. 뭐 안좋은 거 이야기했어?

9 I forgot that S+V …을 잊다

나이가 들면서 점점 써먹을 기회가 많은 표현. 실버시대의 필수문장. 자신이 해야 할 일을 깜박 잊었을 경우 자백하면서 하는 공식문장. forget to~는 앞으로 해야 할 것을 잊었을 때, forget about ~ing는 이미 한 일을 잊어버렸을 때 쓴다.

A. 난 네가 그 우편물을 가져간 걸 깜박 잊었어.
↳ **I forgot that** you took the mail.

B. Man 걔가 담배핀다는 것을 내가 깜박했네. * 담배피다: smoke cigarettes
Woman I'll ask him to smoke outside.
↳ Man **I forgot that** he smokes cigarettes.
↳ Woman 밖에서 피우라고 내가 말할게.

10 It's hard to believe~ …을 믿기 힘드네

It is + 형용사+(for 사람)+ to do의 형태 중에 많이 쓰이는 공식을 뭔가 믿기 어려운 일에 접했을 때 하는 말. 정말 믿어지지가 않는다는 의미.

A. 그게 10년전 일이라는게 믿기지 않아.
↳ **It's hard to believe** that was ten years ago.

B. Man 제시카가 떠났다는게 믿기지 않아.
Woman I wish that she was still here.
↳ Man **It's hard to believe** Jessica left.
↳ Woman 걔가 여기 있었으면 좋을텐데.

11 as long as …하는 한, …(하기만) 한다면

as long as는 세 단어가 통째로 하나의 접속사 역할을 하는 접속사구로 「…한다면」, 「…하는 한」(if, on condition that ~)이란 의미. 또한 as long as가 이끄는 절은 부사절이므로 현재시제로 미래의 상황을 나타낸다.

A. 그 남자가 아프지만 않는다면 여행을 잘 하게 될 것이다. * 아프다: get sick
↳ He will have a good trip **as long as** he doesn't get sick.

B. Man You didn't get a good grade on the exam.
Woman 낙제만 면하면 만족할거야.
↳ Man 넌 시험성적이 좋지 않구나.
↳ Woman **As long as** I pass the class, I'll be happy.

12 be scheduled to + V …하기로 되어 있다

일정과 약속 및 계획 따위를 언급할 때 필수적인 표현으로 「…하기로 계획[예정]되어 있다」란 의미. '예정된 내용'은 to 이하에 이어서 말하면 되는데, on Thursday, at noon 등 '예정시점'을 설명하는 시간부사(구)를 동반하는 것이 보통.

A. 우리는 내일 아침 정각 9시에 그 호텔 로비에서 만나기로 돼있어. * 9시 정각에: at nine o'clock sharp
↳ We **are scheduled to** meet in the lobby of the hotel tomorrow morning at nine o'clock sharp.

B. Man 그 사람은 공항에 언제 도착할 예정이니?
Woman He's supposed to arrive tomorrow after lunch.
↳ Man When **is** he **scheduled to** arrive at the airport?
↳ Woman 내일 점심 이후에 도착하기로 돼있어.

13 I'm just grateful that ~ …한 것만 해도 감사하다

그냥 I'm grateful that ~(…를 감사드립니다)이라고 하면 단순히 감사의 뜻을 표하는 말이지만 앞에 just가 붙으면 「…한 것에 감사할 따름이다」, 「…한 것만 해도 다행이다」라는 뜻이 된다. 불행 중 다행이라는 어감이 들어있다.

A. 그 남자가 그 충돌사고에서 살아남은 것만 해도 불행 중 다행이다. * (자동차 등의) 충돌사고: crash 살아남다: survive
↳ **I'm just grateful that** he survived the crash.

B. Woman 교장이 우리 집에 전화 안해서 천만다행이야.
Man Did you do something wrong at school today?
↳ Woman **I'm just grateful that** the principal hasn't called my house.
↳ Man 오늘 학교에서 무슨 나쁜 짓 했어?

14 not A until B B에 이르러서야 (비로소) A하다

「B까지는 A가 아니다」라 옮기기보다는 「B에 이르러서야 A하다」처럼 순차적인 해석이 자연스럽다. 문맥에 따라 A를 생략하고 not until 뒤에 '시점'에 해당하는 어구만 쓸 수도 있다.

A. 회의가 끝나야 이사회실에 들어갈 수 있습니다. * 이사회실: board room[boardroom]
↳ Please do **not** go into the board room **until** the meeting is finished.

B. Man I can't believe you are still awake.
Woman 레이첼이 집에 오면 자려고.
↳ Man 너 아직도 안자고 있는거야.
↳ Woman I'm **not** going to sleep **until** Rachel gets home.

15 on a daily basis 매일 매일

on a ~ basis로 표현의 틀을 잡고 빈 자리에 daily, weekly, monthly 등을 넣어 다양하게 활용해 보자. 각각 「하루[1주일, 1개월] 단위로」란 의미가 되어, 경우에 따라서는 「매일[매주, 매월]」이라고 이해하는 것이 자연스럽다.

A. 매일 이메일을 확인하지만 당신의 지원서류를 받은 기억은 없어요. * 일자리에 대한 지원서: application for the job
↳ I check my electronic mail **on a daily basis**, but I don't remember receiving your application for the job.

B. Man Are you getting any progress reports on the construction?
Woman 매일 받고 있는데, 모든 게 예정대로 잘 되어 가는 것 같아.
↳ Man 그 공사의 진척 상황에 관한 보고서를 받고 있는거야?
↳ Woman I get them **on a daily basis** and everything seems to be right on schedule.

16 Will you be able to + V? …할 수 있겠어요?

'가능'의 의미를 갖는 be able to + V 구문과 '의지'를 나타내는 조동사 will이 함께 쓰인 형태로 「…할래?」 또는 「…할 수 있겠냐?」라고 물어보는 말. 물론 be able to는 미래시제에서 can의 대타로 쓰이는 숙어.

A. 이번 주말 사무실 파티에 올 수 있어요? * …에 오다: come to
↳ **Will you be able to** come to the office party this weekend?

B. Man 공항에서 브라이언을 만날 수 있어?
Woman What time is his flight going to arrive?
↳ Man **Will you be able to** meet Brian at the airport?
↳ Woman 걔 비행기가 언제 도착하는데?

17 As soon as S + V, ~ …하자마자

as soon as는 「…하자마자」라는 뜻으로 시간부사절을 이끈다. 따라서 as soon as 절에서 현재시제는 미래를 대신한다. 즉 주절이 미래시제라 할지라도 as soon as 절에는 현재형이 쓰인다는 말씀.

A. 이 일을 끝내자마자 너희 집으로 차 가지고 널 데리러 갈게. * …의 집: sb's place
↳ **As soon as** I get this work done, I'll head over to your place and pick you up.

B. Woman I can't believe the line up. We're going to be standing here for hours!
Man 걱정하지마. 통관을 하자마자 택시타고 호텔로 가서 휴식을 좀 취할거야.
↳ Woman 이 줄 서있는 것 좀 봐. 몇 시간 동안 서있어야 되겠는걸!
↳ Man Don't worry, **as soon as** we clear customs we'll grab a taxi to the hotel and get some rest.

18 be tied up (+ ~ing) (…하느라) 꼼짝달싹 못하다

바쁘단 말을 해야겠는데 busy 정도로는 성이 차지 않을 때 be tied up을 써서 좀 더 비주얼하게(?) 묘사해볼 수도 있다. 「묶다」라는 동사 tie를 활용한 것으로 be tied up은 끈으로 꽁꽁 묶여 있듯 「일에 묶여서 꼼짝할 수 없다」는 의미.

A. 사장은 회의로 오전 내내 꼼짝달싹 못했다. * 오전내내: all morning
↳ The president **was tied up** all morning in a meeting.

B. Man Why didn't you answer when I called you?
Woman 시험공부하느라 꼼짝달싹 못했어.
↳ Man 내가 전화했을 때 왜 받지 않았어?
↳ Woman **I've been tied up** study**ing** for a test.

19 How much does it cost to ~? …하는 데 얼마입니까?

How much does it cost to ~?는 to 이하를 하는 데 드는 '비용'을 묻는 질문. 대답은 「It costs + 금액 + (for sb) to + V」의 공식으로 해결하면 된다.

A. 시내에서 공항까지 택시를 타고 가는 데 비용이 얼마나 들까? * 시내: downtown 택시타다: take a taxi

↳ **How much does it cost to** take a taxi to the airport from downtown?

B. Man 샌프란시스코까지 항공료가 얼마야?

Woman An airplane ticket costs over a thousand dollars.

↳ Man **How much does it cost to** fly to San Francisco?

↳ Woman 항공티켓값은 천달러 이상 들거야.

20 When do you expect sb[sth] to + V? 언제 …할 것 같아?

목적어가 언제 to+V할 것인지 그 시기를 물어보는 표현. 한편 When이 빠지고 Do you expect sb[sth] to~?(…가 ~할 거라고 생각해?)가 되면 '실행시기'가 아니라 사건의 '실행여부'에 대한 질문이 되어 의미가 달라지므로 주의하자.

A. 언제 그 비품이 배달될 거라고 예상하나요? * 비품: supplies

↳ **When do you expect** the supplies **to** be delivered?

B. Man 라이언이 언제 퇴원할 것 같아?

Woman We are hoping he can return home today.

↳ Man **When do you expect** Ryan **to** get out of the hospital?

↳ Woman 오늘 집에 올 수 있을거라 희망하고 있어.

21 be in charge of …을 책임지고 있다

「…을 책임지고 있다」(be in a position of control or responsibility for sth)는 뜻으로 of 뒤에 책임의 대상이 되는 사물이나 행위가 나온다. 한편 「…에게 책임을 지우다」라고 할 때는 put sb in charge of라 한다.

A. 회사는 새 사무실 빌딩의 건축감독 책임을 나에게 맡겼다. * 건물, 시설: facility 감독하다: oversee

↳ They **put me in charge of** overseeing the construction of our new office facility.

B. Man 등록 신청서를 거두어들이는 것을 맡아줄 수 있겠어?

Woman I think that I could do that.

↳ Man Could you **be in charge of** collecting the registration forms?

↳ Woman 내가 맡아줄게.

22 take a[the] chance 운에 맡기고 해보다, 기회를 잡다

take a chance[take chances]와 take the chance의 차이점은 뭘까? chance가 이미 아는 것이냐(the chance)와 모르는 것이냐(a chance, chances)라는데 있어 문맥에 따라 달리 해석해야 하지만 일반적으로 유사한 표현으로 보면 된다.

A. 때론 위험을 감수해야 돼 * 때때로: sometimes

└ Sometimes you have to **take chances**.

B. Man I've been in love with Tammy for years.

Woman 한번 운에 맡기고 데이트 신청해보지 그래?

└ Man 난 오랫동안 태미를 사랑하고 있어.

└ Woman Why not **take a chance** and ask her on a date?

23 I'm scared S + V …할까봐 걱정돼

일상생활에서 겁이 난다고 할 때는 frighten이란 단어보다는 scare를 훨 많이 쓴다. 그래서 걱정되고 겁이 난다고 할 때는 I'm scared~란 형태를 즐겨 사용한다.

A. 돈을 다 잃을까봐 걱정돼.

└ **I'm scared** the money will be lost.

B. Man Are you still nervous about your ex-boyfriend?

Woman 걔가 내가 여기 있는 것을 찾게 될까봐 걱정돼.

└ Man 네 헤어진 남친 때문에 아직도 신경쓰여?

└ Woman **I'm scared** he will find me here.

24 There's a possibility S+V …할 가능성이 있어

어떤 일이 일어나고 발생할 가능성이 있을 때 사용하는 표현으로 possibility 대신 chance를 써서 There's (good) chance S + V라 사용해도 된다.

A. 내가 대통령이 될 가능성이 있어. * 대통령이 되다: become president

└ **There's a possibility** I will become president.

B. Man Chris was probably killed in the fire.

Woman 아직 생존해있을 가능성도 있어.

└ Man 크리스는 아마 화재로 죽었을거야.

└ Woman **There's a possibility** he is still alive.

25 as far as ~ go …에 관한 한, …치고는

as far as I know나 as far as I am concerned 등의 표현에서 보듯 as far as는 이후에 언급할 내용의 '기준'을 잡아주는 역할을 한다. 이 표현 역시 as far as와 go 사이에 나오는 「'명사' 라는 측면에서 볼 때」라는 의미.

A. 그 여자는 변호사 치고는 꽤 정직한 여성이다. * 꽤 정직한: pretty honest
↳ **As far as** lawyers **go**, she is a pretty honest lady.

B. Man 가수라는 면에서 걔는 꽤 괜찮아.
woman I agree. I like the sound of his voice.
↳ Man **As far as** singers **go**, he's pretty good.
↳ Woman 맞아. 걔의 목소리가 좋아.

26 As of + 시점 …(시점)부로

새롭게 정해진 법령이나 방침, 결정사항 따위가 발효되는(be in effect) 시점을 말할 때 필요한 표현. 「…(시점)부로」라는 의미로 날짜나 요일, 월, 연도 등 해당 시점은 of 뒤에 이어 말하면 된다.

A. 이번달 부로 할당량에 못미치는 판매사원들은 모두 해고될 것입니다. * 할당량: quota 판매사원: sales rep
↳ **As of** this month all sales reps who don't make their quota will be fired.

B. Man What did they say at the meeting?
Woman 회사측에서는 1월 1일부터 직원복지 혜택에 치과 비용은 포함되지 않을거라고 했어.
↳ Man 회의에서 그 사람들이 뭐라고 말했나요?
↳ Woman They said that **as of** January 1st our benefit package will no longer cover dental expenses.

27 By the time S_1 + V_1, S_2 + V_2 …할 때쯤에는 (벌써) ~하다

by the time S + V는 「(적어도) …할 때까지는」이라는 의미로 「특정 시점보다 늦지 않게」(not later than), 「…이전에」(before)란 뜻. 따라서 주절에는 종속절인 by the time S + V의 상황보다 앞서 이루어지는 행위가 나오게 된다.

A. 네가 그 사람과 연락될 때쯤이면 나는 벌써 그 사람 사무실에 도착해 있을거야. * …와 연락이 닿다: reach sb
↳ **I will** have **already** arrived at his office **by the time** you reach him.

B. Woman Were they here when Kevin came to talk to the manager?
Man 케빈이 여기 왔을 때쯤엔 이미 다들 떠나버렸어.
↳ Woman 케빈이 책임자에게 말하러 왔을 때 그 사람들이 여기 있었어?
↳ Man **By the time** Kevin got here, everyone had left **already**.

28 go to + 장소 + on business …로 출장가다, 업무차 …에 가다

「업무상의 일로 …에 가다」란 의미가 되어 우리말의 「출장가다」와 잘 맞아떨어진다. 출장지를 밝히고 싶지 않으면 그냥 go on business라고만 해도 된다. 또한 be out of town, be[go] on a business trip 역시 「출장중이다」이란 의미.

A. 이번 주말 캘리포니아에 출장갈 예정이야. * …할 예정으로 되어있다: be supposed to + V
↳ I am supposed to **go to** California **on business** this weekend.

B. Man 다음 달에 얼마동안이나 출장으로 사무실을 비우실 건가요?
Woman Probably around two weeks, but I will call and confirm that.
Man How long will you **be out of town** next month?
Woman 아마도 2주 정도 될텐데 전화해서 확인해 볼게요.

29 in case S + V …라면, …에 대비하여

in case는 대표적인 if 대용어구의 하나이지만 「…(원하지 않는) 상황이 벌어질 것에 대비하여」(so as to be safe if something happens)란 뉘앙스가 포함된다는 점에서 단순한 조건 접속사 if와 구별된다.

A. 그 사람이 집에 늦게 올 경우를 대비해서 오늘밤엔 나랑 같이 있자. * …와 함께 있다, …의 집에 머무르다: stay with sb
↳ **In case** he comes home late, why don't you stay with me tonight?

B. Man 진영이가 전화할 경우를 대비해서, 1시간 동안 여기 있을래.
Woman I appreciate you helping me out like this.
↳ Man **In case** Jin-Young calls, I will stay here for an hour.
↳ Woman 이렇게 도와줘서 정말 고마워.

30 No matter what S + V …이 무엇을 ~한다

「(누가) 뭐라건」, 「(뭐가) 어떻든」 등의 의미로 귀에 익은 No matter를 활용한 구문. 여기서는 what의 경우로 what 이하를 한다 해도 상관없다는 말. It doesn't matter what ~이나 It makes no difference what~으로 써도 된다.

A. 그 사람들이 뭘 하든지 간에, 우리가 한 것처럼 잘 할 수는 없어.
↳ **No matter what** they do, they'll never be able to get it made as good as we did.

B. Woman 걔네들이 무얼 묻든지, 우리가 재정적 어려움에 처해 있다고 말하지마.
Man Maybe I should just answer 'no comment' to their questions.
↳ Woman **No matter what** they ask, don't tell them that we're in financial trouble.
↳ Man 걔네들 질문에 그냥 '노코멘트'라고 대답해야겠네.

31 We might as well + V …하는 게 낫겠다

내키진 않지만 하지 않는 것보다 하는 편이 더 나을 때 쓰는 표현. '차라리' 또는 '어쩔수 없이' 한다는 뉘앙스. 「(별다른 이유가 없다면) …하는 편이 낫겠다」라는 뜻. 단, 유사품 may well + V는 「…하는 것도 당연하다」로 전혀 다른 뜻.

A. 주말에 그 여자를 저녁식사에 초대하는 게 낫겠어. * 저녁 식사에 …를 초대하다: have sb over for dinner

↳ **We might as well** have her over for dinner on the weekend.

B. Man The snow is too deep to drive through it.

Woman 하루 쉬는게 나을 것 같아.

↳ Man 눈이 너무 깊어서 차로 갈 수가 없어.

↳ Woman **We might as well** take the day off.

32 You should speak to sb …에게 말씀하세요

should는 '완곡한 명령'의 의미. 「…에게 말씀하세요」, 「…에게 말씀하시면 됩니다」 정도의 뉘앙스를 갖는다. 뭔가 문의하러 은행이나 관공서 등에 찾아갔을 때 창구직원에게서 흔히 들을 수 있는 표현.

A. 신상품 판매를 담당하고 있는 영업직원에게 말씀하시면 됩니다. * …을 담당하다: be in charge of

↳ **You should speak to** the sale agent who is in charge of the new products.

B. Man Who is in charge of ordering out-of-stock parts?

Woman 우리 부서장에게 얘기하면 처리해줄 겁니다.

↳ Man 재고가 떨어진 부품의 주문 업무는 누가 맡고 있나요?

↳ Woman **You should speak to** our department head, and he will deal with it.

33 when it's ready to + V …할 준비가 되면

be (all) ready to~하면 to~할 모든 준비가 다 된 상태를 나타내는 구문으로, 여기에 시간 접속사 when이 더해져서 「…할 준비가 되면」이란 뜻이 된다. to 이하에는 준비할 사항을, 그리고 준비완료된 후에 할 일은 주절에서 따로 밝혀준다.

A. 배달 준비가 다 되면 전화할게요. * 배달하다: deliver

I'll call you **when it's all ready to** be delivered.

B. Man I'm starving. Have you finished cooking dinner?

Woman 먹을 준비되면, 내가 부를게.

↳ Man 배고파 죽겠어. 저녁준비 다 됐어?

↳ Woman **When it's ready to eat,** I'll call you.

34 Please allow me to + V …하게 해주세요

자신이 원하는 바를 행하기 전에 상대방으로부터 사전 동의를 구하는 표현이다. 또한 상대방의 '허락'을 구하기 위해서 뿐만 아니라, Please allow me to buy you a drink에서 보듯 상대에게 어떤 친절한 행동을 할 때도 많이 사용된다.

A. 문을 잡아 드릴게요, 베이커 씨. * 지나가도록 문을 잡아주다: get the door for sb
└→ **Please allow me to** get the door for you, Ms. Baker.

B. Woman 우리 시대 최고의 작가 중의 한 분을 소개하겠습니다.
Man I wouldn't go that far, but thank you for such a warm, heartfelt welcome.
└→ Woman **Please allow me to** introduce one of the greatest writers of our time.
└→ Man 그런 대단한 사람은 아니지만, 여러분의 따뜻하고 진심어린 환영에 감사드립니다.

35 I have to admit that ~ …한 것을 인정하지 않을 수 없다

직역하자면 「나는 that 이하의 사실을 인정해야만 한다」라는 말. 주로 자신이 처한 현실을 직시하고 받아들이는 등 뭔가 내키지 않고(embarrassing) 유쾌하지 못한(unpleasant) 일을 어쩔 수 없이 인정해야 할 때 이 표현을 사용한다.

A. 스티브가 술과 관련해서 문제가 좀 있다는 것을 인정하지 않을 수가 없구나. * 약간: a bit of
└→ **I have to admit that** Steve has a bit of a drinking problem.

B. Man What did you think of the new Superman movie?
Woman 정말 재미있게 봤다고 할 수 있지.
└→ Man 새로 나온 수퍼맨 영화 어때?
└→ Woman **I have to admit that** I really enjoyed watching it.

36 We apologize for 저희가 …에 대해 사과를 드립니다

apologize는 자동사로 「사과하다」, 「용서를 구하다」라는 의미. 사과하는 이유를 곧바로 댈 때는 apologize for the delay처럼 for를 쓰고, 사과를 받는 사람을 함께 표현할 때는 apologize to sb for sth의 형태로 사용한다.

A. 저희가 현재 겪고 있는 기술상의 문제들에 대해 사과를 드립니다. * 현재: currently 기술상의 문제: technical problem
We apologize for the technical problems we are currently experiencing.

B. Man I've been waiting hours to see a nurse.
Woman 너무 오래 늦어져서 죄송해요.
└→ Man 간호사를 보는데 엄청 기다렸어요.
└→ Woman **We apologize for** the long delay.

37 be due to + V …할 예정이다

잠시 후 일어나게 될 상황을 설명하는 표현으로, 곧이어 발생 예상시점을 표시하는 부사어구가 등장하는 게 보통이다. 때론 to + V 없이 be due만으로 「도착예정이다」란 뜻이 되기도 한다. 그밖에 「…때문에」란 뜻으로 지겹도록 많이 쓰이는 due to + N의 형태가 있다.

A. 버스는 오전 5시 30분에 정확히 출발할 예정이다. * (열차 등이 역에서) 출발하다: pull out

└, The bus **is due to** pull out at precisely 5:30 a.m.

B. Woman 따님이 탄 비행기가 언제 도착할 예정이죠?

Man It's supposed to land at 12:15 p.m. tomorrow, weather permitting.

└, Woman When **is** your daughter's plane **due to** arrive?

└, Man 날씨가 괜찮다면 내일 오후 12시 15분에 비행기가 내릴 거예요.

38 Once S1 + V1, S2 + V2 일단 …하면, …하자마자

접속사 once가 갖는 기본 개념은 once 이하의 상황이 성취된 시점부터 주절의 사건(S2 + V2)이 발생된다는 것. 따라서 접속사 once를 우리말로 자연스럽게 옮기자면 「일단 …하면」 혹은 「…하자마자」가 된다.

A. 그 사람들은 우리 회사를 떠나자마자 더 크고 좋은 곳으로 옮겨갈 겁니다. * 회사를 떠나다: leave the company

└, **Once** they leave this company, they'll go on to bigger and better things.

B. Man Why can't we leave for the party yet?

Woman 제인이 도착하면 함께 가려고.

└, Man 왜 파티하러 출발할 수 없는거야?

└, Woman **Once** Jane gets here, we'll go together with her.

39 do everything I can do 최선을 다하다

뭔가에 있는 힘 다해 최선을 다하다라는 뜻으로, do everything possible 혹은 do all I can do everything in one's power라고 해도 같은 의미의 표현이 된다.

A. 난 걔를 행복하게 해주기 위해 최선을 다할거야. * …을 행복하게 해주다: make sb happy

└, I'll **do everything I can do** to make him happy.

B. Man Is your son really going to quit school?

Woman 어떤 짓을 해서라도 그만두지 못하게 할거야.

└, Man 네 아들 정말 학교를 그만둘거야?

└, Woman I'll **do everything I can** so that he doesn't.

40 That reminds of~ 그걸 보니 …가 생각난다

다른 어떤 대상이나 사물을 보고 연상되어 과거의 다른 경험이 생각날 때 쓰는 표현으로 「그걸 보니(그러고보니)」 of 이하가 생각이 나네"라는 뜻이다. That reminds me of~의 형태로 많이 쓰인다.

A. 그걸보니 내가 읽은 책이 생각나.
↳ **That reminds me of** a book I read.

B. Man Look at the dress that Shelia is wearing.
Woman 그러고보니 내가 파리에 봤던 드레스가 생각이 나.

↳ Man 쉴라가 입은 옷 좀 봐봐.
↳ Woman **That reminds me of** a dress I saw in Paris.

41 How can you not + V? 어떻게 …하지 않을 수가 있어?

놀라고 예기치 못한 당황한 상황에서 말하는 공식. 상대방이 not 이하를 하지 않은 것에 대해 이해할 수 없다고 답답해하면서 던지는 말.

A. 어떻게 초콜릿을 좋아하지 않을 수 있어?
↳ **How can you not** like chocolate?

B. Man I don't care what happens in the future.
Woman 어떻게 네 미래에 대해 신경을 안쓸 수가 있어?

↳ Man 난 미래에 무슨 일이 벌어지든 상관안해.
↳ Woman **How can you not** care about your future?

42 How can you say (that) S + V? 어떻게 …라고 말하는거야?

상대방의 말에 황당하고 화가 나서 던지는 표현으로 앞부분 How can ~을 강하게 힘주어 말하면 된다. 자신의 분노를 적절히 표현하기 위해서는 말이다.

A. 어떻게 네가 떠나겠다고 말하는거야?
↳ **How can you say that** you are leaving?

B. Man 어떻게 날 사랑하지 않는다고 말할 수 있어?
Woman It's true. I don't want to be with you anymore.

↳ Man **How can you say that** you don't love me?
↳ Woman 사실야. 난 더 이상 너랑 같이 있고 싶지 않아.

43 Is there any chance S + V? …할 가능성이 좀 있어?

어떤 일이 일어날 가능성이 조금이라도 있는지 물어보는 표현법. 굳이 가능성이라는 단어를 쓰지 않고 그냥 조금이라도 … 할 수 있는지 여부를 물어 볼 때 사용할 수 있다.

A. 걔가 떠날 가능성이 있어?

└ **Is there any chance** he will leave?

B. Man 네가 이리 올 수 있어?

Woman Sure. What time would you like me there?

└ Man **Is there any chance** you can come over?

└ Woman 그럼. 언제 가면 좋겠어?

44 went there[or back] to + V …하러 거기에 갔어

읽을 때는 아주 쉬운 표현이지만 막상 네이티브와 이런 말을 하려면 멍해지는 표현 중 하나. 「…하려고 거기에 갔다」라는 말로 과거형을 현재형으로 말하는(She goes there~) 실수는 하지 말자.

A. 걔는 친구만나러 거기에 갔어.

└ She **went there to** see her friend.

B. Man Why was Lizzie at the post office today?

Woman 편지 좀 보내러 거기 갔었어.

└ Man 리지는 오늘 왜 우체국에 간거야?

└ Woman She **went there to** send some letters.

45 should have + p.p. …했어야 했는데 …하지 못했다

should have + p.p.는 과거행동에 대한 후회를 나타내는 표현. 과거에 실행하지 못한 일에 대한 아쉬움, 즉 「…했어야 했는데(못해서 유감이다)」라는 말이 된다. 반대로 should not have + p.p.가 되면 「…을 하지 말았어야 했는데(실제로는 그렇게 했다)」라는 의미.

A. 그 여자가 뭐라고 하는지 거기 갔었어야 했는데. * 가다: be there

└ You **should have been** there to hear what she said.

B. Man I've had no luck finding a good job.

Woman 인터넷으로 찾아봤어야지.

└ Man 난 좋은 직장을 찾는데 운이 없었어.

└ Woman You **should have looked** on the Internet.

46 head out to …로 떠나다

head가 동사로 사용된 경우. head는 방향의 전치사 등과 한패가 되어 「…로 떠나다」(move in a certain direction)라는 동사구로 빈번히 사용된다. 떠나는 방향의 전치사로는 to이외에도 for 혹은 toward 등이 자주 애용된다.

A. 사장과 비서는 회의차 플로리다로 막 떠나려고 한다. * 비서: assistant 막 …하려고 하다: be about to
└ The boss and his assistant are about to **head out to** Florida for a meeting.

B. Man What are you going to do this summer?
Woman 휴가를 내서 사촌들을 만나러 시애틀에 가려고 해.
└ Man 이번 여름에 뭘 할거니?
└ Woman I'm going to take some time off and **head out to** Seattle to see my cousins.

47 It goes against + N + to + V …하는 것은 ~에 어긋난다

go against는 「…에 어긋나다」, 「…에 반(反)하다」라는 뜻. against 다음에는 개인이나 회사의 원칙 등 일반적인 가치관과 관련된 명사가 나오는 경우가 많다. 물론 to 부정사 대신 that 절을 사용해도 된다.

A. 면접을 보지 않고 채용하는 것은 내 원칙에 어긋나. * 채용하다: hire 원칙: principle
└ **It goes against** my principles **to** hire someone without meeting them.

B. Man 여기서 흡연하는 것은 규정에 어긋나.
Woman Alright, I'll take my cigarette outside to smoke.
└ Man **It goes against** the rules **to** smoke in here.
└ Woman 알았어, 나가서 담배필게.

48 one of the + 최상급 + 복수명사 가장 …한 것 중 하나

최상급으로 말하기에는 좀 지나친 그러나 일반적인 칭찬으로는 좀 부족한 경우에 요긴하게 쓸 수 있는 표현. 「매우 …하다」라고 뭔가 강조[과장]해서 표현하고 싶을 때 주로 사용된다. 한가지 꼭 기억해두어야 할 점은 반드시 최상급 형용사 뒤에 복수명사가 와야 한다는 것이다.

A. 이곳은 지금껏 내가 본 식당 중에서 가장 고약한 것중 하나야. * 기분 나쁜, 고약한: gross
└ This is **one of the** grossest restaurants I have ever seen.

B. Woman 우리 사장은 내가 아는 사람 중에서 가장 머리가 좋은 사람들 중 한 명야.
Man Why is that?
└ Woman My boss is **one of the** smartest people I know.
└ Man 왜 그런데?

49 Actually, we are looking for ~ 사실 우리는 …을 찾고 있는 중이다

actually를 문두에 붙이면 상대방이 기대하지 못했을 상황을, 「실은 …이다」라며 털어놓는 경우가 된다. 여기서는 「…을 찾다」(try to find)라는 뜻의 동사구 look for와 함께 써서 현재 물색중인 대상을 언급할 때 알맞은 표현이 된다.

A. 사실 우리는 새로운 원고 편집자와 만화가를 물색하고 있다. * 원고 편집자: copy editor

↳ **Actually, we are looking for** a new copy editor and a cartoonist.

B. Man I can help you choose a nice ring.

Woman 실은 우리 목걸이를 사려구요.

↳ Man 멋진 반지 고르는 거 도와드릴게요.

↳ Woman **Actually, we are looking for** a necklace to buy.

50 be committed to + N[~ing] …하는 데 전념하다

「…에 전심전력을 다하다」라는 뜻으로 전념할 목표를 to 다음에 두면 된다. 여기서 to는 전치사이므로 뒤에는 명사 · 동명사 따위의 명사상당어구가 온다. be devoted to + N도 같은 의미의 표현이므로 함께 알아두자.

A. 합병을 계속 추진하려고 애를 쓰고 있습니다만, 사소한 세부 사항들을 고치고 싶습니다. * 추진하다: go ahead with

↳ I'**m committed to** going ahead with the merger, but there are a few minor details that I would like to change.

B. Woman 우리 팀에 들어오기로 확실히 마음을 굳힌거야?

Man I haven't made up my mind, but I'm certainly thinking about it.

↳ Woman **Are** you **committed to** joining our team?

↳ Man 아직 결정은 못했지만 진지하게 고려하고 있어.

51 What's the difference between A and B? A와 B의 차이점이 뭐지?

말 그대로 두 가지 사항의 차이점을 묻는 질문. between은 「(둘) 사이에서」란 뜻이므로 between A and B 대신 A와 B를 한꺼번에 묶어서 between two ~(e)s라고 복수형을 활용해도 된다.

A. 제주도에 가는 것과 하와이에 가는 것의 차이가 뭐죠?

↳ **What's the difference between** going to Cheju-do and going to Hawaii?

B. Woman 네가 듣는 수업과 내가 듣는 수업의 차이가 뭐야?

Man I think my class is much more challenging.

↳ Woman **What's the difference between** your class and my class?

↳ Man 우리 수업이 공부해야 할 게 훨씬 더 많은 것 같아.

52 I envy sb who ~ 난 …한 사람이 부러워

who 이하의 관계사절이 sb를 수식하는 형태. who 절 대신 for+~ing를 사용하기도 한다. 예를 들어, I envy you for getting such a safe job(네가 그렇게 안정된 직장을 얻었다는 게 부럽다)이라고 얘기할 수 있다는 말씀.

A. 일과 사생활을 확실히 구분할 줄 아는 사람이 부러워. * 쉽게: easily 구분하다: separate A and B

↳ **I envy the person who** can easily separate their work and their private life.

B. Man Bill Gates has billions of dollars to spend.

Woman 난 돈많은 사람들이 부러워.

↳ Man 빌 게이츠는 엄청나게 돈이 많아.

↳ Woman **I envy people who** have a lot of money.

53 give sth some thought …에 대해 생각 좀 해보다

우리가 흔히 완전히 결정을 내리 못했을 때 사용하는 「…에 대해 생각을 좀 해보겠다」라는 아주 구어적인 표현. 반대로 get some thoughts on~은 「…에 대해 생각하다」, 그리고 What are your thoughts (on)?하면 「…에 대해 어떻게 생각해?」라는 뜻.

A. 사장은 그것에 대해 생각을 해보겠다고 말했어.

↳ The boss said he'll **give it some thought**.

B. Man I heard you were offered a new job.

Woman 맞아. 그거에 대해 좀 생각중이야.

↳ Man 새로운 직장 제의를 받았다며.

↳ Woman That's right. I'**m giving it some thought**.

54 How could I know that~? 내가 그걸 어떻게 알았겠어?

자기도 몰랐음을 항변할 때 사용하는 표현으로 「내가 that 이하의 내용을 어떻게 알 수 있었겠냐?」라는 뜻으로 자신도 어쩔 수 없음을 강하게 어필하는 공식.

A. 그 가게가 문닫을 걸 내가 어떻게 알 수 있었겠어? * 가게가 문닫다: the store is closed

↳ **How could I know that** the store was closed?

B. Man Hey, you just broke our new TV set!

Woman 그렇게 쉽게 망가질 줄 내가 어떻게 알았겠어?

↳ Man 야, 너 방금 새로 산 TV 세트를 망가트렸어!

↳ Woman **How could I know that** it would break so easily?

55 have a mind to~ …할 마음이 내키다

「…할 마음이 있다」, 「…하고 싶다」라는 의미로 to 이하에 하고 싶은 내용을 동사로 이어주면 된다. 반면 「…할까 말까 망설이는」 경우에는 have a half mind to를 쓰면 된다.

A. 당장이라도 그만두고 싶은 마음이야.
↳ I **have a mind to** quit right now.

B. Man Brandon has been cheating on our exams.
Woman 선생님에게 일러바칠까봐.
↳ Man 브랜든은 시험볼 때 컨닝을 했어.
↳ Woman I **have a mind to** report him to the teacher.

56 That is when S + V 바로 그때 …한 것이다, …한 게 바로 그때야

어떤 상황이 일어난 바로 그 시점을 강조하는 표현으로 That's the time when~에서 선행사(the time)가 흡수된 형태. 강조 대상에 따라 That's where ~, That's why ~, That's how ~ 등으로 다양하게 활용할 수 있다.

A. 그 질병은 전염성이 없다는 것을 알아낸 게 바로 그때야. * 전염성의: contagious
↳ **That is when** I found out that the disease was not contagious.

B. Man What should we do when the president enters?
Woman 그때 모두들 일어서야 되는거야.
↳ Man 사장님이 들어오시면 어떻게 해야 돼?
↳ Woman **That is when** everyone will stand up.

57 I'd like to complain about …에 대해 항의 좀 해야겠어요

I'd like to(…하고 싶다)에 「…에 관해 불평[항의]하다」라는 뜻의 동사구 complain about이 합쳐진 표현. 상대방의 잘못에 대해 불평 · 불만을 말하거나 항의하는 표현으로 「…에 관해 이의를 제기하고 싶은데요」라는 의미.

A. 그 호텔의 흡연 구역에서 나오는 연기의 양에 관해 이의를 좀 제기하려고 하는데요. * 흡연구역: smoking section
↳ **I'd like to complain about** the amount of smoke coming from the smoking section of the hotel.

B. Woman May I help you?
Man 네, 주차 요원에 대해서 항의 좀 하고 싶어요.
Woman 뭘 도와 드릴까요?
Man Yes, **I'd like to complain about** the parking attendant.

58 Now that $S_1 + V_1$, $S_2 + V_2$ 이제는 …니까, ~

'원인'에 '시간개념'이 결합된 구문으로 단순히 「…때문에」라기 보다는 「이제 상황이 …하게 되었으니까」라는 뉘앙스. 따라서 Now that 이하의 절에서는 현재완료 또는 과거시제를 통해 이미 벌어진 상황을 설명하면 된다.

A. 지금은 생산 물량을 늘렸으니까, 직원을 더 고용하는 문제를 고려해도 돼. * 생산량: production

↳ **Now that** we've increased our production, we can think about hiring more staff.

B. Woman 이제 존이 회사를 그만뒀으니 우리 회사에는 2개국어에 능통한 세일즈맨이 없어.

Man I think that they are going to hire someone this week.

↳ Woman **Now that** John has left, we don't have any bilingual sales people.

↳ Man 이번 주에 회사에서 사람을 고용할 거 같은데.

59 What bothers you the most ~? …에서[하면서] 가장 불편한 점이 뭐죠?

「불편을 끼치다」라는 의미의 동사 bother를 사용해 상대의 불편사항을 묻는 표현이다. 이때 the most는 부사 much의 최상급으로 동사 bother를 수식하고 있다. 뒤에 when S + V 또는 about + N을 붙여 다양한 문장을 만들 수 있다.

A. 직장에서 새로 맡게 된 직책에서 가장 어려운 점이 뭐죠? * 새로 맡게 된 직책: new position

↳ **What bothers you the most** about your new position at work?

B. Man I can't stand Lynn. She really is annoying.

Woman 걔한테 가장 짜증나는게 뭔대?

↳ Man 린은 정말 못참겠어. 정말 짜증나게 해.

↳ Woman **What bothers you the most** about her?

60 where sb be wrong …가 틀린 부분

where를 좀 네이티브처럼 쓸 수 있게 만들어주는 표현. where를 물리적인 장소로만 생각하지 말고 추상적으로 어떤 부분이라고 생각을 할 줄 알아야 영어를 제대로 사용할 수 있다.

A. 허브가 틀린 부분이 저 문장이야.

↳ That statement **is where Herb is wrong**.

B. Man 과음하고 다투는게 네가 잘못하는 부분이야.

Woman I'm so sorry. I feel like fighting when I'm drunk.

↳ Man Drinking too much and arguing **was where you were wrong**.

↳ Woman 미안해. 취하면 싸우고 싶어져.

61 Didn't I tell you to~? 내가 너보고 …하라고 하지 않았어?

자기 말 안듣고 뻰질거리다 곤경에 처한 사람에게 야단치면서 혹은 내 말이 맞았다고 자랑하면서 사용하면 된다. 문맥에 따라서 그냥 단순히 「내가 …하라고 말하지 않았어?」라는 뜻으로 사용되는 것도 물론이다.

A. 내가 우산을 가져오라고 하지 않았어?
↳ **Didn't I tell you to** bring an umbrella?

B. Man 　I spent all the money I took with me.
Woman 　적어도 반은 쓰지 말라고 내 말하지 않았어?

↳ Man 　내가 갖고 있던 돈을 다 써버렸어.
↳ Woman 　**Didn't I tell you to** save at least half of it?

62 Who do you think S + V? 누가 …할거라고 생각해?

Who do you think+V ~? 혹은 Who do you think S+V?의 두가지 공식을 암기한다. 그리고 싸울 때 쓰는 Who do you think you are?(네가 도대체 뭐가 그리도 잘났는데?), Who do you think you're talking to?(너 나한테 그렇게 말하면 재미없어)도 이 문형에 속한다

A. 누가 다음에 결혼하게 될 것 같아? * 결혼하다: get married
↳ **Who do you think** is going to get married next?

B. Man 　제인이 누구랑 결혼하게 될 것 같아?
Woman 　I think Bob likes her a lot.

↳ Man 　**Who do you think** Jane will marry?
↳ Woman 　밥이 걔를 무척 좋아해.

63 There's something S + V …한 것이 있다

구체적으로 뭔가 이야기에 앞서 말하는 것으로 어떤 건지는 모르지만 S+V한 뭔가가 있다고, 중요하거나 어려운 이야기를 꺼낼 때 먼저 상대방의 호기심을 자극하는 표현.

A. 내가 깜박 잊고 하지 않은 일이 있어. * …하는 것을 잊다: forget to
↳ **There's something** I forgot to do.

B. Man 　네게 아직 주지 못한 게 있어.
woman 　Really? I hope it's a gift for my birthday.

↳ Man 　**There's something** I didn't give you yet.
↳ Woman 　정말? 내 생일 선물이길 바래.

64 Could[Would] you let me know~? …을 알려줄래?

상대방보고 내게 어떤 사실이나 상황 등을 알려달라고 부탁할 때 사용하는 공식. know 다음에는 명사나, when[if~] 절을 붙여 말하면 된다.

A. 그게 언제 열리는지 알려줄테야? * 열리다: happen
↳ **Could you let me know** when it will happen?

B. Man 사이몬이 언제 도착하는지 알려줄테야?
Woman I'll call you when he comes in the door.
↳ Man **Could you let me know** when Simon arrives?
↳ Woman 걔가 들어오면 전화해줄게.

65 I'll let you know if~ …인지 알려줄게

상대방에게 어떤 정보나 상황을 알려준다는 표현으로 if 다음에 상대방에게 알려줄 상황을 말하면 된다.

A. 걔가 나타나면 네게 알려줄게. * 나타나다: show up
↳ **I'll let you know if** he shows up.

B. Man Please ask Ross to give us a hand with this work.
Woman 걔가 우리를 도와줄 수 있는지 알려줄게.
↳ Man 로스한테 우리가 이 일하는거 도와달라고 부탁해.
↳ Woman **I'll let you know if** he can help us out.

66 You didn't tell me S+V 넌 …라고 말하지 않았어

상대방이 「…라는 말을 하지 않았다」고 추궁하거나 혹은 기억력이 떨어져서 진짜 기억이 안날 때 사용하는 공식.

A. 자동차가 망가졌다고 넌 말하지 않았어. * 자동차가 망가지다: (car) be wrecked
↳ **You didn't tell me** the car was wrecked.

B. Man 거트 숙모가 여기 계신다고 말하지 않았어.
Woman Yes, she really wanted to visit us.
↳ Man **You didn't tell me** Aunt Gert was here.
↳ Woman 아냐 말했어. 숙모는 정말 우리를 방문하고 싶어 하셨어.

67 I didn't say S + V 난 …라고 말하지 않았어

오해풀기에 좋은 표현으로 자기는 하지도 않은 말을 했다고 오해받을 때 「난 …라고 말하지 않았어」, 「난 …라고 말한 적이 없어」라는 의미.

A. 난 스파게티가 맛이 없다고 말하지 않았어. * 맛이 없다: taste bad
└ **I didn't say** spaghetti tasted bad.

B. Man I thought you told me your mom had left.
Woman 아니, 엄마가 어디 가버리셨다고 말한 적이 없어.

└ Man 네 엄마가 떠나셨다고 내게 말한 걸로 아는데.
└ Woman No, **I didn't say** Mom had gone anywhere.

68 What makes you so sure S + V? …을 어떻게 그렇게 확실해?

상대방의 확신을 가지고 이야기하지만 듣는 사람은 아직 100% 확신을 하지 못할 때 사용하는 표현. 단독으로 What makes so sure?라고도 쓰고 What makes you so sure S + V?의 형태로 확신못하는 내용을 붙여 말할 수도 있다.

A. 헬렌이 허락했다고 어떻게 그렇게 확신하는거야?
└ **What makes you so sure** Helen said yes?

B. Man 걔가 가버렸다고 어떻게 그렇게 확신해?
Woman I saw him leave the building earlier.

└ Man **What makes you so sure** he is gone?
└ Woman 난 걔가 일찍 건물을 나서는 것을 봤어.

69 It doesn't mean that ~ 그렇다고 …을 뜻하는 것은 아냐

뭔가 상대방이 오해할 수도 있는 부분을 바로 잡아줄 때 사용하면 좋은 표현으로, 「그렇기는 해도 그렇다고 그게 …을 의미하지는 않는다」라는 뜻이다.

A. 그렇다고 네가 기차를 놓친다는 말은 아냐. * 기차를 놓치다: miss the train
└ **It doesn't mean that** you'll miss the train.

B. Man I totally forgot about Katie's birthday.
Woman 그렇다고 걔가 너한테 화를 내지는 않을거야.

└ Man 나 케이티의 생일을 완전히 깜박했어.
└ Woman **It doesn't mean that** she'll be angry at you.

70 What comes with ~? …에는 뭐가 함께 나오나요?

What comes with ~?는 대표적인 '식당영어'의 하나로 음식 주문시 주요리(main dish)에 곁들여 나오는 요리(side dish)가 뭔지 물을 때, 혹은 각종 상품 구입시 덤으로 딸려오는 사은품이나 제품 보증사항 등을 알아볼 때 유용한 표현.

A. 바깥에 있는 메뉴판에 광고해 놓은 특별 정식에는 뭐가 함께 나오나요? * 광고하다: advertise 특별 정식: dinner special
↳ **What comes with** the dinner special that you have advertised on the menu outside?

B. Man 점심 특식에는 뭐가 함께 나오나요?
Woman You have a choice of either soup or salad with your meal.
↳ Man **What comes with** the lunch special?
↳ Woman 식사와 함께 수프나 샐러드를 선택하실 수 있습니다.

71 Recently, there has[have] been an increasing number of people who ~ 최근에 …하는 사람들의 수가 증가하고 있어

「요즘 들어 이러이러한 사람들이 늘어나고 있다」라는 표현. 원칙상 an increasing number of people을 복수로 받아 There have been ~이라고 해야 맞겠지만 편의상, 습관상 There has been ~이라고 하는 경우도 많다.

A. 최근에 조깅하다 다리가 부러지는 사람들이 늘고 있다. * 다리가 부러지다: break one's legs
↳ **Recently, there have been an increasing number of joggers who** break their legs.

B. Man 최근 들어 음주 운전을 하는 사람들의 수가 증가하고 있어.
Woman It's a huge issue, and the city council is doing nothing about it. There needs to be more enforcement.
↳ Man Recently, **there have been an increasing number of people who** drive drunk.
↳ Woman 큰 문제인데 시는 두 손 놓고 있으니. 좀 더 강력한 법을 시행할 필요가 있어.

72 Don't you dare + V 그렇게는 안되지, …하지 마라

상대방에게 강하게 「…하지 말라」, 「…할 생각은 하지도 말라」고 금지나 충고를 할 때 사용하는 어투. 또한 단독으로 Don't you dare!하면 「그렇게 하기만 해봐라!」라는 뜻으로 쓰인다.

A. 텔레비전을 끌 생각을 하지도 마! * TV를 끄다: shut off the TV
↳ **Don't you dare** shut off the TV!

B. Man I heard that you planned a surprise party.
Woman 그거 아무에게 말할 생각도 하지마!
↳ Man 너 깜짝 파티를 준비했다며.
↳ Woman **Don't you dare** tell anyone about it!

영어회화공식

Index

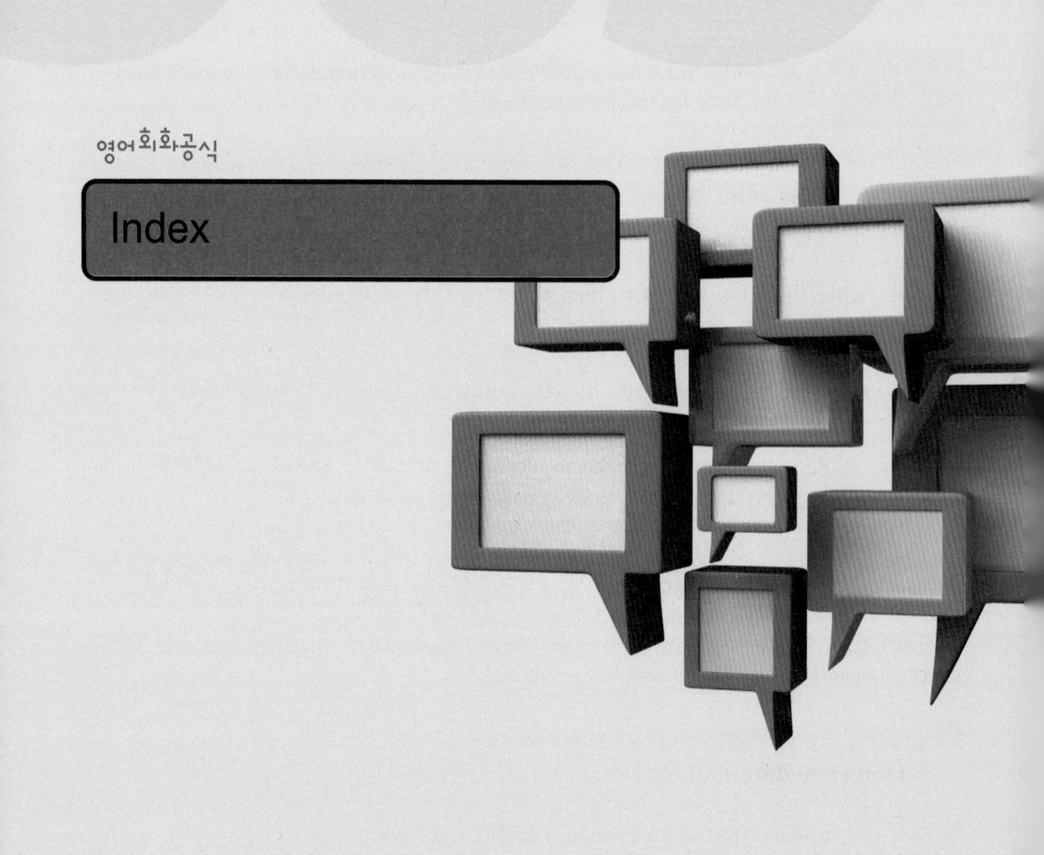

A

B

C

D

E

F

G

H

I

N

O

P

R

S

T

U, W

Y